그리스 계몽주의와
신플라톤주의

그리스 계몽주의와 신플라톤주의

박규철 지음

■ 책을 내며

이 책은 기존의 고대철학 연구에서 크게 주목받지 못하였던 아리스토파네스(Aristophanes), 이소크라테스(Isocrates), 소피스트인 프로타고라스(Protagoras)와 고르기아스(Gorgias), 플로티노스(Plotinos) 그리고 이암블리코스(Iamblichus)에 대한 연구논문을 하나의 책으로 엮은 것이다. 잘 알려져 있듯이, 기존의 고대철학에 대한 연구는 메이저 철학자인 플라톤(Platon)과 아리스토텔레스(Aristoteles)를 중심으로 연구되어 온 것이 사실이다. 번역이나 연구 논문 또한 그 두 메이저(Major) 철학자에 대한 연구가 주를 이루고 있다. 하지만 이 책에서는 그동안 주목을 받지 못하였던 6명의 마이너(Minor) 철학자에 대한 연구논문 5개를 하나의 책으로 묶음으로써, 서양 고대철학 연구에 대한 또 다른 연구방법론을 제시해보고자 한다.

이 책은 2부로 구성되어 있다. "제1부 그리스 계몽주의를 어떻게 이해할 것인가?"에서는 기원전 5세기 그리스 계몽주의 시대 소크라테스와 경쟁 관계에 있던 아리스토파네스, 프로타고라스, 고르기아스 그리고 이소크라테스에 대한 3편의 글을 실었다. "제2부 고대 후기 플라톤주의를 어떻게 이해할 것인가?"에서는 플라톤 철학을 계승해 자기만의 독특한 철학을 전개하였던 2명의 플라톤주의자들, 즉 플로티노스와 이암블리코스에 대한 2편의 글을 실었다.

먼저 제1부에 처음 실린 글은 "아리스토파네스의『구름』에 나타난 소통의 변증법"이다. 이 글은 한국연구재단 연구결과물로 2009년 출간된『커뮤니케이션의 시원-가치 공유 장치로서 고대 그리스 Epikoinonia 연구』(공저)라는 책의 한 꼭지인 "아리스토파네스의 풍자 희극『구름』에 나타난 '웃음'의 미학과 소통의 변증법"이란 글을 일부 수정해 실은 것이다. 필자는 이 글에서『구름』에 나타난 웃음의 의미와 소통의 변증법을 언급함과 아울러, 기원전 5세기 아테네 지식인들이 철학자 소크라테스를 어떻게 이해하고 있었는가 하는 문제에 대한 풍부한 자료를 제공해주려고 노력하였다. 두 번째 글과 세 번째 글은 한국연구재단 공동연구 결과물로 2008년 출간되었던『그리스 로마 사회의 갈등 해소 모델 연구: 설득과 수사학을 중심으로』(공저)라는 책의 두 꼭지를 일부 수정하여 실은 것이다. 두 번째 글은 "이소크라테스의 교육수사학과 범그리스주의의 이념"(공저)이라는 제목으로 최양석 박사와 공동 집필하였던 글이고, 세 번째 글은 "소피스트 계몽주의와 '정치적 로고스'(politikos logos)로서의 수사학"이라는 제목으로 실린 글을 실은 것이다.

　　제2부의 첫 번째 글인 "플로티노스의『엔네아데스』에 나타난 형이상학"은 필자가 2008년『동서철학연구』제47권에 게재된 "플라톤 철학 전통에 대한 패러다임적 변형으로서의 플로티노스의 '일자' 형이상학"이라는 논문을 일부 수정하여 실은 것이고, 마지막 글 "이암블리코스의『데 미스테리스』에 나타난 영적 플라톤주의"는 2012년『동서철학연구』제63권에 게재된 "'테오리아'(Theoria)인가 '테우르기아'(Theurgia)인가?: De Mysteriis에 나타난 이암블리코스의 '영적 플라톤주의'"(공저)라는 제목으로 송현종 선생과 공동으로 집필한 글을

일부 수정하여 실은 것이다. 두 논문 모두 플라톤 철학이 고대 후기에 어떻게 변화되어 갔는지를 파악하는 데 큰 도움이 되는 글들이다.

필자가 생각하기에, 철학 교양 교과는 철학 전공 교과나 일반교양 교과와는 다른 교육 목표와 다른 교육 방법론을 가지고 있어야 한다. 철학 전공이 동서양 철학사에 대한 전반적인 지식과 동서양 철학 문헌들을 읽고 이해하는 능력을 배양시키는 데 집중하고, 일반교양 교과가 학생들의 다양한 지적 욕구를 만족시키는 데 집중하는 것에 반해서, 철학 교양 교과는 인간과 사물에 대한 학생들의 비판적 사고 능력을 함양시키고, 그것을 외적으로 표현하는 능력, 즉 논리적으로 말하기와 논리적으로 글쓰기에 집중해야 한다. 이런 점에서 본인은 학생들이 대학의 핵심 교과 중의 하나인 <철학의 물음들>을 수강하면서 배우고 생각한 것을 논리적으로 표현하는 데 도움이 되는 글들을 따로 묶어 출간할 생각을 하게 되었다. 그 결과물이 바로 이 책이다.

감사할 분들이 많다. 무엇보다도 힘든 출판계 사정에도 불구하고 기꺼이 책 출판을 허락해주신 (주)한국학술정보에 감사한 마음을 전한다. 아울러 책 편집의 실무 일을 담당해주신 양동훈 대리님께도 감사한 마음을 전한다. 혹여 부족한 것이 있어 지적해주시면, 성실히 수정해나갈 생각이다. 책을 읽는 모든 분에게 조금이나마 도움이 되었으면 한다.

2017년 2월 3일
낙성대 우거에서 박규철

■ 차례

제1부 그리스 계몽주의를
어떻게 이해할 것인가?

아리스토파네스의 풍자 희극 『구름』에 나타난 '웃음'의 미학과 소통의 변증법

1. 머리말

18세기 프랑스의 계몽주의 사상가 볼테르는 그의 주저 『캉디드』를 통하여 당대의 낙천주의 철학자 라이프니츠의 철학을 신랄하게 풍자한 적이 있다. '순진하다'라는 뜻을 지니고 있는 그의 이름이 말해주고 있듯이, 그는 한없이 착하고 순진한 사람이었다. 특히 그는 낙천주의자인 자기 스승 팡글로스의 가르침을 따라, '이 세상은 가장 선한 것들로 가득 차 있다'라는 신념에 가득 차 있었다. 하지만 세계는 그의 신념을 비웃기라도 하듯이 사악하고 불행한 것들로 가득 차 있었다. 전쟁과 살인, 타락과 부패 등이 온 세상에 만연해 있었기 때문이었다. 이러한 풍자를 통하여, 볼테르는 라이프니츠의 소박한 낙천주의를 신랄하게 비판하고 있는 것이다.

그런데 기원전 5세기 그리스의 희극작가 중에서도 볼테르 못지않은, 아니 오히려 그보다 더 파격적이고 공격적인 풍자작가 한 사람을 우리는 만날 수 있다. 그의 이름은 아리스토파네스이다. 잘 알려져 있듯이, 그는 특유의 해학과 풍자 정신으로 당대 아테네 시민들의 사회적 모순과 불합리성, 위선과 허영, 그리고 탐욕과 우매함에 대한 가차 없는 비판을 전개하였으며, 기존의 정치인들과 지식인들 그리고 정치시스템과 외교정책 등에 대해서도 통렬한 비판을 서슴지 않았다. 그의 비판 앞에서는 당대 제일의 지식인 그룹이었던 소피스트들도, 그리고 집권정치세력가인 클레온도 예외일 수는 없었다.

아리스토파네스의 비판 정신은 작품 곳곳에 나타나 있다. 그의 희극은 정치나 교육, 또는 문화나 외교 등의 영역에서 당대 가장 민감하였던 현안문제들을 직접적으로 다루고 있다. 예들 들어, 『구름』은 당대 교육계의 화두였던 소피스트들의 신식교육론을 다루면서 당대 제일의 논객인 소크라테스를 맹렬히 비판하고 있으며, 『벌』에서는 데마고그(demagogue: 선동정치가)들의 손에 농락당하면서 보잘것없는 권력에 취해 있는 배심원들을 통렬하게 비난하고 있다. 『리시스트라테』에서는 전쟁을 비난하면서 평화에 대한 여성들의 염원을 담고 있는데, 특히 남성들의 전쟁을 종식시키기 위한 하나의 방편으로 여성들의 성적 스트라이크라는 기상천외한 방편을 언급하고 있다. 그리고 『테스모포리아 축제에 참가한 여인들』과 『개구리』에서는 당대 최고의 극작가인 에우리피데스의 문학론에 대한 풍자와 비판을 전개하고 있다. 이처럼, 그의 희극은 기존의 아테네 사회 전반에 대한 체제비판적인 성격을 강하게 풍기고 있다.

하지만 그럼에도 불구하고, 아리스토파네스 희극은 보수적인 특징을 지니고 있다. 왜냐하면 그의 희극은 시민들에게 '정신적 해방감'을 제공하고 그들 간의 '사회적 소통'을 가능하게 하는 것을 목표로 하고 있기 때문이다. 전자의 경우에, 그의 희극은 욕망이나 폭력과 같은 인간 본능의 발산을 자유롭게 허용함으로써 아테네 시민들에게 일종의 정신적 해방감을 제공하는 특징을 보여준다. 즉, 아테네 공동체의 질서를 파괴시키지 않는 범위 내에서 아테네 시민들의 다양한 일탈을 허용하고, 그러한 일탈을 통하여 아테네 공동체의 건강성과 활력을 회복시키고 있는 것이다. 후자의 경우에, 그의 희극은 '웃음'이라는 장치를 통하여 시민들의 의사소통을 가능하게 하고, 그 소통을 통하여 공동체의 결속력을 강화시킨다. 사실, 희극은 웃음이라는 장치를 통하여 기존의 사회적 모순에 도전한다. 아리스토파네스의 희극 역시 웃음이라는 장치를 통하여 기존의 사회적 권위에 도전한다. 그런데 그가 이러한 비판을 통하여 획득하고자 하는 것은 공동체의 결속력이지, 결코 공동체에 대한 해체나 파괴의 정신이 아니다. 이처럼, 아리스토파네스의 희극은 공동체주의자로서의 그의 보수주의적 시각을 잘 반영해주고 있는 것이다.

이 글은 바로 이러한 아리스토파네스의 희극에서 웃음이 지니고 있는 소통의 철학적 의미를 적극적으로 천착하는데 그 주된 목적이 있다. 특히 이 글은 아리스토파네스의 『구름』이라는 텍스트를 집중적으로 분석함으로써, 다음 세 가지 물음에 대한 답을 찾을 것이다. 첫째, 아리스토파네스는 『구름』에서 소크라테스를 어떻게 풍자하고 있는가? 둘째, 이러한 풍자를 통하여 아리스토파네스가 궁극적으로 아테네 시민들에게 보여주고자 하였던 것은 무엇인가? 셋째, 웃음이라는 소통 장치는 아테네 공동체의 결속력 강화에 어떻게 이바지하고 있는가? 이러한 물음들에 대한 탐구를 통하여, 우리는 아리스토파네스의 풍자희극이 인간을 계몽시키고 진리를 탐구하는 가장 주목할 만한 소통의 한 모델임을 입증할 것이다.

2. 그리스 희극의 역사와 아리스토파네스 희극의 독특성

1) 비극과 희극, 어떻게 갈라지나

그리스 희극은 비극과 마찬가지로 디오니소스 신을 찬미하는 풍습과 밀접하게 연관되어 있다. 주지하다시피 디오니소스는 광기와 포도주의 신으로 한편으로는 공동체를 해체시키지만 또 다른 한편으로는 공동체를 새롭게 구성한다. 즉, 그는 포도주의 신으로 다산과 풍요를 가져다주지만, 또 다른 한편으로는 혼돈과 파괴를 불러오는 이중적인 존재인 것이다.

호제에 의하면(Hose, 141-142), 이러한 디오니소스 신을 찬미하는 여러 형식 중에서 포도주를 만들어내는 일과 관련된 축제가 가장 중요했다. 아티카 지방에는 5개의 디오니소스 축제가 있었다. 그중 1월 초에는 '촌의 디오니소스 축제'가 있었다. 이 축제에는 남근상(Phallos) 행진이 벌어지고 이를 통해 풍요를 빌었다. 1월 말과 2월 초에는 레나이아 축제가 열렸다. 그때 사람들은 많은 포도주를 마시며 디오니소스 신이 가진 도취 광기를 축하하였다. '도시의 디오니소스 축제'는 3월 말에 열렸다. 이 축제는 6세기에 만들어졌으며 시골지방에서 개최된 디오니소스 축제와 비슷한 기능을 가지고 있었을 것으로 추측된다. 이 축제에 대한 상세한 사항은 알려지지 않았으나, 신에 대한 제사와 합창 등은 분명히 포함되어 있었다. 이러한 점들은 비극과 희극의 어원에서도 그대로 드러나는데, 비극(Tragodia)

이 '염소(Tragos)의 노래(ode)', 즉 디오니소스 신에게 염소를 바치며 부르는 노래라는 뜻을 가지고 있는 데 반해서, 희극(Komodia)은 얼큰하게 취한 남자들이 '행진'(Komos)하면서 부르는 노래라는 어원을 가지고 있는 것이다.

비극은 전통적으로 고대의 신화나 전설 속에서 그 핵심주제를 뽑아낸다. 신화나 영웅들의 이야기를 당대의 사건들과 접목시켜 평가하며, 연극이라는 대중무대를 통해 시민들의 논쟁을 이끌어낸다. 엄숙하고 심오한 주제, 즉 윤리에 어긋나는 범죄적 반역행위를 엄숙하고 심오하게 다룬다. 이렇게 함으로써, 비극은 도시국가가 추구하는 가치기준과 정치구조, 그리고 도덕적 규범들을 돌아보고 반성할 수 있는 기회를 제공해준다. 이에 반해, 희극은 비극의 신화보다는 당대의 '정치상황'에서 그 주된 이야기의 소재를 찾아낸다. 사회적 일탈행위[1]와 인간 군상들의 우매한 행위들을 풍자한다(Merchant, 1981, 4). 항상 비판적인 시각을 유지하면서, 민주주의의 운영에 대해 심각한 문제를 제기한다. 나아가 당대의 지배적인 통치 이념과 정치 체제까지도 매섭게 비판한다. 이러한 비판을 통해, 희극은 정치지도자들에게 아테네 권력의 진정한 주인은 시민들임을 강하게 주지시킨다.[2]

2) 그리스 희극의 역사: 구희극과 중간희극 그리고 신희극

그리스 희극은 크게 '구희극'과 '중간희극' 그리고 '신희극'으로 삼

---

1) 키케로의『웅변가론』제2권 225장에서는 "코믹의 가장 잘 알려진 형태는 우리가 기대한 것과 무언가 다른 것이 말해질 때"라고 설명되어 있다. 226장에서 키케로는 기대감의 일탈과 추함을 결부시킨 웃음의 원칙을 다음과 같이 설명하고 있다(류종영, 2006, 81).
2) 비극이 아테네 참주들의 문화정책에 힘입어 정립된 데 반하여, 희극은 참주 통치가 몰락하고 난 이후인 기원전 486년 디오니소스 축제 때 등장하였다.

분된다(Hose, 2005, 153-154). 먼저 기원전 5세기 구희극의 대표 작가는 아리스토파네스(Aristophanes, 445-385?)와 크라티노스(Kratinos, 490-422) 그리고 에우폴리스(Eupolis, 445-410) 등이 있다.[3] 하지만 작품이 온전하게 전해지는 작가는 아리스토파네스뿐이다.

희극의 사회 비판적인 성격은 아리스토파네스 희극에게 가장 두드러지게 나타난다. 그는 보수주의적 관점에서 도시국가의 우매한 정책들과 개인의 어리석은 행위들을 집중적으로 풍자한다. 특히 그는 극의 중심 주제를 분석적이면서도 논쟁적인 형태로 제시한다. 실제로 그는 『테스모포리아 축제의 여인들』을 제외한 그의 모든 작품에서 '전쟁'이나 '여권' 또는 '교육' 등과 같은 한 가지 주제에 집중적으로 천착한다(Merchant, 1981, 91-92).[4] 이처럼 아리스토파네스의 희극은 형식상으로는 주지적·분석적 특징을 띠고 있으며, 내용상으로는 주지적·분석적 특징을 띠고 있는 것이다.

주지하다시피, 아리스토파네스의 구희극은 대부분 동시대의 사회·정치적 분위기를 반영하면서 당대의 주요 시사문제를 다루고 있다. 예들 들어, 『구름 Nephelai/ Clouds』은 당시 유행하던 소피스트들의 신식 교육을 비판하고 있으며, 『말벌』에서는 아테네인들의 소송광증을, 그리고 『새』에서는 아테네 민주정치를 풍자하고 있다. 그리고 『리시스트라타』에서는 여성들의 '잠자리투쟁'이라는 기상천외한 방법을 통해 자신의 반전(反戰) 사상을 전개하고 있다.

아리스토파네스는 총 46편의 작품을 저술하였다고 전해지나, 지

---

3) 이 글에 등장하는 연도는 특별한 언급이 없는 한 모두 기원전을 말한다.

4) 이 언명에서 오직 한 편, 즉 『테스모포리아 축제에 참가한 여인들』만은 제외된다. 이 작품은 에우리피데스의 『헬레네 Helene』를 패러디한 것인데, 에우리피데스와 아테네 여인들과 갈등을 그리고 있으며, 에우리피데스가 여인들에게 사과하는 것으로 내용이 전개된다.

금까지 우리에게 전해지고 있는 것은 425년에서 388년 사이에 쓴 총 11편의 작품들뿐이다.5) 425년의『아카르나이 구민들』, 424년의 『기사들』, 423년의『구름』, 422년의『말벌』, 421년의『평화』, 414년 의『새』, 411년의『리시스트라타』, 411년으로 추정되는『테스모포리아 축제의 여인들』, 405년의『개구리』, 392년으로 추정되는『여인들의 의회』, 그리고 388년의『재산』이 그것들이다(Hose, 2005, 167).

그런데 무엇보다도 아리스토파네스 구희극의 특징은 그것의 풍자성에 있다. 그의 희극은 당대 아테네의 사회적 담론을 주도하였으며, 아테네의 모든 제도적 모순성과 아테네인들의 우매함을 마음껏 풍자하였다. 특히 그의 작품은 항상 당대 아테네 시민들의 마음을 사로잡았는데, 그것은 그가 항상 최고의 권력자 내지는 가장 영향력 있는 지식인들을 가장 적절하게 조롱하였기 때문이다. 이처럼 아리스토파네스의 희극은 정치적 문제를 풍자화하는 데 있어 탁월한 재능을 보여주고 있다.

중간희극은 380년에서 320년 사이의 작품들을 말하며, 아리스토파네스의 구희극에서 메난드로스의 신희극으로 넘어가는 전환기의 과도기적 작품들을 일컫는다. 구희극보다는 좀 더 유형화된 인물을 그려내면서 정치사회적 문제에 대한 신랄한 비판보다는 세속적이면서도 대중적인 웃음을 자아내는 데 주력한다. 그 뒤에 등장하는 신희극 역시 중기적 경향을 극단화시켜, 줄거리의 재미와 가벼운 대화만을 중시하는 형식을 지니게 된다.

신희극은 그리스가 알렉산드로스 대왕의 통치를 받게 된 기원전

---

5) 아리스토파네스는 427년『식도락가』를 가지고 2등을 차지하였으며, 426, 425년, 그리고 424년 레나이아 축제에서 매번 1등을 차지하였다(Hose, 2005, 167).

4세기 중엽에 등장한다. 메난드로스는 이 시기의 대표적인 작가로, 그의 작품은 구희극의 사회적 문제점에서 선회하여 가정 내에서의 젊은 남녀의 로맨틱한 사랑을 중심으로 전개된다. 구희극의 소란스러운 축제적 요소나 종교적 영향 및 합창단의 중요한 역할 등은 사라지고, 비교적 사실적인 의상과 가면을 사용하고 논리적 플롯을 전개했다. 신희극은 오늘날까지 고급희극전통의 바탕이 되고 있다. 메난드로스는 그 명성에도 불구하고 몇 개의 작품밖에 전해지지 않는다.[6] 이러한 메난드로스의 희극은 로마의 유명한 희극작가인 플라우투스(Plautus)와 테렌스(Terence)에게도 많은 영향을 끼쳤다.

3) 아리스토파네스 희극의 중심주제와 그 독특성

호제에 의하면(Hose, 2005), 아리스토파네스의 희극은 펠로폰네소스 전쟁과 연관된 아테네 시민들, 특히 중산층 시민들의 의식 구조를 잘 반영한다. 그의 작품들의 중심주제와 특징들은 다음과 같다.

먼저 현존하는 작품 중 가장 먼저 쓰인 『아카르나이 구민들』은 425년 레나이아(Lenaia)제에서 공연되어 일등상을 받은 작품이다. 이것은 『바빌로니아 주민들』[7]과 유사하게 주전론자인 클레온의 전쟁 정책에 반대하면서 평화에 대한 자신의 소망을 피력하고 있는 작품이다.[8]

---

6) 321년에 처음으로 극을 올렸으며 316년 『투덜이 Dyskolos』를 가지고 레나이아 축제에서 1등을 차지하였다. 그의 작품으로는 19세기 말 파피루스가 발굴되어 전해지는 것으로, 『그녀가 미워했던 남자 Mosumeos』, 『농부 Georgos』, 『영웅 Heros』, 『아첨꾼 Kolax』, 『유령 Phasma』 마지막으로 『이중사기꾼 dis expaton』이 있다(Hose, 2005, 170).

7) 『바빌로니아 주민들』은 아리스토파네스의 가장 초기의 작품으로 알려져 있으나 지금은 전해지지 않는다. 이하 개별 작품에 대한 설명들은 이정린(2006)과 호제(2005)의 도움을 받아 기술된다.

『기사들』은 424년 레나이아제에서 일등상을 받은 작품이다. 425년의『아카르나이 주민들』에서와 마찬가지로, 아리스토파네스는 스파르타 원정을 주장하던 주전론자 클레온을 강하게 비판한다. 이 작품에서 클레온은 어리석은 데모스의 사랑을 받는 노예로 등장해 사회적으로 높은 지위에까지 오르지만, 자신보다 더욱더 악랄하고 뻔뻔스러운 소시지 상인인 아고라크리토스에게 쫓겨나고 마는 인물로 그려지고 있다.

『구름』은 423년 도시 디오니소스제에서 공연되어 3등을 차지한 작품이다.9) 여기에서 아리스토파네스는 당시 유행하던 소피스트들의 신식 교육을 집중적으로 비판하고 있다. 플라톤과 달리, 그는 소크라테스를 가장 대표적인 소피스트, 즉 궤변론자로 묘사되고 있으며, 그들의 변론술이 전통적인 아테네의 도덕을 훼손시키고 있다고 주장한다. 작품은 농부 스트레프시아데스(Strepsiades)와 그의 아들 페이디피데스(Pheidippides)를 통하여, 소크라테스를 포함한 소피스트들의 신식교육 방법론에 대한 부정적인 이미지를 강조한다. 작품의 마지막은 아버지 스트레프시아데스가 학원에 불을 지르는 것으로 끝난다.

『벌』은 422년 레아니아제에서 2등을 차지한 작품이다. 이 작품은 당대 아테네의 세대 간 갈등 문제와 재판제도에 대한 저자의 비판의식이 잘 드러나 있다. '필로클레온'(Philokleon: 클레온을 사랑하는 사람)이라는 늙은 배심원을 통하여 아테네인들의 소송광증 성향과

---

8) 이 작품의 내용은 주인공인 농부 디카이오폴리스(Dikaiopolis)가 국가의 계속적인 전쟁정책에 실망하여 개인적으로 적국 스파르타와 개인적인 강화조약을 맺는다는 것이다.

9) 지금 우리에게 전해지는 것은 423년에 무대에 올려진 것이 아니라, 418-416년 사이에 부분적으로 개정된 수정본이다. 이는 실제적으로 공연되지는 않았던 것으로 추정된다(천병희, 2000, 6).

횡령재판에서의 클레온(Kleon)의 패배를 풍자한다. 작품에서 필로클레온의 아들 '브델리클레온'(Bdelykleon: 클레온을 몹시 싫어하는 사람)은 자기 아버지를 위해 집에서 법정을 열 계획을 세운다. 하지만 그가 법정에서 심리한 사건은 집에서 기르던 개가 치즈 한 토막을 훔친 혐의로 기소된 그런 사건이었다.

『평화』는 421년 도시 디오니소스제에서 2등을 차지한 작품이다. 전쟁이 없는 평화로운 시대를 염원하는 아리스토파네스의 생각이 잘 드러나 있는 이 작품이다. 특히 아테네와 스파르타 간의 평화조약을 통한 폴리스의 발전과 삶에 대한 농부들의 희망을 이야기하고 있다. 이 작품은 아테네와 스파르타의 강경 주전론자였던 클레온과 브라시다스가 전사하고 나서 아테네와 스파르타 간의 니키아스 강화조약이 체결되기 이전에 상연되었다.

『새』는 414년 도시 디오니소스제에서 2등을 차지한 작품이다. 어리석은 인간세상을 버린 두 사람이 하늘에 이상 국가를 세운다는 환상적인 이 작품은 421년의 니키아스 강화조약 체결 이후 도래한 아테네의 평화를 단절시킨 415년의 알키비아데스의 시칠리아 원정(415-413)을 정치적으로 풍자하고 있다. 이 작품을 통하여, 아리스토파네스는 환상적 수업을 통하여 아테네 민주정치의 제반문제에 대하여 의문을 제기하는 재능을 보여주고 있다.

『리시스트라타』는 411년 발표된 작품이다. 공연장소와 입상 여부는 불확실하다. 이 작품은 아테네군의 시칠리아 원정이 참패(413)로 끝난 지 얼마 후, 그리고 아테네에서 400인 과두정권이 수립되기 직전에 씌어졌다. 이 희극은 아테네 여인들이 리시스트라테의 주도하에 그리스의 모든 여인과 힘을 합해 아테네 남자들이 스파르타와 평화조약을 맺기 전까지 '잠자리투쟁'을 전개한다는 기발한 착상에 근거하고 있는 작품이다. 전쟁을 반대하면서 평화를 염원하는 평화주의자 아리스토파네스의 모습이 잘 드러난 작품이기도 하다.

『테스모포리아 축제의 여인들』은 411년 도시 디오니소스제에서 공연된 것으로 추정되는 작품으로, 아리스토파네스의 희극 중 가장 익살스러운 것으로 유명하다. 특징적인 것은 이 작품이 412년에 제작되었던 에우리피데스의 『헬레네』를 패러디하고 있다는 것이다. 그런데 그 내용도 흥미롭다. 에우리피데스는 자신의 작품에서 왕왕 아테네 여인들을 공격하고 있는데, 이에 화난 아테네 여인들은 축제에서 그를 죽이고자 계획한다. 이를 눈치 챈 에우리피데스는 시인 아가톤에게 자신을 도와달라고 부탁하나 거절당하고 만다. 겨우 처남인 므네실로코스의 도움을 받았으나 오히려 그는 여인들에게 붙잡히고 마는 신세가 된다. 그 후, 에우리피데스가 등장하여 다시는 아테네 여인들을 모욕하지 않겠다고 약속하고 나서야 그는 자신의 처남을 살려낼 수 있었다.

『개구리』는 405년 레나이아제에서 우승한 작품이다. 여기에서 그는 문예비평의 문제 및 에우리피데스에 대한 비판을 수행하고 있다. 이 작품에서 연극의 신 디오니소스는 황폐해진 아테네 비극 무대를 부흥시킬 최고의 극작가를 물색하기 위해 헤라클레스 분장을 한 채 지하세계로 내려간다. 에우리피데스와 아이스퀼로스를 놓고 깊은 고민을 하던 디오니소스는 전자보다 후자를 다 훌륭한 극작가로 선택하는데, 그 이유는 폴리스 아테네의 안녕을 위해서는 에우리피데스보다는 아이스퀼로스가 더 적합하다고 판단하였기 때문이다.

『여인들의 의회』는 392년 제작된 것으로 추정되나 공연장소 및 등수는 알려지지 않았다. 작품의 주제는 당대의 일반적인 주제인 유토피아적 이상사회, 공산주의적 재산공유 그리고 부인과 자녀의 '공동소유' 등의 문제를 다루고 있다. 플라톤의『국가』5권에 등장하는 '처자공유'와 유사하며 공산주의적 정치 재건의 아이디어를 피력하고 있다. 작품의 내용은 아테네의 여인들이 남장을 한 채 아테네 의회로 가서 새로운 법령을 반포하고 남자들의 정치참여 권리를 박탈한 뒤, 새로운 정치체제를 만들려는 내용을 담고 있는 하나의 풍자극이다.

『재산』은 388년에 제작된 풍자극이다.『여인들의 의회』가 공동소유의 문제를 다루고 있는 데 반해서, 이 작품은 '개인소유'의 문제를 다루고 있다. 가난하지만 정직한 농부 클레미로스(Chremylos)는 신탁에 따라 눈먼 노인을 자신의 집으로 데리고 온다. 그런데 이 노인은 제우스의 시기로 눈이 멀었던 부의 신인데, 의술의 신 아스클레피오스의 도움으로 눈을 뜬다. 그 뒤, 부의 신은 착한 사람은 유복하게 하고 악한 사람은 가난하게 하였다.

이처럼 아리스토파네스의 희극은 당대의 정치 사회적 현실 문제를 직접적으로 비판하는 정치 풍자극이다. 그의 작품에는 아테네 제국주의의 대외정책에 대한 비판과 정치가와 지식인들에 대한 조롱과 비난이 들어 있다. 그의 비판 앞에서는 당대 최고 권력자 클레온도, 당대 최고의 슈퍼스타인 소크라테스도 예외가 될 수 없었다.

이러한 아리스토파네스의 희극의 독특성은 다음 4가지이다. 첫째, 그의 희극은 본질적으로 정치적이다. 그는 당시의 사회정치적 문제들을 본격적으로 다루면서 그와 연관된 정치적 거물들을 공개적으로 언급한다. 나아가 그는 그들의 부도덕함이나 무능력함을 강하게 비판한다. 특히 그의 비판에는 페리클레스 사후 정권을 획득한 주전론자 클레온이 주된 공격의 대상이 되었는데, 그것은 그가 전쟁으로 인해 고통 받는 시민들의 입장을 외면한 채 오직 전쟁을 통해서 자신의 정치적 이익을 획득하고자 하는 선동정치가였기 때문이다. 현존하지는 않으나 가장 최초의 작품으로 알려진 『바빌로니아 주민들』과 『기사』는 클레온에 대한 아리스토파네스의 비판이 잘 드러나 있는 작품들이다.[10] 이처럼 아리스토파네스의 희극은 정치적인 문제를 정면으로 다루는 정치풍자극이다.

둘째, 아리스토파네스의 희극은 평화 지향적이다. 그는 시종일관 전쟁으로 인해 고통 받는 시민들의 입장에서 평화를 열망하였으며, 그러한 평화를 위협하는 반평화 세력들을 과감하게 공격하였다. 그런데 평화에 대한 그의 그러한 열망은 전쟁에 대한 회의와 염증에서 비롯되었다. 비록 그가 아테네 민주정치의 황금시기인 페리클레스 통치기에 태어났음에도 불구하고, 그는 자신의 황금시기인 청·장년 시절을 그 참혹했던 펠로폰네소스 전쟁(431-404) 시기에 보내었는데, 그의 그러한 경험은 작품 전반에 잘 반영되고 있다. 그의 작품 중에서 제작연도가 392년으로 추정되는 『여인들의 의회』와 388년으로 추정되는 『재산』을 제외한 9개의 작품들이 모두 이 전쟁 시기에 작성되었다는 것을 두고 보더라도, 이것은 명백해진다. 하여튼, 그는 참혹한 펠로폰네소스 전쟁을 통하여 반전론자가 되었으며, 항상 평

---

10) 아리스토파네스는 『바빌로니아 주민들』에서 권력자 클레온을 비난하여 위험에 처하였는데, 『기사』에서 또다시 클레온을 공격하는 대담성을 보인다. 이는 그의 희극이 권력자로부터 적대시되었음에도 불구하고, 일반시민들로부터는 많은 지지를 받았다는 것을 반증한다. 하지만 펠로폰네소스 전쟁이 끝난 뒤부터 그의 작품에서는 아테네 정치인들에 대한 격렬한 공격성은 사라지는 대신, 인간성을 풍자하는 새로운 문제의식이 전개된다.

화주의자의 입장에서 전쟁을 종식시킬 수 있는 새로운 방안을 모색하였던 것이다.

셋째, 아리스토파네스의 희극은 다양한 이야기 소재와 입장을 통하여 공동체의 자기반성을 유도한다. 특히 선호되었던 것은 동물로 분장한 합창대였다. 아리스토파네스의 『말벌』과 『새』 그리고 『개구리』 등은 각기 합창대에서 그 제목을 따온 것이었다. 이 외에 염소, 독수리머리의 사자, 물고기, 개미 등의 합창대도 있었다고 알려진다. 그런데 이러한 합창대는 은유적인 장치를 가지고 있다. 예를 들어, '말벌'은 아테네 법정 재판관들의 공격성과 도발성을 암시한다. 그리고 동물합창대는 인간세계에 대한 기피를 표현하고 있다. 아리스토파네스의 『새』에서는 새들의 나라에 '구름 뻐꾸기나라'가 세워진다. 이런 '다른 세계'는 구희극의 계속된 주제이고, 이러한 아이디어는 『개구리』와 『평화』에서도 견지된다. 하지만 신희극에서는 이러한 환상성이 사라지고, 다만 시민들과 농부들 그리고 창녀들의 일상세계만이 그려진다. 아리스토파네스의 작품에 나타나는 이러한 다양성과 초윤리적이면서도 초자연적인 발상의 기발함은 오늘날의 일반적인 희극의 관념에서 보아도 놀랄 만하다. 이것은 그의 희극이 권력자로부터 적대시되었던 것 이상으로 아테네 시민들 특히 중산층으로부터 많은 지지를 받았다는 것을 반증한다(Hose, 2005, 167).[11]

마지막으로 아리스토파네스의 희극은 아이스퀼로스와 에우리피데스의 비극을 희화화한다. 특히 그는 『아카르나이 주민들』과 『테스모

---

11) 아리스토파네스의 희극은 억압되어 있는 시민들의 욕망, 즉 폭력이나 저속성에 대한 시민들의 욕망을 무대 위에서 자유롭게 분출하게 함으로써, 한편으로는 일반시민들의 평화에 대한 열망을 만족시키고 또 다른 한편으로는 새로운 세계 건설의 가능성을 제시하였다.

포리아 축제의 여인들』 그리고 『개구리』 등에서 에우리피데스를 희화화한다.[12] 그런데 이러한 작업 경향은 신희극에서는 그리 중요하지 않게 되었으나, 중기희극까지는 꽤 유행하였던 경향이었다. 하지만 비극을 희화화하는 이러한 작업 경향은 지성사적으로 중요한 의미를 지니고 있다. 왜냐하면 당대의 아테네 사람들이 에우리피데스의 작품을 어떻게 받아들이고 이해하였는가를 파악하는 데 있어서 아리스토파네스의 작품들은 중요한 시각을 제공해주기 때문이다. 이것은 다음 장에서 살펴보게 될 『구름』에 대한 이해에서도 마찬가지이다. 『구름』은 당대의 아테네 시민들, 그것도 중산층 시민들의 관점에서는 소피스트와 소크라테스가 어떻게 이해하고 있었는가를 보여주는 중요한 자료이기 때문이다.[13]

아리스토파네스는 철학적으로는 이성주의, 정치적으로는 보수주의, 그리고 정책적으로는 평화주의를 표방한다. 그는 특유의 해학과 풍자를 통하여 당대 아테네 사회를 비판하고 재구성한다. 그는 기존의 정치제도와 정치가들을 비판하는 수단으로써 희극을 이용하였으며, 여기에는 희극이 인간을 계몽시키고 진리를 전달할 수 있는 가장 효과적인 장치라는 그의 확신이 깔려 있다. 아테네 시민들은 이러한 희극을 통하여 가치를 공유하고 상호 소통하였던 것이다.

---

12) 『개구리』에서 디오니소스는 최근에 죽은 에우리피데스를 아테네로 데려오고자 친히 하계로 내려간다. 그런데 그 사이 하계에서는 최고의 비극작가의 자리를 놓고 한바탕 싸움이 벌어진다. 에우리피데스는 아이스킬로스에게 대들고 있었다. 디오니소스는 심판관이 되고 철저한 검증을 거쳐 아이스킬로스가 우위를 점하게 된다.

13) 물론 지금에야 플라톤의 영향하에서 그들이 질적으로 다른 철학자들이란 것이 당연하게 받아들여지고 있지만, 그러한 이해가 결여되었던 당대의 시민들에게는 오히려 그들이 대동소이한 인물들로 비칠 수도 있었을 것이다.

3. 아리스토파네스의『구름』: 역설과 풍자, 그리고 계몽과 소통의 텍스트

1)『구름』의 이해: 소크라테스에 대한 풍자를 통하여 소통의 장치 마련하기

아리스토파네스의 11개의 작품들은 모두 고도의 지적인 풍자들로 이루어져 있다. 그 가운데에서도 423년 그의 나이 21세 때 지은『구름』이 가장 돋보인다. 이 작품이야말로 아리스토파네스의 사상을 가장 잘 대변하고 있기 때문이다. 이미 아리스토파네스는『구름』에서 "이 희극이야말로 나의 희극들 중 가장 지혜로운 작품"(522)이라고 고백하고 있다. 그리고 그는 이 작품이 자신에게 "가장 많은 노고를 안겨주었던 희극"(523) 작품으로 규정하고 있다. 이처럼『구름』은 우리가 아리스토파네스의 소통의 문제를 이야기할 때 가장 우선적으로 분석해야 할 텍스트이다.

이 작품은 423년 도시 디오니소스 축제 때 출품되었다. 하지만 일등은 하지 못하고 맨 꼴찌를 차지하였다. 관중들의 심기를 불편하게한 것이 이 작품이 입선하지 못한 주된 원인이었다. 이 작품에서 아리스토파네스는 새롭다지만 허황되기만 한 생각과 철학자들을 함축적으로 무대 위에 펼쳐 보였다. 그는 철학자들을 구름의 형상을 한 합창대로 등장시킨다. 섬김을 받는 지식인들, 이 새로운 신들이 사실 '안개'와 '구름'일 뿐이라는 나름의 해석을 붙이고 있는 것이다(호제, 2005, 168-169).

『구름』의 시대적 배경은 흥미롭다. 기원전 429년 클레온(Kleon, ?-422)의 극단적 민주정치가 출현하고 이는 곧바로 중우정치(mobocracy)

로 이어진다. 하지만 아리스토파네스의 눈에는 우매한 대중들을 선동하는 데마고그(demagogue)들의 모습이 소피스트들의 궤변처럼 보였다. 『구름』이 제작된 시기인 423년은 클레온이 죽기 1년 전의 시기와 맞아떨어지는데, 이때는 클레온과 그를 따르는 아테네 시민들에 대한 아리스토파네스의 비판의식이 강화되던 시기이기도 하였다. 특히, 아리스토파네스가 우려하였던 것은 클레온을 비롯한 선동정치가들의 농간에 놀아난 시민들이 펠로폰네소스 전쟁 자체의 정당성에 대해서는 의문을 제기하지 않은 채, 다만 그 전쟁에서 이기는 것만을 목표로 하고 있었는데, 이것이 바로 그로 하여금 클레온과 아테네 시민들을 비판하게 한 주된 배경이었다.

『구름』에서 아리스토파네스의 조롱과 비난의 대상이 되는 인물은 소크라테스이다. 잘 알려져 있듯이, 그가 당대 최고의 논객이고 또한 대중적으로 가장 인기 있었던 사람 중의 한 사람이었다는 것은 분명한 사실이다. 그런 그에게 아리스토파네스는 사색소의 수장 자리를 맡기는 것이다. 『구름』에서 등장인물 소크라테스는 수사학과 천문학을 가르친다. 하지만 플라톤의 『소크라테스의 변론』에도 나와 있듯이, 역사적 소크라테스는 아테네 청년들에게 탈도덕적인 수사학을 가르치지 않았다. 플라톤이 그의 대화편을 통하여 강조하였듯이, 그의 주된 관심사는 아테네 시민들의 '영혼'을 고양시키는 것이었다. 『구름』에서 등장인물 소크라테스가 무신론자로 그려지고 있음에도 불구하고, 역사적 소크라테스는 전통적인 종교를 수호하는 경건한 사람이었음은 분명하다.[14]

---

14) 『구름』에 등장하는 소크라테스는 순수하게 아리스토파네스의 지적인 창작물이다. 그는 당대의 아테네 지식인 사회 전체를 소크라테스에게 투영하여 상징화한다. 이것이 정당화될 수 있는지

그런데『구름』이 처음 무대에 알려졌던 423의 아테네에서는 소피스트와 소크라테스의 구별이 그리 명확하지 않았다. 그러한 차별화는 플라톤이 그의 스승 소크라테스를 주인공으로 하는 철학적 대화를 집필하고 나서야 가능해진다. 일반적인 아테네 시민들에게『구름』에 등장하는 소크라테스는 다른 소피스트들과 별다른 차이가 없는 인물로 이해되었다. 비록 소크라테스는 학생들로부터 수업료를 받는 일반 소피스트들과 달리 학생들로부터는 어떠한 수업료도 받지 않았음에도 불구하고, 일반인들은 그를 소피스트들과 구별해서 보려고 하지 않았다. 아니 오히려 그를 일반적인 소피스트들보다 더욱더 위험한 인물로 인식하였는데, 그 이유는 그의 제자들 중에는 민주정체에 반대하는 정치인들이 상당 수 포진하고 있었기 때문이었다.[15]

아테네 공동체에 대한 소크라테스의 무차별적인 비판도 그에 대한 아테네 시민들의 불만을 가중시켰다. 비록 그가 아테네 사회에서 최고로 인기 있었던 논객이었음에도 불구하고, 그에 대한 아테네 시민들의 온전한 이해는 결여되어 있었다. 무엇보다도 문제가 되었던 것은 아테네 시민들의 삶의 방식을 문제시하는 그의 태도였다. 특히 물질보다는 영혼을, 그리고 세속적인 것들보다는 초월적인 것을 지

그리고 역사적 소크라테스의 모습과 동일한가 하는 문제는 별도의 논문구성을 필요로 하는 문제이다. 이 문제에 대해서는 다음의 책을 참고하라. 박규철,『역사적 소크라테스와 등장인물 소크라테스』, 서울: 동과서, 2003; P. A. Vaner Waerdt, ed., *The Socratic Movement.* Ithaca and London: Cornell University Press, 1994.

15) 크리티아스와 알키비아데스가 그 대표적인 인물이었는데, 먼저 전자는 펠로폰네소스 전쟁 말기에 민주파를 몰아내고 정권을 잡은 30인 과두정권의 수장으로서 수많은 민주파 지도자들을 죽이고 재산을 몰수한 반민주정 인사였다. 후자는 아테네의 해군사령관으로 펠로폰네소스 전쟁에 참가하였으나 전세가 불리해지자 적국 스파르타로 망명한 사람이었다. 그 뒤, 알키비아데스는 스파르타에서 스캔들에 휘말려 또다시 페르시아로 망명하였으나, 말년에는 스파르타에서 보낸 자객에 의해서 죽임을 당하였다. 재능 있고 준수한 외모를 지닌 젊은 정치가로 유명했으나 부도덕하고 무절제한 인물의 대명사이기도 하였다. 이러한 제자들 때문에 소크라테스에 대한 일반인들의 시선은 그리 호의적이지 못했다.

향하라는 그의 요구는 물질적인 것과 세속적인 것에 집착하던 아테네 시민들에게는 큰 부담으로 작용하였다. 하지만 다수결의 힘의 논리가 지배하는 민주정치하에서 으레 그러하듯이, 아테네 사회의 여론은 다수의 아테네 시민들이 주도하였다. 당연히 소크라테스의 의견은 그 논리성에도 불구하고 항상 아테네 시민들의 웃음거리가 되었다. 희극 작가 아리스토파네스 역시 이것을 잘 알고 있었다. 아리스토파네스가 철학자 소크라테스의 참된 본질을 인식하고 있었는지, 아니면 그렇지 않았는지에 대한 논의는 이 글의 범위를 벗어나는 것이다. 중요한 것은 천재적인 작가인 아리스토파네스가 이 유명하고도 독특한 지식인을 희극 작품의 주인공으로 설정하지 않은 채 그냥 놓아두었을 리는 만무하다는 사실이다. 비록 일반인들이 작가의 의도를 충분히 파악하지 못하고 이 작품에 대한 심사위원들의 평가가 그리 우호적이지 못함에도 불구하고, 그는 이 작품이 자신의 대표작임을 언급하는 데 주저하지 않았다.

이 작품을 놓고 다양한 접근들이 있었을 수 있다. 소크라테스의 사상을 비판적으로 보려는 사람들에게는 이 텍스트가 좋은 일차자료를 제공해주었고, 소크라테스의 사상을 긍정적으로 보여는 사람들에게는 이 텍스트가 문제가 많은 작품으로 보였다. 하지만 우리의 연구는 역사적 소크라테스의 진실성을 규명하려는 철학사적 작업은 아니다. 그러한 것은 우리 연구의 범위를 벗어나는 일일뿐더러, 많은 시간을 필요로 하는 작업이다. 다만 우리가 주목하는 것은 아리스토파네스의 이 작품이 '웃음'을 매개로 하여 당대 지식인 사회에 대한 다양한 비판을 수행하고 있다는 것과 그 비판이 아테네 공동체의 의사소통을 강화하고 있다는 사실이다. 그러기에 이 작품에서 보이는 정론과 사론의 논리 싸움은 당시 아테네의 구세력과 신세력 간의 갈등, 즉 기성세대와 신진세대, 구식교육과 신식교육, 반계몽주의적 운동과 계몽주의적 운동 간의 제반 갈등을 상징한다. 구름의 여신들의 언급은 그 두 세력 간의 갈등을 중재하려는 작가 자신의 염원을 담고 있다. 그러기에 이 작품은 철학자 소크라테스에 대한 아리스토파네스의 본격적인 비판을 함축하는 것이 아니라, 지식인 소크라테스에 대한 풍자를 통하여 아테네 공동체 구성원들 간의 소통의 문제를 천착하고 있는 것이다.[16]

2) 『구름』의 1부: 고통을 통하여 자아는 성장한다[17]

『구름』[18]에서 아리스토파네스는 당대 아테네의 다양한 갈등 양상

---

16) 아리스토파네스의 희극 작품은 아테네의 새로운 교육에 대한 심각한 반감을 표출하고 있다. 특히, 소피스트 및 에우리피데스의 새로운 길에 반대하는 모습을 보이고 있다. 정치적·도덕적으로 보수적인 입장을 취하는 아리스토파네스는 항상 시류에 반대하는 입장에서 작품을 발표하였다. 이러한 점을 감안해보면, 그의 작품에 나타나는 것을 그의 사상과 완전히 일치시키는 데에는 무리가 있다. 특히 『뤼시스트라테』나 『여인들의 민회』라는 작품에서 아리스토파네스는 보수적인 면보다는 남성 중심적인 아테네 사회를 심각하게 풍자하고 있다. 『구름』에서 그가 소크라테스를 골탕 먹이고 있음에도 불구하고, 소크라테스에 대한 그의 증오나 전면적인 부정은 존재하지 않는다. 오히려 그가 증오하는 것이 있었다면, 그것은 전쟁과 전쟁을 이용하여 이익을 채우고자 하는 클레온 같은 인간이었을 것이다.

17) 편의상 1부는 1-888행까지, 2부는 889-1302행까지, 그리고 3부는 1303-1511행까지로 설정하여 논의한다.

18) 『구름』의 전체 이야기를 간추리면 다음과 같다: 스트레프시아데스는 지적 수준은 낮으나 착한 농부이다. 그의 부인은 귀족 출신의 도회지 아가씨였다. 하지만 사치스러우며 낭비벽이 심하였다. 페이디피데스는 그들의 아들이었다. 어머니는 아들이 귀족이 되었으면 하였고, 아버지는 농부가 되었으면 하였다. 하지만 아들은 낭비벽이 심하였다. 특히 경마에 미쳐 큰 빚을 지고 있었다. 아버지는 이런 아들 때문에 머리가 아팠다. 진 빚을 갚지 않을 방법을 모색하다가 소크라테스의 사색소에 찾아갔다. 소크라테스가 섬기고 있었던 신은 '구름의 여신들'이었는데, 그들은 말로 하는 모든 것을 주관하고 있었다. 제우스는 더 이상 신들의 왕이 아니었다. '소용돌이'가 그 자리를 대신하고 있었다. 아버지는 자신이 가장 뛰어난 언변가가 되고 싶었으나, 지적 능력이 부족하여 수업을 따라가지 못했다. 대신 그는 아들을 그 학원에 보냈다. 사색소에는 두 가지 논리가 있었는데, 하나는 정론이고 다른 하나는 사론이다. 정론은 정의의 여신의 대변자임을 자처하며 전통적인 교육방법을 강조하고, 사론은 정의의 여신을 부정하면서 신식교육방법을 강조한다. 둘 다 의인화되어 각자의 능력을 서로 뽐내다가, 사론이 승리하였다. 아들은 승리한 사론에게서 소송에서 승리할 수 있는 기술을 전수받았다. 기술을 익힌 아들은 채권자들을 혼내준다. 아들 덕

과 대립 구도를 충실하게 재현한다.[19] 크게 보아, 그것들은 기성세대와 신세대 간의 갈등, 전통적 교육론과 소피스트의 새로운 교육론 간의 대립, 아버지와 아들 간의 대립, 실천적 삶의 방식과 이론적 삶의 방식 간의 대립, 전통적 도덕관념과 자연주의적 도덕관념 간의 충돌, 그리고 밀폐된 사색소와 열린 시골 간의 대립 등이다.『구름』의 이런 대립 쌍들은 작품 전체를 관통하는 대표적인 대립 쌍들인데(Segal, 1996, 165), 아리스토파네스는 이것을 통하여 당대 아테네의 논쟁점들을 도식화하고 있다.

구식	신식
오래된 것(선함)	새로운 것(나쁨)
시골	도시
농업	법과 정치의 기술들
좋은 건강과 육체적 활기	창백한 복잡함과 아프고 죽어가는 체질
힘든 노동	게으름과 비실용적인 이론들
집 밖에서의 활동	집안에서의 정신적·지적인 훈련
구식의 정직함	소피스트적 속임수와 예리한 연습

세갈에 의하면(Segal, 1996, 166), 시골의 단순함은 도시의 사치스러움과 대립된다.[20] 스트레프시아데스는 전자를 그의 부인은 후자

분에 채권자들을 물리친 아버지는 집안 잔치를 벌인다. 아버지는 아들에게 시모니데스와 아이스퀼로스의 노래를 불러보라고 하지만, 아들은 아버지의 말을 듣지 않는다. 대신 에우리피데스의 노래를 불렀다. 화가 난 아버지는 아들을 야단치나, 아들은 오히려 아버지를 때리고 만다. 얻어맞아 노발대발하는 아버지를 향해, 아들은 자신의 행동이 정당하다고 주장하고, 아버지는 사론으로 무장한 아들을 꺾을 수는 없다. 이에 분개한 아버지는 자신의 잘못을 뉘우치고, 자신의 아들을 타락시킨 사색소를 불태우고 만다.

19) 아리스토파네스의 작품에는 다양한 주제들이 논의되고 있다.『구름』뒤의『벌에서는 구세대와 신세대 간의 갈등이 다루어지는데, 좋았던 옛날을 대변하는 구세대와 황무지를 만든 개혁자들 간의 갈등이 잘 드러나 있다(이정린, 2006, 18).

를 대변한다. 아들 페이디피데스에 대한 그들의 생각 역시 대립적이다. 어머니는 그의 아들이 귀족이 되었으면 하고,[21] 아버지는 아들이 목가적인 삶을 살기를 희망한다.[22] 하지만 그의 이러한 희망은 소크라테스와 충돌할 수밖에 없는데, 왜냐하면 스트레프시아데스는 그의 아들을 목가적인 사람으로 키우고자 하나 소크라테스는 그를 세련된 변론가로 키우고자 하기 때문이다.

페이디피데스 역시 소크라테스의 사색소에 대해서는 부정적이었다.[23] 그가 생각하기에 사색소의 교육방침과 이론탐구는 다분히 실용적이지 못하였기 때문이다. 그래서 그는 자신을 훌륭한 소피스트로 만들어주겠다는 소크라테스에게 자조 섞인 반응을 보이고 있는 것이다. "생각건대 창백하고 불쌍한 놈이 되겠지요"(1112). 스트레프시아데스 또한 자기 아들이 순수한 이론을 공부하기에는 부족한 인물임을 익히 알고 있다.[24] 그는 여기에서 멈추었어야 했다. 하지만 그런데도 그는 빚쟁이들과의 법정소송에서 이기고자 하는 욕심 때문에 자신의 아들을 소크라테스의 학원에 맡기고 만다(Segal, 1996, 166). 그런데 이것이 모든 불행의 시작이 되었음은 그도 아들도 모르고 있었다.

---

20) 시골풍인 스트레프시아데스는 '정직하고'(1463-4) 전원을 동경한다. 그러나 도시풍인 페이디피데스는 경마에 정신이 팔려 있다. 그런데 스트레프시아데스의 소박함은 바보스러움으로 향할 수 있고, 말에 대한 페이디피데스의 과도한 사랑은 사악함으로 변질될 수 있다. 하지만 후자의 사랑은 모든 슬픔의 근원이 된다(Segal, 1996, 166).

21) "커서 메가클레스처럼 자줏빛 외투를 입고 아크로폴리스로 마차를 몰았으면"(69-70).

22) "네가 커서 네 아비가 그랬듯이 해진 가죽 옷을 입고 울퉁불퉁한 언덕들로부터 염소 떼를 집으로 몰았으면"(71-72).

23) "쳇, 그 악당들 알아요, 창백한 얼굴에 맨발로 다니는 그 허풍선이들 말씀이죠, 귀신에 썬 소크라테스와 카이레폰처럼 말예요"(102-105).

24) "계는 힘이 세고 기운이 팔팔하지요"(799).

소크라테스의 사색소는 폐쇄된 공간을 상징한다(Segal, 1996, 167). 그것은 확 트인 시골의 전원과 강하게 대비된다.[25] 폐쇄된 공간에서 소크라테스의 제자들은 연구에 몰두하고 있다. 하지만 그 광경은 희극적이고 오락적이다. 소크라테스가 탐구를 하다가 도마뱀의 오줌세례를 받았다든지,[26] 또는 제자들이 땅에 머리를 박고서 지하세계를 관찰하고 있다든지 하는 것들이다.[27] 스트레프시아데스가 보기에 그들의 그러한 행위들은 한심한 행동들이었으나,[28] 소크라테스의 제자들의 생각은 달랐다. 오히려 그들은 자신들의 탐구가 정당하다고 생각하고 있었으며, 끊임없이 그것을 신비화시키고자 하였다. 세갈(Segal, 168)은 사색소의 그러한 신비화 작업을 '죽음' 혹은 '어두움'과 연결시키고 있다. 왜냐하면 사색소로 들어가는 길은 끝이 없는 어둠[29]의 길인 하데스로 가는 길, 즉 트로포니우스의 동굴[30]로 가는 길과 유사하였기 때문이다(508).

소크라테스[31]는 사색소의 진정한 수호신이 '구름의 여신들'임을

---

25) 스트레프시아데스는 사색소에 들어서면서 "나는 시골사람이 돼 놔서"(138)라고 변명한다.

26) 사색소의 희극적인 광경이란 소크라테스가 도마뱀의 오줌세례를 받았다는 내용이다. "그분께서 달의 궤도와 회전을 규명하시느라 입을 벌리고 하늘을 쳐다보고 계시는데, 그 도마뱀이란 녀석이 지붕에서 -밤이었으니까요- 그분에게 싸버렸지 뭐예요"(171-173).

27) "저들은 지하의 것들을 찾고 있는 중이지요"(188). "저들은 타르타로스의 밑까지 지하세계를 탐구하고 있는 중이지요"(193).

28) 소크라테스의 제자들은 시종일관 자신들의 탐구를 신비화시키고자 노력하고 있었다. "그걸 다른 사람 아무에게도 말하면 안 돼"(824).

29) "밤들이 참 길기도 하군요. 끝이 없으니 말예요"(2-3).

30) 아리스토파네스는 그 길이 트로포니우스의 동굴 속으로 내려가는 길과 유사하다고 말한다. 트로포니우스의 동굴은 보이오티아의 레바데이아 시 근처에 있는 것으로 영웅 트로포니오스에게서 예언을 듣고 싶어 하는 사람들이 찾는 그러한 동굴이다. 그런데 사람들이 동굴에 들어가기 위해서는 그 안에 살고 있는 뱀들을 꿀빵으로 달래야 했다(천병희, 2000, 44).

31) 소크라테스는 비극의 신들처럼 밧줄에 매달린 해먹을 타고 나타난다. "나는 대기 위를 거닐며 태양에 대하여 명상하고 있느니라"(225). 하지만 이것은 소크라테스가 모든 과학 이론을 공기와 연결시켜 생각하는 것을 풍자하기 위한 하나의 장치이다. "미묘한 사색이 동류인 대기와 섞이지 않고서는 하늘의 일들을 어찌 제대로 파악할 수 있겠는가!"(228-230)라는 소크라테스의 말 속에

분명히 한다. 그들은 스트레프시아데스처럼 최고의 변론가가 되고자 하는 사람들의 꿈을 실현시켜 주는 존재들이다.[32] 신들의 왕으로서 과거 제우스가 누리던 모든 권위는 사라지고 바람의 수호신이자 소 피스트적인 대기의 여신인 구름의 여신들이 그 자리를 차지하였 다.[33] 그래서 소크라테스는 스트레프시아데스에게 구름의 여신에 의지해 "닳아빠지고 유창하고 가루처럼 섬세하게 언변가"(260)가 될 것을 제안하는 것이다. 소크라테스의 이러한 약속에, 스트레프시아 데스는 몹시 기뻐하며,[34] 이제 그들이 자신을 구원해줄 유일한 존재 임을 확신한다.

하지만 구름의 여신들은 세련된 도시를 찬미하는 것이 아니라, 목 가적이고 전원적인 자연을 찬미한다(275-290; 299-313; 434-472). 오 히려 그들은 시골과 자연을 부정하는 소크라테스를 비판한다. 즉, 소 크라테스적인 세련된 이성이나 궤변이 강조되는 것이 아니라, 자연과 전원이 강조되고 있는 것이다(Segal, 1996, 169-170).[35] 사실, 구름 여신들의 본질은 자유로운 하늘과 열린 대기이다. 숲이 우거진 산봉 우리, 멀리서 빛나는 해안의 돌출부, 신성한 땅과 과일들, 강들, 그리 고 깊게 요동치는 바다를 둘러싼 그러한 자연인 것이다(275-284).[36]

는 구름이 사색소의 수호성인이라는 의미가 함축되어 있다.

32) "천만에 저분들께서는 하늘의 구름 여신들로 게으름뱅이들의 수호여신들이지. 바로 저분들께서 우리에게 판단과 토론과 이성을, 그리고 허풍과 수다와 기만과 호소력을 주시는 거지"(316-318).

33) 탈도덕적 자연에 근거하여 소크라테스는 제우스와 올림픽 신들을 추방하고 그 자리에 소용돌이 신을 자리매김한다. 하지만 아리스토파네스는 이러한 자연의 도덕적 법칙성을 충분히 인식하고 있다.

34) "그래서 그분들의 음성을 듣자 내 영혼은 날아올라 벌써 꼬치꼬치 캐고 미세한 것을 따지고 논 증을 더 작은 논증으로 찌르고 다른 논리로 반박하고 싶어지는 게로군요"(319-322).

35) 소크라테스는 구름이 계곡과 수풀을 지나오는 것을 평화롭게 묘사한다. 구름의 등장으로 인하여, 스트레프시아데스의 우려는 소멸된다. 스트레프시아데스는 이전에는 구름이 안개, 이슬, 그리고 연기라고 생각했기 때문이다. "아닌 게 아니라 나는 여태까지 이분들을 안개로 이슬로 연기로 여겼어요"(330).

나아가 구름의 여신들은 전통적인 신들을 다시 찬양한다. 소크라테스적인 소용돌이가 아니라 제우스가 다시 등장하는 것이다. 소크라테스가 제우스의 부재를 선언한(381) 뒤 얼마 지나지 않아, 구름의 여신들은 제우스의 존재를 긍정한 것이다.[37] 아울러 아이테르와 헬리오스, 아폴론과 아테네 그리고 디오니소스 신들까지도 불러낸다. 이처럼 구름의 여신들은 그리스의 전통적인 신들을 다시 자리매김한다.

구름의 여신들은 정신적이고 지적인 영역에서의 훈련도 중요하게 생각한다. 그들은 페이디피데스를 훌륭한 소피스트로 만들어주자(1111)는 소크라테스의 요구를 거절하지는 않는다. 왜냐하면 기본적으로 자신을 숭배하는 사람들의 요구를 완전히 배척하지는 않기 때문이다. 하지만 그럼에도 그들은 이러한 탐구가 함축하는 본질적인 위험성을 스트레프시아데스에게 경고한다(1115-1130). 그 주된 요지는 소크라테스의 교육을 받게 되면 후회할 일이 생길 수도 있다는 것이다. 아울러, 그들은 시민들이 자신들의 말을 무시하게 될 경우에는 모든 삶의 터전을 상실할 것이고, 땅에서는 어떠한 수확물도 얻지 못할 것이라고 경고하고 있다. 이처럼 구름의 여신들은 반자연적인 소피스트적 교육에 대해서는 분명한 거부의 뜻을 표하고 있다.

그런데 구름의 여신들은 소크라테스의 방법에 치명적인 한계가 있음을 직관한다(Segal, 1996, 170). 그것은 소크라테스부터 소피스

---

36) 빛과 삶을 주는 물들과 연계해서, 그들은 만개하는 봄의 디오니소스적인 기쁨을 상징한다. "오늘은 새봄을 맞아 브로미오스의 축제가 열리니"(311). 그들은 축제 행렬, 연회, 음악, 그리고 춤에서 기쁨을 얻는다.

37) "저 높은 곳에서 다스리시는 제우스여, 신들의 위대한 왕이여, 먼저 그대를 우리들의 코러스로 부르나이다"(563-565).

트적 궤변을 배운 사람들의 영혼이 파괴될 수 있다는 위험성이다. 물론 소피스트적 궤변을 마스터한 사람은 빚쟁이들과의 소송에서 법적으로는 승리할 수 있다. 하지만 그게 다가 아니다. 당사자의 영혼은 전원적이고 목가적인 삶으로부터 완전히 유리되어 황폐해진다. 그리고 타락한다. 구름의 여신들이 주목하고자 하는 것도 바로 이러한 영혼의 타락이다. 다음은 최고의 언변가를 꿈꾸는 스트레프시아데스의 영혼이 어떻게 타락되어 가고 있는가를 보여주는 하나의 사례이다.

> "나는 빚에서 벗어날 수만 있다면 세상 사람들에게서 뱃심 좋고 입심 좋고 뻔뻔스럽고 치사하고 구역질나고 거짓말을 잘 꾸며대고 잘 지어내고 송사에는 닳아빠졌고 살아 있는 법전이고 건강부회에 능하고 교활한 여우고 약삭빠르게 시치미 잘 떼고 끈적거리고 허풍선이고 악당이고 더럽고 잘 돌려대고 성가시고 식객근성이 있다는 말을 들어도 좋습니다. 세상 사람들이 모두 나를 뭐라고 불러도 좋으며, 이분들이 원하기만 하면 무슨 짓을 해도 좋습니다"(443-453).

그런데도 자신을 따르는 사람들에 대한 구름의 여신들의 사랑은 지극히 크다. 비록 시민들이 그들의 말을 듣지 않을지라도, 그들의 사랑은 변함이 없었다. 더욱이 그들의 사랑은 자신의 충고를 무시한 채 클레온을 선출하였던 아테네 시민들에 대해서도 동일하게 베풀어졌다. 부유한 피혁상 출신의 선동정치가였던 클레온이 페리클레스 사후 아테네의 정치계를 장악했는데, 구름의 여신들은 시종일관 그가 정치적 리더가 되는 것을 반대하였다. 하지만 구름의 여신들의 충고가 무시된 채 선출된 클레온은 무리하게 트라키아 원정을 수행하다 암피폴리스 전투에서 스파르타군에게 패배하고 만다. 이처럼 구름의 여신들은 음으로 양으로 아테네에 많은 이익을 가져다주고 시민들의 실수마저도 사랑하였던 존재였다. 다음은 자신들을 무시했던 시민들에 대해서도 사랑의 끈을 놓지 않고, 항상 그들을 성공으로 이끌었던 구름의 여신들의 언급이다.

> "이 도시에는 잘못된 조언이 그치지 않지만 신들께서 여러분의 실수를 성공으로 바꿔 놓는다고 사람들이 말하기 때문이오. 이번 일도 어떻게 하면 이익이 될 수 있는지 가르쳐 주겠소. 여러분이 게걸스럽게 뇌물을 먹고 도둑질을 해대는 클레온의 목덜미를 잡아 목에 칼을 씌운다면, 이번에도 그전처럼 여러분의 실수는 도시에 이익을 가져다줄 것이오"(588-594).

그럼 여기에서 구름의 여신들이 스트레프시아데스에게 궁극적으로 가르치고자 하였던 것은 무엇이었을까? 그것은 바로 악행을 사랑하는 사람은 결국 파멸에 이르게 된다는 평범한 진리였다. 그리고 자아가 파괴된 영혼의 끝자락에서 인간은 신을 두려워하는 마음을 가져야 하고, 종국에는 신을 통해서 구원의 가능성을 획득해야 한다는 것이다(1458-1461). 이처럼 구름의 여신들은 아테네 시민들에게 소박하지만 가장 위대한 진리, 즉 인간의 자아는 고통을 통해 성장한다는 것을 가르치고 있는 것이다.

3) 『구름』의 2부: 사론의 승리를 부정하라

논리공부에 대한 강한 열망에도 불구하고 스트레프시아데스는 좌절한다. 기억력이 약해 배운 것을 금방 잊어버리는 것이 주된 원인이었다. 좌절한 스트레프시아데스[38]를 보고 소크라테스는 분노한다.

"꺼져버려, 세상에서 가장 건망증이 심하고 멍청한 영감태기야"(790).
이에 구름의 여신들은 스트레프시아데스를 대신하여 그의 아들이
사색소에서 논리를 배우게끔 함으로써 그들 간의 문제를 중재하고
자 한다.

하지만 문제는 더욱더 심각해진다. 왜냐하면 아들은 사색소는 물
론 소크라테스까지 혐오하고 있었으며, 그런 사색소에서 지혜를 구
하고자 하였던 자신의 아버지의 정신상태마저 의심하고 있었기 때
문이다.39) 비록 아들은 아버지의 설득과 강요에 못 이겨 사색소에
들어가야겠다고 하기는 하였지만, 소크라테스와 사색소에 대한 그의
부정적인 생각이 바뀐 것은 아니었다. 그래서 그는 자신의 아버지에
게 단호하게 다음과 같이 예단하는 것이다. "시간이 지나면 언젠가
는 후회하시게 될 거예요"(865). 그런데 이런 볼멘소리는 단순한 항
의성 메시지로 끝나지 않고 '부친구타'라는 냉혹한 현실이 되어 돌
아온다.

아들이 논리를 배우는 사색소에는 다음 2가지 논리가 존재했다.
하나는 '정론'(Dikaios Logos)이고 또 다른 하나는 '사론'(Adikos
Logos)이다. 정론은 우월한 논리를 가르치는 전통적인 교육방법론이
었으며, 사론은 열등한 논리를 가르치는 신식 교육방법론이었다.40)
구름의 여신들이 그 둘 간의 논쟁을 주관하였으며, 특히 그 둘의 논

---

38) "아아, 불운하구나 나는. 난 대체 어떻게 되는 거지? 혀를 돌리는 재주를 배우지 못하면 나는 끝
   장이야"(791-792).

39) "아아, 아버지가 실성하셨으면 어떡하지? 관청에다 아버지가 실성한 사실을 알려야 하나, 아니면
   관 짜는 자들에게 아버지의 정신착란을 말해야 하나"(844-846).

40) 정론은 '정의'의 대변자로서 전통적인 그리스의 교육방법론(961-962)이다. 정론은 "마라톤의 전
   사들을 길러낸 바로 그 교육 방법"(986)이기도 하다. 그런데 스트레프시아데스는 자신의 아들이
   정론과 사론 두 가지 논리 모두를 배우기를 원하나, 만약 그것이 불가능할 경우에는 사론만이라
   도 배워오라고 주문한다(882-885).

쟁이 "말싸움이나 험담"(934)으로 흐르는 것을 통제하였다.

정론과의 논쟁에서 사론이 강조하는 것은 문명화 이전 단계의 "자연의 필연성"(1075)이다. 즉, 사론은 도덕적 규범이나 사회적 관습으로부터 자유로운 인간들의 삶을 강조하면서 인간의 탈도덕적인 행위를 정당화하고 있는 것이다.[41] 그런데 사론이 자기정당화의 전거로 끌어들이고 있는 인물은 바로 제우스 신이다. 그런데 제우스가 누구인가? 신들의 왕이 아닌가. 그중에서도 스캔들이 가장 많았던 바람둥이 신이 아니었던가. "간통을 하다가 붙잡히면 그 남편에게 이렇게 논박하게나, 그대는 아무런 잘못도 저지르지 않았다고, 그리고 제우스를 예로 들며 그분도 사랑과 여자에 졌거늘 인간인 그대가 어떻게 신보다 더 위대할 수 있겠는냐고"(1079-1082). 하여튼 사론은 제우스의 권위에 기대어 아들 페이디피데스를 유혹하고,[42] 아들은 그러한 유혹에 넘어가고 만다. 정론이 패하고 사론이 승리한 것이다. 하지만 그럼에도 불구하고 구름의 여신들은 결코 사론을 칭찬하지 않는다. 사론의 승리에 대해 어떠한 언급도 자제하는 것이다.[43] 오히려 페이디피데스가 사론을 공부하면 크게 후회하게 될 것이라고 경고까지 한다(1114). 그럼 왜 이러한 현상이 발생했는가. 과연 구름의 여신들은 사론의 승리를 인정하지 않는 것인가? 아니면 구름의 여신들과 정론 사이에는 보이지 않는 유대감이 형성되어 있

---

41) 정론은 사론에 대해 비판적인 태도를 취한다. 왜냐하면 사론은 "수치스러운 것은 모두 아름답고 아름다운 것은 수치스럽다고 생각하도록"(1020-1022) 사람들을 가르치고 있기 때문이다.

42) "자 내 제자가 되어 그대 멋대로 하고, 뛰고, 웃고, 아무것도 수치스럽게 여기지 말게나"(1075-1078).

43) 이와는 대조적으로, 구름의 여신들은 정론에 대해서는 우호적인 입장을 가지고 있으며, 정론의 연설이 끝났을 때에는 그들을 찬양한다. "오오, 가장 찬양받는 지혜의 아름다운 성탑을 지키는 자여, 그대의 말에서 얼마나 달콤한 덕망의 꽃향기가 피어오르는가. 옛날에 그대와 함께 살았던 자들은 행복하도다"(1024-1026).

는 것인가?

이러한 문제는 구름의 여신들과 정론 간의 관계를 고찰해보면 금
방 드러난다. 사실 그들 사이에는 상당한 친화력이 존재했었다. 그
리고 그들 간의 친화력은 그들이 공통적으로 집안에서의 지적인 훈
련보다는 집 밖에서의 전원적 활동에 더 많은 중요성을 부여한다는
사실에서 분명해진다(Segal, 1996, 173). 일찍이 구름의 여신들은 자
연 속에서의 '일'과 삶의 '검소함'을 강조했었다. "만약 그대가 기억
력이 좋고 생각이 깊고 인내심이 강하고 서 있거나 걷거나 지치지
않고 추위를 잘 견디고 아침식사를 거르고 술과 체육관과 그 밖에
어리석은 것들을 멀리한다면"(414-417), 정론 역시 무익한 논쟁이나
부질없는 법정 투쟁보다는 자연 속에서의 심신단련을 더 강조했었
다.[44] 특히 "머리에 흰 갈대관을 쓰고 사려 깊은 동년배와 함께 달
리게 되리라. 아름다운 봄철에 플라타너스가 느릅나무에게 나직이
속삭일 때 메꽃 향과 한가로움과 백양나무에 둘러싸여"(1006-1008)
라는 정론의 언급은 자연에 대한 그의 긍정적인 입장을 잘 대변하고
있다. 이처럼 구름의 여신들과 정론 사이에 존재하는 연대감과 친화
력은 사론의 승리를 전면적으로 부인하고 있는 것이다.[45]

그런데 세갈에 의하면(Segal, 1996, 173-174), 구름의 여신들은 처
음부터 거대한 반전을 준비하고 있었다. 이미 스트레프시아데스와의

---

44) "천만에, 그대는 토실토실하고 건강이 넘치는 모습으로 운동장을 거닐게 되고 요즘 젊은이들처
   럼 장터에서 되지 못한 잡담과 재담을 늘어놓거나 지저분한 송사에 말려드는 일은 결코 없으리
   라"(1001-1004).

45) 정론은 '한가로움'(1007)을 전원적인 단순함 및 삶의 건강함과 연결시키고 있다. "…… 아니 그
   대는 아카데메이아로 가서 올리브 나무들 아래에서 머리에 흰 갈대관을 쓰고 사려 깊은 동년배
   들과 함께 달리게 되리라. 아름다운 봄철에 플라타너스가 느릅나무에게 나직이 속삭일 때 메꽃
   향과 '한가로움'(apragmosyne)과 백양나무에 둘러싸여"(1005-1008).

대화에서 구름의 여신들은 그의 소원을 흔쾌히 받아들이고 있다. "그대의 소원은 이루어지리라. 그대가 청하는 것은 큰 것이 아니니까"(435). 하지만 정작 중요한 것은 그 승인 뒤에 숨겨져 있는 하나의 의도이다. 즉, 사론을 공부하게 되면 채무자들과의 법적 소송에서는 이길 수 있을지는 모르나, 그 승리의 대가로 당사자가 지불해야만 하는 것은 엄청난 고통이었던 것이다. 이처럼 구름의 여신들은 우선적으로는 페이디피데스가 사론을 배워 법정에서 승리할 수 있게 해주나, 궁극적으로는 그러한 승리를 통하여 예측할 수 없는 위기상황 속으로 몰고 갔던 것이다. 이렇게 볼 때, 사론의 승리 또는 페이디피데스의 승리는 엄청난 반전이 도래하기 이전에 존재하는 일시적인 승리였을 뿐이다. 비극에서와 마찬가지로, 그의 승리는 그의 한계가 되고 그의 한계는 바로 그의 패배로 이어졌던 것이다.

4) 『구름』 3부: 아버지를 때리고 사색소를 불살라라

사론으로 무장한 페이디피데스와 행복을 꿈꾸는 스트레프시아데스는 양립할 수 없다. 대화하는 누구라도 패배시킬 수 있다고 자랑하는 아들과 그런 아들을 통해서 행복하고자 하였던 아버지는 다른 길을 가고 있었던 것이다. 구름의 여신들은 아버지에게 다가오게 될 비극적인 상황을 정확하게 예단한다. "이 무슨 못된 짓에 대한 갈망인가? 저기 저 노인이 빌린 돈을 떼어먹지 못해 안달이 났구나. 그러나 오늘은 틀림없이 그에게 무슨 일이 일어나, 저 소피스트는 자기가 시작한 악행으로 인하여 갑자기 불상사를 당하게 되리라"(1303-1310). 그들의 예언은 곧바로 현실이 된다. 아들은 아버지를 때리고 아버지는 그런 아들의 발길질을 피해 도망을 간다. 작게는 가족의 비극이자 크게는 국가의 위기이다. 하지만 여기에는 구름의 여신들의 깊은 뜻과 전략이 감추어져 있다. 그것은 아들을 무작정 사악한 논쟁가로만 만들고자 하였던 아버지의 야망이 얼마나 헛된 것인지를 보여줌으로써 그를 반성하게 하고, 나아가 관객들로 하여금 논리교육은 올바른 인격교육에 근거해야 함을 직·간접적으로 암시하고 있는 것이다.

사실 아들의 부친구타 사건은 사소한 문제에서부터 시작되었다. 아버지는 아들에게 시모니데스의 시나 아이스킬로스의 시를 낭독해 줄 것을 요구하였으나, 오만한 아들은 에우리피데스의 시를 낭독해 준다. 이에 화가 난 아버지는 아들에게 욕을 퍼붓고, 아들은 아버지를 때리고 만다.[46] 그 이유는 아들이 가장 좋아하는 시인을 아버지가 욕하였기 때문이다.[47] 그런데 동양사회와 마찬가지로, 전통적인 가부장 사회인 아테네 사회에서 아들이 아버지를 구타한다는 것은 천인공노(天人共怒)할 일 중의 하나이다. 아마도 『구름』을 관람하였던 많은 시민들은 그 장면을 보고서는 큰 충격을 받았을 것이다. 게다가 시종일관 자신의 행위가 옳다고 강변하는 아들(1405)을 보고서는 아연실색하였을 것이다.

"하지만 처음에 그런 법을 만든 것은 아버지나 나와 같은 인간이 아니었을까요? 그리하여 옛날 사람들을 설득한 것이 아닐까요? 그

---

46) 페이디피데스의 폭력은 여기에서 끝나지 않는다. 그는 아버지에게 행하였던 것을 어머니에게도 똑같이 행할 수 있다고 주장한다. "나는 아버지를 그랬듯이 어머니도 때리겠어요"(1443).

47) "스트레프시아데스: …… 그러자 그는 대뜸 오라비가, 맙소사, 배가 같지 않은 누이와 동침했다는 에우리피데스의 이야기를 노래하지 뭐예요. 나는 더 이상 참지 못하고 곧장 그에게 욕설을 마구 퍼부었지요. 그리하여 흔히, 그러하듯, 우리는 거친 말을 주고받았지요. 그러다가 마침내 이 녀석이 벌떡 일어서더니 나를 으깨고 두들기고 목 조르고 부스러뜨렸어요. 페이디피데스: 당연하죠. 가장 현명한 시인인 에우리피데스를 칭찬하지 않았으니까요"(1371-1377).

렇다면 나는 왜 앞으로 아버지에게 매를 되돌려주라는 새로운 법
을 아들들에게 만들어주면 안 되죠? 그러나 이 법이 정해지기 전
에 맞았던 매는 우리가 포기하겠어요. 우리가 매를 맞았다는 것을
선물로 드리죠. 닭이나 다른 짐승을 보세요! 그것들도 아버지에게
대항하지 않아요? 그런데 그것들이 우리와 무슨 차이가 있겠어요,
우리가 민회의 결의를 기록해두는 것 말고는?"(1421-1429).[48]

   하지만 아들의 이러한 생각은 철저하게 소피스트들의 세계관에
근거해 있다. 소피스트들이 누구였던가? 기존의 전통적인 가치와 행
위규범들을 비판하면서 아테네인들에게 새로운 세계관을 제공하였
던 장본인들이었다. 그들은 자연과 규범을 대립적인 관점에서 조명
하면서 노모스에 대한 피지스의 우위를 주장하였다. 이처럼 탈도덕
적인 세계관에 입각해서 인간행위를 정당화하는 것, 그것이 바로 페
이디피데스가 시도하고자 하는 새로운 윤리학이었다.[49]
   그런데 스트레프시아데스는 아들의 이러한 행동에 분개한다. 그
리고 그것을 구름의 여신들 탓으로 돌린다. "왜 그대들은 시골 노인
인 나를 부추겼소"(1457). 하지만 그의 진단은 심각한 문제점을 안
고 있다. 왜냐하면 아들이 그렇게 변한 데에는 무엇보다도 그 자신
의 탐욕이 주된 원인이었기 때문이다. 아들을 부추겨 사악한 논리를
배워오게 하고, 또한 그 사악한 논리를 이용해서 빚쟁이들을 몰아내
고자 하였던 사람은 바로 그 자신이었기 때문이다. 그러기에 구름의

---

48) 페이디피데스는 피지스에 근거한 본능적인 삶을 지향한다. 현대의 니체와 같이, 그는 강력한 권
력의지를 가지고 살아갈 것을 권한다. 이에 반해, 노모스는 인간이 만든 것이다. 그러기에 그것
은 언제든지 변할 수 있다. 사회가 필요로 한다면, 아버지를 때리는 것을 허용하는 그러한 법률
도 제정될 수 있는 것이다.

49) "아이들은 맞아도 아버지는 맞아서는 안 된다고 생각하세요?"(1415)라는 구절은 에우리피데스의
『알케스티스 *Alkestis*』에 대한 패러디다. 거기서 아버지 페레스는 대신 죽어주기를 바라는 아들
아드메토스에게 이렇게 말한다. "너는 햇빛을 보고 좋아하면서 이 아비는 좋아하지 않을 것이라
고 생각하느냐?"(천병희, 2000, 95).

여신들은 그에게 "모든 책임은 그대에게 있느니라. 그대 스스로 악행으로 행했으니까"(1454-1455)라고 단정 짓고 있는 것이다.[50]

아들이 아버지를 때렸는데도, 구름의 여신들은 아들 페이디피데스에 대해 어떠한 조치도 취하지 않는다. 그런데 이렇게 중차대한 사건을 묵인하는 것은 현상적으로는 구름의 여신들이 아들의 부도덕한 행위를 옹호하고 있는 것처럼 비칠 수도 있다. 하지만 이것은 타락한 영혼을 치유하기 위한 하나의 구원의 과정이기도 하다(Segal, 1996, 178).[51] 그러기에 "우리는 누가 악행을 사랑하는 것을 보면 늘 그렇게 하느니라. 그 자가 파멸에 떨어져 신들을 두려워할 줄 알도록"(1458-1461)이라는 구름의 여신들의 말에는 그를 새로운 인간으로 변화시키고자 하는 그들의 사랑이 함축되어 있는 것이다. 이처럼 구름의 여신들은 스트레프시아데스를 질책하고 스트레프시아데스는 그러한 질책을 통하여 성장한다.

반전의 충격 속에서, 스트레프시아데스는 자신의 행위를 반성한다. "아, 슬프도다. 구름의 여신들이여, 그대들의 말은 가혹하지만 옳소. 나는 빌린 돈을 떼어먹으려 하지 말았어야 하니까요. (페이디피데스에게) 얘야, 자 가자. 나와 함께 가서 너와 나를 속인 악당 카이레폰과 소크라테스를 없애버리자꾸나!"(1462-1466). 그리고 그는 이전에 '소용돌이' 신을 주신으로 모시기 위해 제우스 신을 제단에서 끌어

---

50) 비극의 도덕구조를 이렇게 사용하는 것은 『구름』이 초연되던 한해 전에 공연된 『기사들』을 떠올리게 한다. 그것이 아리스토파네스가 앞선 해에 대회에서 상을 타게끔 한 새로운 희극의 기술을 접목시키는 것을 자연스럽게 할 수 있었기 때문이다. 그것은 플롯의 원초적인 개념의 일부였음을 암시한다(Segal, 1996, 176).

51) 『새』 755 이하; "여기서는 아버지를 치는 것이 법에 의하여 수치스러운 짓으로 통하지만, 거기 우리들 사이에서는 누가 아버지에게 달려들어 패주고 나서 싸우겠다면 '어디 발톱을 들어보시지'라고 말하는 것은 자랑스러운 일이오."

내린 것도 후회한다. "아아, 그런 정신 나간 짓을 하다니! 내가 미쳐서 소크라테스 때문에 신들을 내쫓으려 했으니 말이야"(1477-1477). 제정신을 차린 스트레프시아데스가 제일 먼저 한 것은 사색소를 불태우는 것이었다. 구름의 여신들은 그런 스트레프시아데스를 보고서도 어떠한 제재도 가하지 않았다. 구름의 여신들 또한 같은 생각이었기 때문이다.

사실 소크라테스와 사색소의 멤버들은 자연의 신비로움을 제거하는 작업에 몰두했던 사람들이다. 낙천적인 개념의 틀 속에서 세계를 추상적·분석적으로 이해하였던 것이다. 스트레프시아데스 역시 그러한 소크라테스를 따라 자기 아들을 가르치고 빚쟁이들을 물리쳤다. 하지만 그 결과는 참담하였다. 아들은 교만해졌고 폭력적으로 변하였다. 그는 사태를 이 지경으로까지 몰고 온 소크라테스를 가만둘 수 없었다. 그래서 그는 소크라테스를 욕한다.[52] 그리고 그동안 자신의 희망이었던 사색소에 불을 지름으로써 자신의 분노를 폭발시킨다.

> "이봐, 크산티아스, 사다리와 쇠스랑을 갖고 나와! 그리고 네가 주인을 사랑한다면, 저 사색소로 올라가 지붕을 헐어버려라, 저들의 머리 위에 집이 무너질 때까지. 그리고 누가 불붙은 횃불을 갖다 다오. 이번에는 꼭 저들 중 몇 명이 벌을 받도록 해주겠다. 저들이 아무리 허풍을 쳐도 소용없다"(1485-1492).

사색소의 불은 혼례식의 횃불처럼 어두움을 몰아낸다. 비록 소크

---

52) "아아, 그런 정신 나간 짓을 하다니! 내가 미쳐서 소크라테스 때문에 신들을 내쫓으려 했으니 말이야. 친애하는 헤르메스 신이여, 내게 화를 내어 나를 완전히 멸하지 마시고, 내가 정신이 나가 허튼소리를 떠벌린 것을 용서해주십시오"(1476-1480).

라테스와 사색소의 멤버들이 그 불꽃 때문에 큰 충격에 휩싸이기는
하나(1504), 그것은 자아가 성장하면서 경험하는 하나의 성장의 고
통이다. 그리고 불꽃은 구름의 여신들이 하는 마지막 연설(1454 이
하)에 내재된 비극적 지혜의 갑작스러운 불꽃이기도 한데, 그 이유
는 그것이 주인공 스트레프시아데스를 '본래의 그 자신'으로 변모시
키면서 자연과 접촉하게 하기 때문이다. 이렇게 하여 스트레프시아
데스는 이제 희극의 영웅으로 새롭게 탄생한다(Segal, 1996, 180).

4. 맺음말 - 진정한 영웅의 탄생을 바라며

진리란 고통의 산물이다. 그리스 비극에 등장하는 영웅들은 모두
자기 인생의 황금기에 가장 극심한 고통을 경험하였다. 아가멤논이
그 대표적인 인물이다. 그는 트로이 전쟁에서의 승리와 함께 죽음을
맞이하였다. 자신의 딸 이피게네이아를 수장시킨 벌로 부인 클리타
임네스트라가 그를 살해했기 때문이다. 하지만 그는 고통을 통하여
반성하지도 인격적으로 성장하지도 않았다. 고통을 통하여 성장한
인물은 오이디푸스이다. 사실, 오이디푸스는 스핑크스의 난제를 해
결하고 테베의 왕이 되었으나, 실제로는 가장 불행한 사람이었다.
왜냐하면 자신의 아버지를 죽이고 자신의 어머니와 동침한 패륜아
였기 때문이다. 겉으로는 가장 성공적인 삶을 산 것 같았던 그 사람
이 바로 가장 사악한 인간이었던 것이었다. 하지만 그럼에도 불구하
고 그는 자신의 악행이나 운명에 굴하지 않은 채, 적극적으로 진리
를 찾아간다. 그것이 바로 그를 진정한 비극의 영웅으로 만들었던

것이다.

아리스토파네스의 스트레프시아데스 또한 비극의 영웅들처럼 자신의 잘못을 뉘우치면서 참된 진리를 찾아나서는 인물이다. 구름의 여신들에 힘입어, 그는 과거의 자신을 부정하고 본래의 자기 자신으로 돌아오고자 한다. 오이디푸스처럼, 그는 새로운 영웅으로 태어나고자 하는 것이다. 하지만 그는 오이디푸스 같은 비극의 전형적인 영웅은 아니다. 오히려 역설적이면서도 풍자적인 희극의 한 주인공이다. 비록 아리스토파네스가 비극작가 아이스킬로스의 영향하에서 드라마를 구성하고 있음에도 불구하고,53) 그의 주인공은 비극작가가 그리고 있는 영웅의 이미지는 가지고 있지 않다. 오히려 그의 주인공, 즉 스트레프시아데스는 아버지를 구타하는 패륜아에게도 아무런 처벌도 내리지 못하는 나약한 인물로 그려지고 있다. 게다가 아이스킬로스 같은 비극작가가 일반적인 도덕관념이나 종교적 신념을 과감하게 전복시키는 충격적 요법을 사용하는 데 반해서, 그는 일반적인 도덕관념이나 종교적 신념을 거부하는 사람들이 처하게 되는 어려움을 노출시킴으로써 간접적으로 전통적인 종교와 도덕이 우월함을 보여주고 있는 것이다. 즉, 아이스킬로스와 달리, 아리스토파네스는 기존의 도덕과 종교를 옹호하는 보수적 도덕주의자로서의 태도를 견지하고 있는 것이다. 그리하여 그는 스트레프시아데스에게 "자 저들을 쫓고 던지고 쳐라, 이유야 많지만 너도 알다시피, 무엇보다도 저들이 신들을 모욕했기 때문이야"(1508-1509)라고 말하게 하고 있는 것이다.

---

53) 비록 1458-1462행에 걸쳐 명시적으로는 아이스킬로스가 드라마에 등장하지 않음에도 불구하고, 그가 아리스토파네스가 가장 이상시하는 작가 중의 한 명이다(Segal, 1996, 181).

이처럼, 아리스토파네스의 희극은 풍자와 역설을 통하여 새로운 소통의 방법을 보여준다. 특히 그는 당대 계몽주의 운동이 공동체의 질서를 해체하는 위험성이 있음을 간파하고서, 그것에 대한 비판을 당대 최고의 슈퍼스타인 소크라테스를 통하여 전개한다. 물론 소크라테스에 대한 그의 태도가 공정하느냐 공정하지 않으냐 하는 문제는 매우 복잡하며,[54] 아직 그에 대한 이해가 완결되지 않았음에도 불구하고, 그가 그리고 있는 소크라테스는 개별자 소크라테스라기보다는 계몽주의적 시각을 견지하고 있는 모든 소피스트 또는 지식인들을 총칭하는 상징적인 소크라테스임에 분명하다. 하여튼 아리스토파네스는 풍자와 역설을 통하여, 새로운 진리인식의 길을 열어 놓고 있다. 그것은 전통사상을 파괴하지 않은 채, 오히려 전통사상에 대한 파괴를 통하여 계몽을 유도하고자 하는 소피스트적 계몽주의자들에 대한 비판을 통하여 새로운 진리 인식의 길을 열어 놓는 것이다. 역설과 풍자, 이것이 바로 아리스토파네스가 그의 희극에서 새롭게 제시하고자 하는 소통의 길인 것이다.

---

54) 플라톤의 『소크라테스의 변론』에는 아리스토파네스의 『구름』이 오랜 세월 동안 일반인들로 하여금 소크라테스에 대한 잘못된 편견을 갖게 하는 데 어느 정도 일조하고 있음을 명백히 증언하고 있다. 이에 대해서는 19c 이하를 참고하라.

이소크라테스의 교육수사학과 범그리스주의의 이념*

1. 이소크라테스의 생애와 저서

이소크라테스의 생애에 대해서는 그가 82세 때인 기원전 354년에 쓴 『안티도시스에 관해』에서 알 수 있다. 이 연설문은 그의 회고적인 자서전이라 할 수 있는데, 그는 여기서 자신의 가계, 재산, 교육활동 및 가치관을 소상하게 밝히고 있다.

이소크라테스는 아티카의 펜텔리콘산 남쪽에 위치한 에르키아에서 기원전 436년에 태어났다. 그의 아버지는 테오도로스(Theodoros)이고 어머니는 해뒤토(Hedyto)이었다. 그의 형제자매는 4남 1녀라고 하는데 이에 대해서는 별다른 정보가 없다. 아버지의 직업은 피리제조업자이었다. 그는 노예를 다수 거느리고 작업장을 운영한 것으로 전해진다. 그의 가문은 전형적인 귀족가문이 아니라 수공업 활동을 통해 부를 축적한 신흥부유층이었다.

---

* 이 장은 최양석 박사와 공동으로 작성하였다.

부유한 집안에서 태어난 이소크라테스는 당시의 수준 높은 고등 교육을 받을 수 있었다. 그는 직접 자신이 누구에게 교육을 받았는지 밝히지 않았다. 그러나 그의 청년시절 아테네에서 소피스트 교육이 활발히 이루어진 것으로 보아, 주로 소피스트 교육을 받았을 것으로 보인다. 그의 스승으로 언급되는 사람은 케오스의 프로디코스 (Prodikos), 레온티니의(Leontini)의 고르기아스, 시라쿠사의 테이시아스, 그리고 테라메네스를 그의 스승으로 언급하기도 한다. 이들은 모두 보편적인 지식형태인 에피스테메의 가능성을 부인하고 그 대신 독사를 중시했다. 이들은 말을 정신문화의 대표적인 형태로 보고 수사학 교육에 평생을 바친 사람들이었다. 또 다른 전승은 소크라테스, 테라메네스, 고르기아스, 프로디코스를 지칭하기도 한다.

　소크라테스가 이소크라테스의 스승이었는지는 명확하지 않다. 그러나 이소크라테스와 소크라테스가 서로 우호적인 관계였을 가능성은 많다. 이소크라테스가 그 자신의 글에서 소크라테스를 직접 언급한 적은 없지만 이소크라테스가 소크라테스의 죽음을 애도했다는 전승이 남아 있다. 플라톤은 『파이드로스』 269a-b에서 소크라테스가 이소크라테스를 칭찬하고 있다.

　그의 스승으로 언급된 사람들 중에서 테라메네스와 소크라테스를 제외하고는 모두 소피스트이다. 그러므로 이소크라테스의 스승으로 이야기할 수 있는 사람은 단연 소피스트들이다. 그는 플라톤과는 달리 소피스트에 대해 근본적인 부정을 하지는 않았다. 소피스트에 대해 그의 견해가 나타나 있는 소피스트들에 대해는 그의 동료교사들에 대한 고발문이라기보다는 그들에게 현재의 방식을 개선시켜 세인의 편견을 극복하라는 권고문의 성격을 띠고 있다. 이소크라테스의 소피스트들에 대한 태도는 수사학 교사인 소피스트들의 교육적 영향이 아닌가 한다. 이처럼 이소크라테스가 소피스트 교육을 받았다는 것은 분명하지만 그가 실제로 누구와 사제관계를 맺었는지는 분명하지 않다.

이소크라테스는 고대 아테네의 유명한 연설문 작가이자 수사학 교사였고 정치평론가이었다. 그는 아테네에서 가장 인기 있는 선생이었다. 그리스 도처에서 청년들이 그의 학교에 몰려들었으며 그중에는 후일 군주와 장군 수사학자 및 연설가로 성공한 유명 인사도 많았다. 이소크라테스의 생애(B.C. 436-338)는 펠로폰네소스 전쟁에서 카이로네이아 전투에 이르는 시기로 고전기 그리스의 쇠퇴기에 해당한다. 그는 고전기 그리스의 지식인 중에서 플라톤과 아리스토텔레스 못지않게 중요한 인물이었다. 그의 인식론적 토대 및 교육론은 소피스트적 전통을 이어받아 현실주의적이고 상대주의적 가치관을 추구했다. 이는 일원론을 강조한 플라톤과 대조된다. 플라톤이 추상적인 사변의 세계에서 절대지를 모색한 반면, 이소크라테스는 경험세계를 중시하고 다원론적 가치관을 제시했다.

플라톤보다 약간 나이 많은 이소크라테스가 개설한 강좌의 기본 교육과정은 수용된 윤리적 가치의 전달과 실제적이고 학구적인 문학연구에 근거를 두고 있었다. 그는 말의 기교만 가르치는 수사학 교사는 아니었다. 그는 수사학뿐만 아니라 인간의 윤리와 건전한 시민의식을 함께 교육함으로써 모범적이고 유용한 시민을 배출하고자 하였다. 그는 당시 그리스의 암울한 정치, 경제 및 사회현실을 걱정하고 그에 대한 대안을 진지하게 모색하던 지식인이었다.

그는 당시의 수사학교육과 사변적인 이론교육을 비판하면서 실용성과 도덕성을 겸비한 자신의 필로소피아를 주장했다.

당시 아테네에서 이소크라테스 가문은 부유한 재산가 계층에 속했으며, 그는 부유한 상류가정에서 자라났다. 그런데 펠로폰네소스 전쟁의 와중에 집안은 모든 재산을 잃게 된다. 기원전 413년 스파르타군이 데켈레이야를 점령했는데, 이 이후 아테네의 노예 2만 명이 데켈레이야로 대거 탈출했다. 노예노동에 의존하던 그의 집안 역시 노예도주 때문에 생산을 중단했을 것이다. 가계가 곤궁해진 이소크라테스는 전쟁 뒤 10여 년 동안 번법 연설문 작가노릇을 하여 재산을 만회하고 기원전 390년경부터 학교를 열어 수사학 교사 노릇을 하게 된다. 그는 수사학 학교를 운영함으로써 전보다 더 많은 부를 획득한 것으로 보인다.

이소크라테스의 학교는 당시 아테네에서 크게 번성을 누렸다. 그의 교육은 기본적으로 수사학 교육이었다. 그는 제자들에게 모범을 보이기 위해서 또는 그의 생각을 그리스인이나 아테네인에게 전달하기 위해 활발한 저술활동을 벌였다. 그의 저술은 아테네뿐만 아니라 그리스 전역에 전파되어 널리 읽혔다. 기원전 380년경에 공포한 『파네귀리코스』는 그에게 큰 명성을 안겨주었다. 현재 그의 저술로 전해지는 이소크라테스의 작품은 연설문 21편과 서간 9편이다. 그의 연설문들은 주제의 성격에 따라 다음과 같이 분류될 수 있다. 즉, 소송에 관계된 법정 연설문, 공적인 정치현안을 다룬 정치연설문, 교육과 수사학의 문제를 다룬 교육연설문, 자신의 수사학적 능력을 과시하기 위한 시범연설문이다. 이소크라테스는 철저하게 현실을 중요시한 사상가였다. 그는 자신의 저술에서 각기 그 당시의 아테네와 그리스의 정세를 반영한 주장을 펼쳤기 때문에 그의 논지를 충분히 파악하기 위해서는 그 저술배경과 의도를 파악할 필요가 있다.

이소크라테스의 초기 연설문은 법정연설문이었다. 그는 펠로폰네소스 전쟁 중에 많은 재산을 잃고 전쟁 후에 약 10년 동안 법정연설문을 써서 생계를 유지했던 것으로 알려져 있다. 물론 그가 법정연설문을 썼는지에 관해서는 논란의 여지가 있지만, 그의 법정연설문들은 그가 법정연설문 작가생활을 하던 시절에 쓴 것이다. 그 저술 시기는 모두 펠로폰네소스 전쟁 종전 직후부터 기원전 390년경까지의 기간에 속한다. 법정연설문은 『에우튀노스(Euthynos)에게』, 『로키테스(Lochites)에 대해』, 『칼라마코스(Kallimachos)에 대한 항변』, 『제우고스(Zeugos)에 관해』, 『트라페지티고스(Trapezitikos)』, 『아이기네티코스(Aiginetikos)』 등 6편이다. 이 중에서 『에우튀노스(Euthynos)에게』와 『트라페지티고스(Trapezitikos)』를 제외한 나머지 4개의 법정연설문은 위작으로 판정되고 있다. 『에우튀노스(Euthynos)』에게는 민주정이 회복된 403년 직후에 저술된 것으로 보인다. 『트라페지티고스(Trapezitikos)』는 내용상 언급된 역사적 사건과 인물들의 시기를 고려할 때, 기원전 393년경에 저술된 것으로 보인다. 이 둘의 저서는 이소크라테스 자신의 특별한 관념과 가치를 표현하기보다 고객의 입장을 대폭 반영하고 있는 것으로 보인다.

이소크라테스가 법정연설문 작가생활을 접고 교육가로서 활동을 벌인 것은 기원전 390년경이었다. 그는 아테네에서 수사학 학교를 열면서 자신의 교육이념과 수사학 교육에 대한 입장을 널리 알릴 필요가 있었다. 그는 기존 수사학자들의 교육과 논쟁술 학파의 교육을 비판하고 그에 대한 대안으로서 자신의 수사학 교육의 장점을 역설한다. 그 과정에서 작성된 교육연설문은 『소피스트들에 대해』, 『안티

도시스에 관해』등 2편이다. 그리고 시범연설문은『헬레네(Helene)』,
『부시리스(Bousiris)』,『에와고라스(Euagoras)』등 3편이다.

정치연설문은『파네귀리코스(Panegyrikos)』,『아르키다모스(Archidamos)』,
『아레오파기티코스(Areopagitikos)』,『평화에 관해』,『필리포스(Philippos)』,
『판아테나이코스(Panathenaikos)』등 7편이다.

개인연설문은『니코클레스(Nikokles)에게』,『데모니코스(Demonikos)
에게』,『니코클레스 혹은 퀴프로스인들』등 3편이다.

서간은 <이소크라테스가 디오니시우스에게 인사드림>(서간 1),
<필리포스에게 I-II>(서간 2-3), <안티파트로스(Antipatros)에게>(서간
4), <알렉산드로스(Alexandros)에게>(서간 5), <야손(Iason)의 자식들
에게>(서간 6), <티모테오스에게>(서간 7), <뮈틸레네(Mytilene)의 지
도자들에게>(서간 8), <아르키다모스(Archidamos)에게>(서간 9) 등 9
편이다.

이소크라테스의 저작의 진위에 대해서는 학자들마다 다양한 의견이
제시되어 논란이 많다. 이소크라테스의 저서로 전해오는 21개 연설문
중에서 4개의 법정 연설문 <로키테스에 대해>, <칼리마코스에 대한 항
변>, <제우고스에 관해>, <아이기네티코스>, 1개의 개인 연설문 <데모
니코스에게>의 경우 이소크라테스 특유의 생각과 표현방식이 드러나
지 않기 때문에 그의 저서로 단정할 만한 충분한 근거가 없다고 본다.
서간의 경우는 1, 2, 3, 5, 6, 7, 8 등이 그의 진짜 저술로 추정한다.

2. 이소크라테스의 시대상황

그가 살던 시기는 전통적인 폴리스 체제가 한계에 부딪치고 격동적인 변화기에 어울릴 새로운 질서를 모색하던 시기였다. 그는 그 전환기적 양상을 기록하고 그에 대한 해결책을 제시했다. 위기의 양상은 계속 발생하는 전쟁과 이에 의한 폴리스의 공존와해와 시민의식의 유대약화 등이었다.

이소크라테스가 살던 시대는 폴리스의 쇠퇴기였다. 폴리스체제는 그리스인의 전형적인 생활기반이었기 때문에 그 체제의 변질과 붕괴는 그리스의 정치뿐 아니라 경제, 사회, 문화 등 제반생활에 직접적인 영향을 초래했다. 폴리스 체제의 붕괴와 변질은 펠로폰네소스 전쟁에서 카이로네이아 전투에 이르는 시기에 대두했다. 이 시기는 그리스인의 삶과 역사에서 하나의 중대한 전환기였다.

이소크라테스의 글에는 당시 그리스 및 아테네의 위기적 상황이 잘 묘사되어 있다. 그가 당대의 폐해로 진단한 현상은 실로 다양하다. 해적의 창궐, 용병의 유행, 폴리스 내의 내분, 폴리스들 간의 전쟁, 정체변동 등의 심각한 문제가 있었다. 그리고 농촌 및 도시의 파괴, 기존 법률의 폐지, 내분, 학살, 불법추방, 재산탈취, 부채폐지, 토지재분배 등이다. 그리고 당시의 빈민문제와 빈부격차의 증가에 대해서도 수시로 언급했다. 이러한 것은 기원전 4세기의 폴리스의 위기상황을 잘 보여준다.

폴리스체제의 변질과 쇠퇴를 촉발시킨 가장 직접적인 원인은 빈번한 전쟁과 그로 인한 폴리스 내부의 자원소모에서 찾을 수 있다. 펠로폰네소스 전쟁(B.C. 431-404)에서 카이로네이아 전투에 이르는

100여 년간의 그리스 역사는 폴리스들 간의 분쟁과 대립으로 점철된 시기였다. 30여 년 동안의 펠로폰네소스 전쟁, 스파르타의 패권과 그에 대한 반발로 나타난 코린토스 전쟁, 아테네 해상동맹의 결성과 그에 대한 견제, 스파르타와 테베의 패권대결, 델피지배를 위한 성전 등 소모적인 전쟁이 끊임없이 발생했다. 그 전쟁들의 원인은 대체로 강대국들의 패권추구나 크고 작은 폴리스들끼리의 지역적인 이해관계의 충돌 때문이었다. 특히 강국들의 패권정책은 강국들의 반목은 물론 그리스 전체를 분쟁의 소용돌이 속으로 끌어들였다.

펠로폰네소스 전쟁에서 스파르타가 승리했지만, 스파르타는 특혜를 독점하고 자신의 패권을 강화하기 위해 그리스 국가들에 대한 억압적인 정책을 구사했다. 이에 스파르타의 동맹국이던 코린토스, 테베 등이 불만을 품고 패전국 아테네는 스파르타의 지배를 벗어나려고 하였다. 그리고 스파르타는 기원전 399에서 394년까지 계속 페르시아와 전쟁을 벌였다. 이에 페르시아는 스파르타에 반대하는 국가들을 지원하여 스파르타에 대한 전쟁을 일으키게 된다. 그것이 코린토스 전쟁(B.C. 395-388)이었다. 코린토스인, 테베인, 아르고스인, 아테네인 등 주요 그리스 국가들이 연합하여 스파르타와 대적했다. 코린토스 전쟁은 그리스 국가들의 소모적인 전쟁으로 일관하다 기원전 388년 안탈키다스 평화로 종결되었다.

안탈키다스 평화 이후에도 스파르타의 강압적인 지배가 계속되자 다른 국가들의 불만이 증대했다. 기원전 379년 말에 테베인이 스파르타를 몰아내고 독립을 회복한 후 스파르타와 테베의 대결이 계속되었고, 기원전 371년 레욱트라 전투로 스파르타의 패권시대는 종말을 고했다. 신흥강국 테베는 그리스 북부와 에게 해 지역까지 세력을 확대하고 아테네와 대결하게 되었다. 기원전 362년 만티네이아 전투로 테베가 패권을 상실한 후, 이제 그리스에는 더 이상 패권을 추구할 만한 강대국이 존재하지 않았다.

기원전 4세기 후반 그리스의 국내 상황은 마케도니아왕국의 급성장과 그로 인한 그리스 내부 질서의 재편이라는 양상을 보인다. 기원전 359년에 필리포스 2세가 마케도니아왕국의 왕이 되면서 그리스를 향한 팽창을 개시했다. 이제 마케도니아에 대적할 만한 그리스 국가는 어디에도 없었다.

3. 교육수사학

호메로스의 일리아스에는 헤파이스토스라는 장인이 아킬레우스에게 방패를 만들어주는 장면이 나온다. 그런데 이 방패 한 곳에는 군인들이 칼과 창으로 전쟁을 벌이는 모습이 그려져 있다. 그리고 다른 한 곳에는 평화로운 시장 바닥에서 사람들이 논쟁을 벌이는 모습이 그려져 있다. 전쟁 중에는 칼로써 사람을 죽이지만 평화 시에는 혀로써 사람을 죽인다는 사실을 여실히 보여주는 대목이다. 평화 시에는 말할 것도 없고 심지어는 전쟁 중에도 칼이나 창 못지않게 혀가 중요한 무기로 사용된다. 이 서사시의 절반가량이 영웅들의 연설로 되어 있다는 사실은 이 점을 뒷받침한다. 일리아스에서 전쟁은 칼과 방패로 하는 것이 아니라 입과 혀로 한다고 주장하는 것은 바로 그 때문이다.

동서고금을 막론하고 말은 인간의 삶에서 아주 중요한 구실을 한다. 말을 잘할 수 있다는 것은 그만큼 남을 설득할 수 있는 능력이 뛰어나다는 것을 뜻한다. 남을 설득할 능력이 있다면 얼마든지 자신의 입장을 유리하게 만들 수 있을 것이다. 말을 잘할 수 있는 능력은 날 때부터 부여받은 재능이기도 하지만 후천적으로 끊임없이 갈고 닦은 결과이기도 하다. 그리스 시대의 웅변가인 이소크라테스는 웅변에서 무엇보다도 중요한 세요소로서 자질과 지식 그리고 숙련을 들었다. 이 가운데에서 자질만이 선천적 요소일 뿐 지식과 숙련은 후천적 요소에 속한다.

훈련받은 범인이 훈련받지 않은 천재를 실제로 대신하지 못한다. 정치에 대한 교육을 받는다고 해서 페리클레스 같은 사람이 되지 않으며, 교육에 대한 학위증이 있다고 해서 소크라테스 같은 사람이 되지는 않을 것이다. 시인과 달리 웅변가는 선천적인 요소보다 후천적인 요소의 영향을 훨씬 더 많이 받는다. 이소크라테스가 말하는 자질이라는 것도 뮤즈 신의 영감과는 달리 논리적으로 생각하고 남을 설득하는 능력을 뜻한다. 아테네 같은 민주정 국가에서는 정치지도자가 되기 위해서 민회와 법정 등에서 동료시민들을 설득하여 자신의 주장을 관철시킬 수 있는 능력을 지녀야 했다. 말하자면 수사학은 당시 아테네 젊은이들에게는 성공과 출세를 위한 주요 수단이었다. 그리하여 이 무렵에도 요즘의 입시학원처럼 웅변을 가르치는 학교가 여기저기 생겨났다.

이소크라테스는 기원전 390년경에 수사학 학교를 개설하여 50여 년 동안 학생들을 교육했다. 시기적으로는 플라톤의 아카데미아 설립보다 이른 것이니 그의 학교는 아테네 최초의 고등교육기관이었다. 그의 수사학 교육은 플라톤의 교육과 더불어 고대의 교육과 문화를 견인하는 중요한 역할을 담당했다. 그는 정치가로서 현실정치에 참여하는 것을 포기하고 교육과 저술을 통해 사회에 대한 비전을 제시하려고 했다.

이소크라테스가 자신의 교육이론을 체계적으로 제시한 것은 기원전 390년경의 소피스트들에 대해와 기원전 354년의『안티도시스에 관해』이다. 그들 연설문에서 이소크라테스는 사변적이고 비실용적인 이론교육과 소피스트의 수사학 교육을 신랄하게 비판하고 자신의 필로소피아 교육을 대안으로 제시한다.

이소크라테스의 교육구상은 아테네의 교육풍토에 대한 비판으로 시작되었다. 그는 일반 아테네인들이 교육자를 경멸하고 악평한다는 현실을 잘 알고 있었다. 이소크라테스의 기존교육 비판은 두 가지 방향에서 이루어진다. 하나는 사변적이고 비실제적인 이론교육을 겨냥한 것이고 다른 하나는 도덕성이 결여된 수사학 교육을 향한 것이다. 전자의 경우는 논쟁학파의 교육과 플라톤의 아카데메이아 교육을 염두에 둔 것이었다. 이소크라테스는 그들이 논쟁을 위한 논쟁을 할 뿐이며 실생활과 유리된 공허한 사변을 교육한다고 비판했다. 이소크라테스가 언급한 논쟁학파는 특정집단을 이야기하는 것이 아니라, 실생활과 유리된 추론, 이론적이고 사변적인 논구, 논쟁을 위한 논쟁을 일삼는 사람들에게 부여한 명칭이다. 소피스트들에 대해서는 그들의 교육이 도덕이나 시민적 덕성의 함양과는 무관하게 탐욕과 사리사욕을 위한 교육에 그치고 있음을 비판했다. 그러나 그는 수사학 교육이 그릇되게 활용되는 현실을 비판한 것이지 수사학 교육 자체를 부정하지는 않았다. 그는 수사학 교육이 공익을 위한 대국적인 주제를 다루고 시민적 덕성을 함께 배려한다면 인간을 더욱 지혜롭고 유익한 존재로 만들 것이라 주장했다.

당시에는 수사학 교육에 대한 두 가지 측면에서 비판이 일고 있었다. 첫째로 인식론적인 측면에서 비판이다. 이는 특히 플라톤학파가 한 비판으로, 수사학의 상대주의적 인식론을 비판한 것이다. 플라톤은 『파이드로스』에서 소피스트들은 진리보다 개연적인 것을 더 중히 여기며, 말의 힘으로 작은 것을 크게 보이도록 만들며, 큰 것을 작게 보이도록 만들며 또 새로운 것은 옛것으로 그 반대의 것은 새롭게 보이도록 한다는 것이다. 플라톤은 여기서 수사학자들이 보편적인 진리가 아닌 개연적인 지식을 추구한다고 지적한다. 그에 따르면 수사학의 목적은 진실을 규명하는 데 있지 않고 단지 청중을 설득시키려는 데 있다. 그리고 수사학자들은 동일한 주제에 관해서도 서로 상반된 논지를 전개한다는 것이다. 더 나아가 플라톤은 어떤 주제의 본질에 관한 지식이 없으면 청중을 잘 설득할 수도 없다면서, 자신의 필로소피아 교육을 통해 진정한 지식을 얻을 것을 강조했다.

또 하나의 비판은 수사학의 비도덕성에 대한 비판이었다. 그것은 수사학은 도덕적 문제에 관심이 없다는 지적이었다. 수사학의 비도덕성은 나아가 수사학의 부도덕성의 문제로 비화했다. 플라톤은 수사학이 교육의 이상을 제시하지 않고 하나의 수단을 가르칠 뿐이며 그것은 부도덕한 목적을 이루기 위한 지적 도구를 제공하는 수단일 뿐이라고 공격한다. 수사학은 부도덕한 이익, 특히 법정에서의 부정한 이익을 얻는 수단으로서 교육된다는 것이었다. 이소크라테스는 첫 번째 비판에 대해서는 근본적으로 반대했고, 두 번째 비판에 대해서는 어느 정도 타당성을 인정했다. 우선 첫 번째 비판에 대해 이소크라테스는 본질에 대한 절대적인 지식은 획득될 수 없다고 반박

했다. 그 대신에 현재를 살아가는 인간에게 필요한 것은 절대적이지 않더라도 상황에 따라 유용한 현실적인 지식을 습득하는 것이라고 보았다. 플라톤이 지식의 존재이유를 절대적인 진리성에 두고 있다면 이소크라테스는 실용성을 강조했다.

이소크라테스가 적극적으로 수사학을 비판한 것은 두 번째 측면이었다. 그는 당시 수사학 교육이 건전한 용도로 활용되지 못하고 법정에서 개인적인 사리사욕을 위한 수단으로 활용되고 있음을 비판했다. 그는『소피스트들에 대해』에서 자신의 교육이념과 대치되는 교육사례로 논쟁학파와 이 법정연설 교사들을 들고 있다. 그는 당시에 법정에서 부정한 방법으로 이익을 얻도록 학생들을 가르치고 그로써 그들을 타락시키고 있다는 혐의를 받고 있었다. 이에 그는 자신이 법정연설과 관련된 활동이나 교육을 전연하지 않았다는 점이고, 다른 하나는 설사 수사학 교육을 받은 사람이 법정연설가 활동을 했더라도 그것은 그 학생 개인의 잘못이지 수사학 자체의 잘못은 아니라는 논지였다. 그는 당시 수사학 교육의 비도덕성에 대한 비판에는 동조했지만, 수사학 자체가 본질적으로 도덕과 무관하다고 생각하지는 않았다.

이소크라테스에 의하면 인간은 절대지를 알 수 없다.『안티도시스』271에서도 인간이 무엇을 해야 하고 무엇을 말해야 하는지를 알 수 있게 해주는 에피스테메를 얻기란 인간의 본성상 불가능하다. 다양하고 구체적인 것을 추상적 이론이나 규범으로 일원화하여 규정하기는 불가능하다. 그는 자연 뿐 아니라 인간 생활만사가 다양하다고 보았다. 그에 의하면 인간이 얻을 수 있는 유일한 지식체계는 에피스테메가 아니고 독사였다.

플라톤은 인간의 지식을 구분할 때 흔히 에피스테메(episteme)와 독사(doxa)를 구분한다. 에피스테메는 실재하는 것을 인식대상으로 하는 확실한 지식이고, 독사는 확실치 않은 지식이다. 독사의 대상은 감각을 통해 접하는 물체인데, 그 물체는 일정하지 않고 특수하며 상대적이다. 독사는 진리성이나 불변성 가운데 어느 것도 보장받지 못하는 상태이다. 그것은 참일 수도 거짓일 수도 있다. 변할 수도 사라질 수도 있다. 반면에 에피스테메는 언제나 참이고 불변이다.

이소크라테스에게 독사는 무책임하고 신뢰받기 어려운 저열한 지식이 아니었다. 그것은 실제 경험에 기반을 둔 실용적인 이론, 즉 인간사의 불확실한 사건을 해결하는 데 활용되는 판단 혹은 통찰력을 의미한다. 즉, 독사는 실제적이고 경험적인 지식을 뜻한다. 그가 경험적인 지식인 독사를 존중하였다는 것은 그의 사고가 사변적인 이론세계가 아니라 실제적인 현실세계에 있음을 보여준다. 그의 독사는 추상적인 분석에 의거하는 에피스테메와 달리 실제적인 경험에 근거한 것이었다. 그것은 극단적인 상대주의로 흐르지 않고 실제적인 행동세계와의 연관을 통해 나름의 객관성을 확보한다. 그는 실제 소피스트의 상대주의를 극복한다.

그는 수사학 교육의 개선책으로 수사학과 윤리의 결합을 주창했다. 수사학 교육은 훌륭한 수사학자이면서 훌륭한 인간양성을 목표로 했다.

그가 수사학에 윤리적 요소를 부가하기 위해 구상한 방법은 수사학의 주제를 공익과 관련된 고상한 주제를 취급하는 것이었다. 그의 학교에서는 말의 형식 못지않게 내용 자체도 중시했다. 최상의 연설은 국가와 공익을 주제로 삼는 정치연설로 귀착된다. 그는 『안티도시스에 관해』47에서 법정연설과 필로소피아를 대비한다. 필로소피아를 추구하는 사람, 즉 대국적이고 공익적인 주제를 다루는 연설가들은 법정연설을 하는 사람보다 더욱 지혜롭고 더욱 유용한 일을 한다고 언급한다. 그는 자신의 필로소피아가 그리스의 문제, 제왕들의 문제 그리고 국가들의 문제를 다룬다. 이렇게 하여 그는 수사학의 비도덕성을 해결하려고 하였다.

이소크라테스와 플라톤은 같은 시대, 같은 장소에서 교육을 담당하면서도, 각기 다른 교육목표와 교육과정을 구상했다. 이소크라테스는 세속적인 출세와 이익을 갈망하는 청년들에게 그것을 위한 기술인 수사학을 교육했다. 이에 비해 플라톤은 철학자 양성이라는 지도자교육론을 통해 자신의 이상을 제시하고 철학교육에 치중했다. 이소크라테스는 주로 수사학과 관련된 직업을 양성했고 플라톤은 철학자 등 순수학문 연구자들을 양성했다.

이소크라테스의 필로소피아교육은 기존 소피스트의 수사학 교육과 플라톤의 필로소피아 교육의 중간적 위치를 차지하고 있다. 그는 자신의 가르침을 독사와 경험의 세계에 국한시키고, 인간으로서 가능한 최선의 상태를 지향한다. 이소크라테스는 철저하게 실제적인 문제를 자신의 학교 속으로 끌어들였다.

4. 범그리스주의라는 이념

이소크라테스는 폴리스들의 공존과 단합을 위한 해법으로서 범그리스주의를 주창했다. 그것의 등장배경, 그의 구상, 이전의 범그리스주의와의 차이점, 범그리스주의의 주요 내용과 특징적인 성격, 그것의 실천을 위한 노력은 무엇인가? 그의 범그리스주의에 관한 주요 자료는 『파네귀리코스』, 『평화에 관해』, 『필리포스』이다. 그는 기원전 4세기 그리스에서 대두한 범그리스주의 이념의 대표 주자였다.

이소크라테스는 전쟁의 재앙 속에서 고통 받는 폴리스들이 서로 공존하며 각기 고유한 자유와 자치를 누릴 수 있는 해결책을 구상했다. 그것이 바로 범그리스주의이다. 여기서는 이소크라테스의 핵심적인 정치사상인 범그리스주의를 다룬다. 먼저 그의 범그리스주의의 내용을 설명하고 그것을 실천하기 위한 그의 노력을 논의한다.

이소크라테스는 그리스인들 간의 끊임없는 소모전의 심각성을 잘 알고 있었다. 그리스 국가들이 상호 간의 전쟁으로 인해 서로의 국력을 낭비하고 있음을 통탄했다. 그는 『파레귀리코스』에서 그리스 국가들이 헤게모니아를 놓고 서로에 대해 무익한 전쟁을 벌이고 있음을 강력히 비난하였다. 그리스의 강대국인 아테네, 스파르타, 아르고스, 테베가 기원전 4세기 중반 이후 몰락한 이유를 빈번한 전쟁이라고 보았다. 『평화에 관해』에서 그는 전쟁은 국가를 가난과 혼란에 빠뜨리는 주범이라고 비난했다. 그는 그리스인이 전쟁을 멈추고 화합한다면 서로 간에 더욱더 안전하고 신뢰를 가질 수 있으며, 만 악의 근원인 빈곤에서 벗어날 수 있을 것이라 하였다.

전쟁이 폴리스의 존립에 악영향을 끼침을 잘 알고 있었던 그는 평생 동안 평화를 주장하며 전쟁의 중지를 적극 호소했다. 그의 전쟁 혐오는 대개 그리스인들 간의 전쟁에 대한 것이었다. 그의 그리스 중심적인 통합성이 결국 타자에 대한 적대적인 배타성과 직결되어 있다. 그의 반전주장은 그리스인의 화합을 추구할 뿐 아니라 폴리스 내부의 단결을 위한 것이었다. 전쟁의 재앙 속에서 소농의 빈곤화, 소수 부자들에 의한 토지집중, 도시빈민의 증가가 이루어졌다. 빈곤화의 상징으로 부각된 것은 유랑민과 용병의 증가였다. 그리고 부자들은 점차 국가의 이익보다 자신의 이익을 먼저 생각하게 되었다. 빈곤은 친족 간의 유대나 나아가서 폴리스의 대내외적인 질서를 깨뜨리는 장본인으로 생각되었다.

이소크라테스는 기원 4세기의 폴리스 체제의 붕괴되는 상황을 타락으로 간주하고 폴리스 본연의 질서를 되살리기 위해 노력했다. 그가 생각한 폴리스의 위기 원인은 강국들의 전쟁과 공동체적 유대의 약화현상이었다. 고통 받는 폴리스들이 서로 공존하며 각기 고유한 자유와 자치를 누릴 수 있는 해결책을 구상하고 있었다. 그것이 바로 그의 범그리스주의였다. 이소크라테스가 그리스에서 최초로 범그리스주의를 주창한 인물은 아니었다. 그리스인들은 이미 기원전 776년 이래 시작된 오륌피아제전을 위시하여, 델포이의 피튀아제전, 코린도스의 이스트미아제전을 통해 그들의 공동체 의식을 축척해왔다. 이러한 범그리스적인 제전들이 그리스인들의 공동체의식을 결집시키는 데 중요한 역할을 했다. 후일 고르기아스, 뤼시아스 및 이소크라테스가 그들의 범그리스주의를 선전하는 무대로 오륌피아제전을 택했다는 것도 이를 입증해준다. 이들은 오륌피아제전이 그리스인을 한곳에 결집시킴으로써 그리스인들 간의 우애를 결집시켰다. 그러나 그리스인들 간의 배타적인 공동체의식은 문화적 차원에 머물러 있었으며, 정치적인 동질의식에는 미치지 못하고 있었다.

범그리스주의 관념이 결정적인 전환을 맞이한 계기는 페르시아전쟁이었다. 즉, 그리스 외부의 강력한 적인 페르시아인의 직접적인 위험에 처해 그리스인들이 보다 긴밀하게 단합했고, 전쟁 중 일시적이나마 범그리스적인 연합을 최초로 경험하게 되었다. 바로 이러한 경험에 의해 페르시아 전쟁 이후에 범그리스주의 단초가 마련되었다. 이제 그리스인들은 느슨하나마 이민족과 구분 대립되는 하나의 공동체적 단위로서 인식되었으며, 그리스 전체의 공동익을 모색하려는 관심이 대두되었다. 문화적 개념의 범주에 머물던 그리스인이 이제 정치적인 개념으로 발전된 것이다.

이소크라테스의 범그리스주의는 그리스인이 공동운명을 지닌 집단임을 인식하는 데서 출발한다. 그는 그리스가 그리스인의 공동의 조국이라는 것을 분명히 인식하고 있다. 범그리스주의가 그리스인들의 화합을 추구하는 주제로 본격 등장한 것은 기원 5세기 말이다. 이소크라테스의 범그리스주의 이념은 그의 개인적인 독창물이 아니라 선각자들의 생각을 이어받은 것이었다.

그 선구자들은 소피스트인 고르기아스와 아테네의 연설가 뤼시아스였다. 고르기아스는 그리스 각 지역을 순회하며 자신의 수사학을 교육하는 직업교사였다. 그 순회과정에서 그리스 도처에서 전쟁의 참상을 보다 생생하게 실감하였다. 그는 폴리스의 배타성을 극복할 필요를 절감하였다. 고르기아스는 그의 추도연설에서 범그리스주의를 보여주고 있다. 그는 그 연설에서 이민족에 대한 승리는 찬미하되 그리스인들에 대해 거둔 승리는 애도한다는 입장을 밝힌다. 거기에는 그리스인들 간의 소모적인 전쟁을 중단하고 민족적인 역량을 이민족 정복사업에 결집시키자는 소망이 있다. 그가 추도연설에서 역설한 내용, 즉 그리스인들 간의 화합과 이민족에 대한 그리스인의 공동원정이라는 두 가지 주제는 이후 기원전 4세기 범그리스주의 핵심요소가 되었다. 그리스인의 배타성과 페르시아인에 대한 우월의 식에 기반을 둔 이소크라테스의 범그리스주의는 두 가지 기본적 행동계획을 가지고 있었다. 그것은 우리들 자신 간의 화합과 이민족에 대한 전쟁이었다. 그는 그리스인들 간의 싸움이야말로 제 국토를 파괴하고 동족을 파멸시키는 행위라고 규탄하였다.

범그리스주의 이념은 이들 연설가의 전유물은 아니었다. 스파르타의 아게실라오스, 테베의 펠로피다스, 페라이의 참주 야손 등이 그에 속한다. 스파르타는 펠로폰네소스 전쟁 이후 그리스에 대한 억압적인 지배를 구상하면서도 자신의 정책과 지배를 이데올로기적으로 정당화하기 위해 범그리스주의적인 선전을 동원했다. 스파르타가 범그리스적인 선전을 과시한 것은 기원전 396-395년 아게실라오스 왕의 아시아 원정 때였다. 당시 아게실라오스는 스스로 아가멤논의 역할을 자처하면서 자신의 아시아 원정이 범그리스주의적 사업임을 강조했다. 그러나 그 원정은 그리스 내 강국들의 지지를 끌어내지 못해 실패하였다.

이소크라테스는 기원전 390년경 저술된 것으로 추정되는 『헬레네』의 서두에서 당시의 수사학과 논쟁술을 비판하고 자신의 수사학 교육의 유용성을 역설한다. 그리고 기존의 헬레네 찬가의 결함을 지적한 후 본격적으로 자신의 헬레네 찬가를 풀어 나간다. 연설문 말미에서 『헬레네』는 헬레네로 인해 그리스인 최초의 공동원정이 성공적으로 이루어졌음을 강조한다. 이소크라테스는 『헬레네』를 통해 그의 범그리스주의의 구상을 부각시키려 한 것이다. 『헬레네』는 처음으로 그의 범그리스주의 구상의 편린이 드러났다고 할 수 있지만, 범그리스주의를 체계적으로 표명한 것은 『파네귀리코스』이었다. 『파네귀리코스』는 이소크라테스의 대표적인 연설문으로 기원전 380년 올림피아제전에서 그가 발표했던 것으로 전해진다. 당시 그리스에서는 펠로폰네소스 전쟁의 참화를 겪고서도 여전히 폴리스들 간의 반목과 대립은 그치지 않았고 그 틈에 그리스에 대한 페르시아의 영향력은 점차 증대하고 있었다. 폴리스들 간의 대립 사례로는 스파르타의 그리스 지배권 장악, 그에 대한 대항으로서 코린토스 전쟁(B.C. 395-388), 페르시아의 지원을 받은 스파르타의 지배권 회복 등을 들 수 있다. 페르시아의 세력증대 사례로는 안탈키다스(Antalkidas) 평화(B.C. 388)를 들 수 있다. 바로 이런 상황에서 이소크라테스는『파네귀리코스』에서 그리스인의 화합과 이민족 원정을 주장하여 그의 범그리스주의적 구상을 최초로 공포하였다.

이소크라테스가 처음에 자신의 범그리스주의를 실현할 수 있는 적임자로 지목한 것은 그리스의 대표적인 폴리스인 아테네와 스파르타였다. 그는 모든 그리스 국가들이 그 두 국가에 의존해 있는 상황에서 그리스인의 행동통일을 위해 두 국가의 우호가 반드시 필요하다고 판단했다. 그래서 그는 이 두 국가들이 서로 동등하게 그리스의 지도권을 나누어 갖는 것이 타당하다고 보았다. 그가 아테네인과 스파르타인의 제휴를 적극 독려하고 두 국가가 함께 페르시아 원정을 지도하도록 요청하는 입장은『파네귀리코스』도처에 드러나고 있다.

그러나 이소크라테스의 희망과는 달리 그리스는 여전히 계속되는 전쟁에 시달렸고 페르시아의 정치개입도 여전했다. 그의 주장이 그리스 내에서 큰 반향을 불러일으킨 것은 사실이지만, 범그리스주의 이념을 구체적으로 실천하려는 국가는 나타나지 않았다. 그가 그리스의 공동지도국이 되어주기를 요청했던 아테네인과 스파르타인도 모두 범그리스주의의 이념을 외면하고 자국중심의 패권정책을 추진했다. 그러던 중 기원전 371년 레욱트라 전투 이후 스파르타가 그 지도국 위치를 상실했고, 아테네도 제국정책의 강화를 통해 동맹국들의 거센 반발을 받게 되었다. 이들 국가는 범그리스주의를 실현할 수 있는 현실적인 역량과 명망을 잃고 말았다. 이제 이소크라테스가 기대를 걸 만한 강력한 폴리스는 사라지고 없었다. 그는 예전과 다른 방식으로 실천가를 찾아 나섰다.

이소크라테스는 『파네귀리코스』와 같은 대중연설 방식으로는 별 효과가 없음을 깨닫고 자신의 이념을 실현할 수 있는 강력한 권력을 지닌 개인을 찾아 직접 호소하는 방식을 택했다. 그는 당대의 권력자를 선택하여 그들에게 자신의 이념을 주도적으로 실천해주도록 요청했다. 이소크라테스가 범그리스주의 이념을 실현시킬 인물로 지목한 사람은 야손, 디오뉘시우스, 필리포스였다.

이소크라테스는 먼저 페라이의 권력자 야손을 주목했다. 기원전 374년 야손은 페르시아원정에 나서겠다는 계획을 시사했다. 이는 이소크라테스의 범그리스주의 구상과 매우 흡사했다. 그러나 야손이 기원전 370년에 암살당하자 이소크라테스의 기대는 물거품이 되었다.

이소크라테스는 기원전 368년경에 쉬라쿠사이의 디오뉘시오스 1세에게 서간을 보냈다. 그는 디오뉘시오스에게 중대한 일들에 관해 말하기 위해라고 밝히고 그리스인들의 안전을 위해 조언을 하겠다고 하였다. 그러나 이 서간은 단지 서문만 남아 있기 때문에 '중대한 일들'이나 '그리스인들의 안전을 위해 조언'의 구체적인 내용을 정확히 알기는 어렵다. 아마도 그의 범그리스주의 이념이 담겨 있었을 것이며, 디오뉘시오스에게 그리스인의 통합과 이민족원정을 위해 주도적인 역할을 해주기를 요청했을 것이다.

디오뉘시오스는 기원전 368년에 카르타고와의 전쟁에서 승리하였다. 그리고 기원전 368년과 367년에는 아테네와 디오뉘시오스 사이에 우호적인 동맹 관계를 맺고 있었다. 그러나 디오뉘시오스 1세가 기원전 367년 봄에 죽고 말아 그의 희망은 다시 무너지고 말았다.

기원전 340년대의 그리스 최대문제는 마케도니아왕국의 급성장과 그로 인한 그리스 내 질서의 재편성이었다. 동맹국 전쟁 이후 아테네의 해상지배권이 약화되고 대표적인 육군국가이던 스파르타와 테베도 과거의 권력과 영광을 상실한 채 이류 국가로 전락하고 말았다. 이제 그리스에서 스스로 패권을 추구할 만한 강력한 국가가 없어진 셈이었다. 이러한 권력공백을 틈타 북방의 마케도니아 왕국이 그리스의 신흥강국으로 부상한다. 마케도니아의 필리포스는 성전(B.C. 355-346)에 개입하여 그리스 내에서의 영향력을 확립하였고 그리스 북부지방을 정복하는 과정에서 아테네와 충돌하였다. 특히 암피폴리스를 놓고 아테네와 10여 년 동안 줄다리기를 하였다. 결국 기원전 346년 필로크라테스(Philokrates) 평화를 맺어 영토 분쟁을 타결했다. 그러나 마케도니아는 그리스 내의 최강세력으로 성장했다.

마지막으로 이소크라테스가 범그리스주의 이념을 실천하기 위한 지도자로서 설정한 인물은 마케도니아의 필리포스왕이었다. 그는 기원전 346년에 필리포스에게 쓴 『필리포스』에서뿐 아니라 서간 2와 서간 3에서도 계속 필리포스를 범그리스주의적인 지도자로 주목했다. 그중 필리포스에 대한 그의 기대가 가장 체계적으로 표현된 것은 『필리포스』였는데, 거기서 그는 과거 『파네귀리코스』에서 보여준

범그리스주의적인 구상을 재차 역설했다. 그는 그리스인의 화합과 이민족 원정을 지고의 가치 있는 과업으로 부각시켜 필리포스를 설득하고자 했다. 또한 그는 당시 그리스의 국내 사정이나 페르시아의 허약한 국력, 그리고 선인들의 성공사례를 들면서 그 과업이 실제로 실현 가능하다고 적극 강조했다.『필리포스』는『파네귀리코스』와 더불어 이소크라테스의 범그리스주의 구상이 체계적으로 묘사된 대표적인 작품에 속한다. 두 연설문의 차이는 그 구상을 실현할 지도자로 아테네와 스파르타가 거론되고 전자에서는 그들 대신 필리포스가 지도자로 등장한다.

이소크라테스는 새로운 강국 마케도니아에게서 그리스의 희망을 찾았다. 기원전 340년대의 그의 저술은 대부분 마케도니아의 지배자들, 특히 필리포스에 대한 것이었다. 그의 연설문 <필리포스>, 서간 <필리포스에게 I> 및 <알렉산드로스에게>는 모두 이 시기에 쓴 것이었다.

마케도니아와 필리포스에 대한 이소크라테스의 관심은 그것으로 끝나지 않았다. 그는 나중에 필리포스와 그의 아들 알렉산드로스에게 각각 서간을 보냈다. 그는 <필리포스에게 I>에서 이민족과의 전쟁 중에 다친 필리포스를 격려하면서, 아테네인들의 호의를 얻고 그리스인을 이민족의 원정으로 이끌라고 요청한다. 그리스인의 지배자가 되지 말고 그들의 은인이나 혹은 그리스인의 화합을 위한 중재자가 되라고 충고했다. <알렉산드로스에게>에서는 알렉산드로스의 교육을 거론하는데, 그가 논쟁술뿐만 아니라 수사학을 배우려 하는 것을 자못 대견스럽게 여기며 그를 독려한다. 이 두 서간은 342년경에 저술되었을 것으로 추정된다.

필로크라테스 평화 이후에도 아테네와 마케도니아 간의 긴장관계
는 지속되었다. 그러다가 필리포스가 약속을 어기고 다시 아테네를
침입하다 아테네에서는 반마케도니아 분위기가 고조되고, 필리포스
에 온정적인 이소크라테스도 공격을 받게 되었다. 이소크라테스는
아테네인과 필리포스가 서로 우호의 관계를 맺어 그리스의 현안문
제를 해결해야 한다고 주장한 대표적인 친필리포스 인물이었다. 그
에 대한 비난은 그의 친마케도니아적인 성향뿐만 아니라 그의 교육
자체도 문제가 되었다. 그는 자신의 교육과 특히 조국에 대한 자신
의 충정을 아테네인들에게 설명해야 할 필요성을 느낀다. 이러한 생
각을 담아 쓴 글이 『판아테나이코스』였다.

그는 먼저 자신의 수사학과 교육의 정당성을 밝히고 아테네의 영
광스러운 과거를 열렬하게 찬미한다. 그는 아테네인 조상들이 그리
스인의 화합을 추구하고 이민족에 대한 적대적인 태도를 견지했다
는 점을 지적하며 자신의 범그리스주의적 구상을 다시 부각시킨다.
이 연설문은 범그리스주의적 구상보다 아테네 중심적인 찬사를 더
욱 부각시킨다. 그리고 마케도니아에 대한 특별한 입장을 표명하지
않았다. 이 연설은 기원전 342년에 쓰기 시작하여 기원전 399년에
완성하였다. 그는 자신이 94세 되는 해에 집필을 시작하여 3년 동안
병으로 중단한 뒤 97세에 완성했다고 언급하고 있다. 그가 마지막
연설문 『판아테나이코스』를 어렵게 완성한 지 1년 후에 마침내 카
이로네이아 전투가 벌어지고 아테네와 테베 연합군은 필리포스의
군대에 무너졌다. 그것은 고전기 그리스의 종말을 의미했다.

그는 서간 <필리포스에게 II>에서 자신의 범그리스주의적 구상을
마지막으로 역설하면서, 필리포스에게 그리스인을 화해시키고 그들

을 지도하여 이민족원정에 나설 것을 요청한다. 이 서간은 카이로니아 전투 직후에 썼다. 이 서간을 쓴 지 얼마 지나지 않아 기원전 388년 세상을 떠났다.

이소크라테스의 범그리스주의는 그가 당대의 주요 폐해로 지적했던 현상, 즉 그리스인들 간의 끊임없는 전쟁 및 빈곤화 현상과 연관되어 있다. 전자의 폐해를 막기 위해 그리스인의 동족성을 내세우며 그리스인의 화합을 중시했고, 후자의 폐단을 막기 위해 이민족 원정을 제시했다. 이민족의 땅을 점령 식민하여 토지 없는 빈민들에게 토지를 제공하고 그로써 폴리스 내부의 안정을 도모할 수 있었다. 고르기아스가 이민족과 전쟁을 명분으로 소아시아 그리스인들의 해방이나 그리스인들의 자유를 제시한 데 비해, 이소크라테스는 그것을 당시 그리스의 현실과 결부시켜 주장했다.

이소크라테스는 평생 동안 자신의 범그리스주의 이상의 구현을 위해 온갖 노력을 다하였다. 그러나 이소크라테스가 생존한 시대에는 그가 주장한 범그리스주의 이념이 구체적으로 실현된 사례는 보이지 않는다. 그가 자신의 계획을 실현시킬 수 있는 지도자로 주목한 국가나 개인들 중 어느 누구도 그의 호소에 귀를 기울이지 않았다. 후일 필리포스의 아들 알렉산드로스가 페르시아를 정복하여 이소크라테스가 바라던 소망이 실현되긴 했다. 그러나 그 과업은 폴리스체제를 통해 이루어진 것이 아니었다. 그것은 폴리스를 자신의 왕권하에 통합시킨 거대한 왕국의 지배자가 한 일이었다.

소피스트 계몽주의와 '정치적 로고스' (politikos logos)로서의 수사학

1. 머리말

최근의 철학적 흐름 중 가장 주목할 만한 경향은 소피스트 복원 운동이다. 헤겔에 의해서 시작되고 현대의 많은 연구가들(Gagarin, Guthrie, Kennedy, Kerferd, Poulakos, De Romilly, Schiappa, Sprague, Vickers)[1])에 의해서 활발하게 논의되고 있는 이 운동은, 한편으로는 플라톤 이후 부정적으로 인식되어 온 역사적 인물들로서의 소피스트들에 대한 부정적인 이미지를 일소하는 방향으로 전개되고 있으며, 또 다른 한편으로는 그리스 문화의 황금기에 그들이 제시한 정치적 기술로서의 수사학이 지금 현재 어떠한 의미를 지니고 있는지

---

1) Gagarin, Michael(1997), On the not-being of Gorgias's On Not-Being (ONB). Philosophy and Rhetoric, 30 (1), 38-40. Gurthrie, W. K. C., A History of Greek Philosophy III, Cambridge 1975. Kennedy, George A.(1991), Aristotle, on rhetoric: A theory of civic discourse. Oxford: Oxford University Press. Kerferd, G. B.(1981), The sophistic movement. Cambridge: Cambridge University Press. Schiappa, Edward, Protagoras and Logos, South Carolina, 1991. Sprague, Rosamond Kent(1972), The older sophists. Columbia: University of South Carolina Press. Poulakos, T.(1991), Speaking for the polis: Isocrates' rhetorical education. University of South Carolina Press. Vickers, Brian(1988), In defence of rhetoric. Oxford: Claredon Press.

를 천착하는 방향으로 전개되고 있다. 다분히 소피스트들의 수사학과 그들의 철학적 사유를 긍정적·적극적으로 복원하자는 이 운동은 플라톤과 아리스토텔레스 이후 부정적으로 인식되어 온 소피스트 운동사에 대한 전면적인 반성을 요구하며, 특히 소크라테스와 플라톤이 수립한 하나의 전통, 즉 소피스트 수사학은 대중을 상대로 하여 억견만을 산출하는 설득의 기술[2]로서 학적 지식(에피스테메)과는 무관한 탈도덕적인 것이라는 전제에 대한 전면적인 반성을 요구한다.[3]

그런데 소크라테스와 플라톤의 이러한 비판이 완전히 잘못된 것은 아니다. 아테네 민주주의 사회에서 페리클레스의 정치참모였던 프로타고라스나 도시국가들을 오가며 정치적 책사 노릇을 했던 고르기아스를 생각해볼 때, 그들이 택한 정치적 입장이나 행보가 그리스 사회의 공통된 선을 추구하는 방향으로 진행되지 않았다는 것은 분명한 사실이다. 하지만 그럼에도 불구하고 그들을 서구지성사에서 존재해서는 안 되는 부도덕한 인물로 자리매김하는 것은 매우 공정하지 못한 처사이며 매우 위험하기까지 한 발상이다. 왜냐하면 인류역사상 최초의 계몽주의 운동이라고 할 수 있는 기원전 5세기의 소피스트 계몽주의 운동은 바로 프로타고라스나 고르기아스 같은 일

---

[2] 수사학이 이성적 담론을 산출할 수 있는 훌륭한 기예로 인식되는 한, 그들이 수사학의 역사에 끼친 영향은 지대하다. 대체로, 철학자들이 소피스트들의 수사학을 거부하는 이유는 그것이 '학적 인식'(epistēmē), 즉 철학적 토대를 결여하고 있기 때문이다. 즉, 절대적 지식인 에피스테메와 무관한 경험적인 앎만을 그들이 추구하고 있다고 판단되기 때문이다. 플라톤과 아리스토텔레스는 에피스테메를 언급하면서 수사학에 한계를 명확히 한다. 특히 플라톤에게 있어 절대적 지식은 수사학 적용의 선결 요건이다(파이드로스, 265-266).

[3] 역설적으로 플라톤만큼 수사학을 자유자재로 구사한 철학자도 없을 것이다. 국가만 보더라도 그것은 분명하게 드러난다. 국가가 액자소설의 형태를 띠고 있다는 것을 아는 사람은 그리 많지 않다. 그 가운데의 핵심을 차지하고 있는 태양의 비유, 선분의 비유, 그리고 동굴의 비유, 그리고 작품의 대미를 장식하는 에르의 신화는 모두 그의 수사학적 기교가 발휘된 것들이다. 그 자신이 그 누구보다도 뛰어난 수사학자인 것이다. 하지만 그런 그에 의해서 수사학은 쇠퇴한다는 것은 하나의 아이러니이다.

급의 소피스트들에 의해서 주도되었으며, 광범위하게는 소크라테스라는 가장 걸출한 그리스의 철학자 역시 역설적으로 소피스트의 계몽주의 운동이 산출한 결과물이기 때문이다. 27-28편에 이르는 플라톤의 대화편 역시, 일류급의 소피스트들인 프로타고라스나 고르기아스 그리고 히피아스 같은 소피스트들과 플라톤의 스승인 소크라테스가 갖는 논쟁과 논전, 그리고 우정과 반목을 그리고 있기 때문이다. 그러기에 프로타고라스나 고르기아스 같은 소피스트들을 소크라테스 및 플라톤과 절대적인 대립관계로 설정하는 것은 역사적인 사실이 아닐 뿐만 아니라, 그리 유의미한 작업도 아니다. 오히려 그들을 소크라테스·플라톤 이전에 그리스 최초의 계몽주의 운동을 주도하고 '정치적 로고스'(politikos logos)로서 소피스트 수사학을 정립한 지식인들로 설정한다면, 이것이야말로 기원전 5세기 소피스트 운동을 연구하면서 우리가 읽어낼 수 있는 하나의 철학적 통찰일 것이다.

그런데 이러한 작업을 수행하기 이전에 우리가 반드시 짚고 넘어가야 할 것은 철학사에서 그동안 관습적으로 하나의 범주로 간주되어 왔던 지식공동체로서의 소피스트 집단과 그들의 사상은 결코 하나의 범주로 규정화될 수 없다는 것이다. 즉, 그들이 아테네 시민이나 정치지망생들을 상대로 공개강의를 하고 수사학을 개인 지도해서 거액의 수업료를 챙겼다[4])는 사실 말고, 그들을 이소크라테스의 수사학학교 학생들이나 플라톤의 아카데메이아 학생들처럼 하나의 지식공동체 또는 하나의 학파로 규정할 수 있는 개념적 장치는 결코 존재하지 않는다는 사실이다. 단지 우리가 분명하게 확인할 수 있는

---

4) 사실 그들이 거액의 수업료를 받고 수사학을 가르쳤다는 것은 비난의 대상도 힐난의 대상도 아니다. 대부분 아테네 거주 외국인 신분이었던 소피스트들은 정치적 참정권을 소유하지 못한 불안정한 지식인들로 아테네에서 생활하기 위한 하나의 방편으로 수사학을 가르치고 돈을 받았던 것이다.

것은 프로타고라스와 고르기아스, 히피아스와 프로디코스, 안티폰과 트라시마코스, 그리고 칼리클레스와 크리티아스를 포함한 약 26명의 소피스트들은 모두 아테네가 정치적으로 과두정 시기에서 민주정 시기로 이행하는 시기인, 즉 기원전 460년에서 380년 사이에 주로 아테네에서 활동했던 일군의 지식인들을 일컫는다는 것인데, 이는 동일한 스승 밑에서 동일한 교육목표를 성취하고자 했던 이소크라테스의 수사학 공동체나 플라톤의 아카데메이아 공동체와는 확연히 차별화되는 소피스트들만의 특징이라는 것이다. 이런 점에서 볼 때, 학파로서의 소피스트 공동체는 역사적으로 존재하지 않았으며, '궤변'(sophism)이라고 불리는 소피스트들의 철학적 사조 역시 역사적으로 실존했던 것은 아님을 알 수 있다.

사실상, 수사학과 연관해서 역사적 소피스트들이 수행하였던 작업은 아테네 시민들과 정치가를 꿈꾸는 청년들에게 '정치적 로고스'로서의 수사학을 가르쳤다는 것이다. 수사학과 연관하여 저술된 본격적인 대화편인 『고르기아스』에서 플라톤이 언급하는 통속적·공리적·부정적인 수사학과 달리, 프로타고라스를 포함한 일급의 소피스트들은 급변하는 아테네 정치세계에서 가장 효과적으로 통용될 수 있는 실용적인 기술을 제작하고 전수하는 데 주력하였다. 그들이 목표로 하였던 것은 소크라테스적인 절대적인 진리도 아니었으며, 플라톤적인 순수한 지식도 아니었다. 오로지 그들은 타자와의 경쟁에서 타자를 설득하고 필요에 따라서는 타자를 효과적으로 지배하기 위한 실천적·실용적 기술로서의 수사학, 다시 말해서 정치적 기술로서의 수사학을 강조하였던 것이다.[5] 이렇게 볼 때, 그동안 진리

___

5) 롤랑 바르트에 의하면 최초의 수사학은 기원전 5세기경 시실리의 소유권소송에서 탄생했다고 한

를 왜곡하는 부정적·파괴적인 기술로서의 수사학에 대한 오해와 편견은 불식되어야 하며 그 수행주체인 소피스트들에 대한 선입견 역시 타파되어야 한다. 아울러 인간의 유한성과 언어의 가변성, 그리고 문화의 다양성과 관점의 상대성을 인정할 줄 알고, 그것에 기반을 두어 정치세계의 합리성을 추구하였던 실천적 지식인으로서 소피스트들에 대한 진면목도 새롭게 조망되어야 한다. 이 글은 바로 이러한 목적의식하에서 쓰였다.

소피스트의 계몽주의 운동과 정치적 기술로서의 수사학을 적극적으로 천착하기 위해, 이 장에서는 다음 두 가지 문제를 구체적으로 천착할 것이다. (1) 압데라의 프로타고라스가 제공한 그리스 소피스트 운동의 방향성과 그 철학적 기반은 무엇인가? (2) 철학에 대한 레온티니의 고르기아스의 비판과 설득의 장치로서 수사학이 지닌 궁극적인 의미는 무엇인가? 그리하여 이 글은 정치적 기술로서의 소피스트 수사학이 인간들 사이의 갈등을 해소시킬 수 있는 하나의 대안적 장치가 될 수 있음을 온전히 드러내는 데 주력할 것이다.

2. 소피스트 계몽주의 운동과 정치적 기술로서의 프로타고라스의 수사학

1) 도시국가의 발전과 소피스트의 계몽주의

굳이 아리스토텔레스의 말을 빌리지 않더라도 인간이 지성을 지

다. 플라톤 적어도 아리스토텔레스의 오르가논이나 변증론보다 더 오랜 역사를 가지고 있다는 것을 알 수 있다.

닌 존재임은 분명하다. 그런데 지성을 지닌 존재인 인간이 인간다운 삶을 영위하기 위해서 가장 필요로 하는 것은 무엇보다도 의사전달의 수단 또는 소통의 기술로서의 수사학이다. 그리스 도시국가의 발전 및 민주주의의 확립과 밀접한 연관관계를 맺고 성장한 그리스 수사학은 기원전 5세기 소피스트들에 의해서 그리스 사회 전반에 확산되었다. 인류 역사상 최초의 계몽주의 운동 또는 지적 해방 운동이라 일컬어지는 '소피스트 운동'은 바로 이러한 수사학 발전의 결과물이다.

수사학이 지닌 소통의 능력은 삶의 자기 파괴적인 측면, 즉 대립이나 갈등을 적극적으로 배제하는 데에서 그 빛을 발한다. 사실 인간적인 삶에 있어서 대립이나 갈등을 원천적으로 배제하는 것은 불가능하다. 하지만 대립이나 갈등이 해소되지 않은 채, 지속적으로 진행된다면 자기 정체성이나 사회의 안정성은 유지되기 힘들 것이다. 경우에 따라서는 해체될 수도 있을 것이다. 그래서 어떠한 사회에서든지 개인이나 공동체의 안정성을 확보하는 것은 가장 시급한 과제 중의 하나로 부상되어 왔다. 소피스트의 수사학 역시 그리스 사회가 안고 있던 대립과 갈등을 중재하려는 노력의 일환으로 발전되어 왔다.6)

사실 소피스트들의 수사학은 그리스 도시국가의 발전과 밀접한 연관을 맺고 있다. 기원전 800년경에 출현한 그리스의 도시국가들

---

6) 물론 철학사에서는 소피스트들의 공적을 이와는 다르게 기록하고 있다. 가장 공통적인 것으로는 철학적 논의의 중심을 자연학으로부터 인간학으로 옮겨놓았다는 것이다. 사실 소피스트들의 철학사적 중요성은 과거의 그 어느 때보다도 훨씬 더 많이 강조되고 있다. 서양철학의 논의의 물줄기를 자연학으로부터 인간학으로 바꾸었다는 것 말고도, 그들은 언어와 문법론, 신과 자연 그리고 인간의 기원에 관한 문제, 수학과 문학비평, 우주에 관한 물리적 이론 탐구, 그리고 인간과 사회에 대한 윤리학적·정치학적 학설 등을 탐구하고 가르쳤다.

은 그리스인들의 삶의 양식과 사회적 관계망들을 새롭게 변화시켰다. 정치 체제 또한 급변하였다. 왕정이 폐지되고 과두정이 등장하였으며, 과두정이 폐지된 뒤에는 민주정이 등장하였다. 귀족이 아닌 최하위층의 사람들도 정치 세계에 참여하여 시민으로서의 권리를 누렸다. 시민들의 이익을 대변하는 수사학에 대한 요구 역시 증대되었다. 그리고 연설과 토론이 중심이 되는 공적인 사회도 형성되었으며, 또한 그것을 체계적으로 가르치는 전문가들도 등장하였다. 특히 민주정체하의 페리클레스의 지도력이 그 황금기를 맞이하였을 때에는 수사학이 다른 그 어떤 학문보다도 더 결정적인 것으로 간주되었다. 이처럼 소피스트 수사학은 도시국가의 발전 및 민주정체의 확립과 밀접하게 연관되어 있는 것이다.

그런데 역사적으로 볼 때, 수사학은 토지소유권 분쟁[7]을 해결하기 위한 사회정치적인 배경하에서 탄생되었다. 기원전 5세기 시라쿠사에서는 겔론(Gelon)과 히에론(Hieron)의 참주정치가 종식되고 새로운 민주주의 시대가 열렸으나, 토지소유권 분쟁으로 인한 법정소송이 끊이지 않았다. 그런데 이러한 소송들은 과거의 법정소송과는 전혀 다른 양상을 보였는데, 그렇다 보니 이 소송에는 다양한 화술 능력을 가진 저명한 연설가들이 동원되기 시작하였다. 그리고 그러

---

7) 수사학의 기원과 관련하여 롤랑 바르트가 작성한 "옛날의 수사학"이라는 논문은 잘 정돈된 정보를 우리에게 전달해준다. 기원전 485년경 겔론(Gelon)과 히에론(Hieron)이라는 두 명의 시칠리아 참주는 시라쿠사에 사람이 살도록 함과 아울러, 용병들의 몫으로 토지를 나누어주기 위해 강제이주와 인구이동 그리고 토지수용 정책 등을 추진하였다. 그러나 그들이 민주주의의 봉기에 의해 전복되었을 때에는 시민들의 토지소유권이 모호해졌기 때문에 많은 법정 소송들이 발생하였다. 그런데 이러한 소송들은 과거의 것과는 다른 유형의 것이 되었다. 이런 소송에 저명한 민간 배심원들이 동원되었으며 다양한 화술 능력이 강조되었다. 그리고 이에 대한 교육의 중요성도 증대되었다. 이렇게 하여 탄생한 새로운 학문이 바로 수사학이다. 수사학의 초기 구성원들로는 엠페도클레스, 코락스, 티시아스가 있다. 자기를 변호하는 시민들의 분쟁 덕분에 아테네에서는 수사학 교육이 빠르게 확산되었다.

한 연설 능력에 대한 교육 역시 강조되었다. 이렇게 하여 탄생된 것이 수사학이고, 바로 그러한 수사학에 대한 교육이 그리스의 정치 시스템 자체를 새롭게 바꾸었다.[8]

하지만, 수사학의 이러한 사회정치적인 측면과 함께 우리가 반드시 언급해야 할 것은 수사학의 철학사적·지성사적 측면이다. 인류 역사상 최초의 지적 해방 운동이라고 알려진 기원전 5세기 그리스의 계몽주의 운동을 성공으로 이끈 문명은 바로 그리스 문명이며, 그 중심에는 프로타고라스를 비롯한 소피스트들이 포진하고 있다. 비록 종교적 깊이에 있어서는 히브리인들이 그리스인들보다 더 뛰어나고, 신화적 상상력에 있어서는 인도인들이 그리스인들보다 더 탁월하다고 알려져 있는데도, 계몽주의적 측면에서만큼은 그리스 문명이 다른 그 어느 문명권의 민족들보다 더 뛰어난 통찰을 소유하고 있다. 플라톤에 의해서 소피스트와 소크라테스가 엄격하게 구분되기 전까지는, 그리스 사람들에게는 소크라테스 역시 소피스트 운동의 구성원들 중의 한 사람으로 이해되고 있는 것만 보더라도, 우리는 기원전 5세기의 소피스트들이 이룩한 지적 해방 운동이 어떠했는가를 이해할 수 있다.[9] 현대에는 비합리주의적 경향을 지닌 철학들의 영향으로 인하여 최초의 계몽주의 운동에 대한 철학사적·지성사적

8) 그리스 사회에서 모든 시민은 민회나 법정에서 자신들의 이익을 보호하고 타자의 논지를 약화시킬 목적으로 설득력 있게 연설하고 명확하게 논쟁하는 방법을 배웠다. 공개적으로 연설하고 논쟁하는 기술은 그리스 사회가 민주주의로 발전해가면서 더욱더 필요하고 소중한 것이 되어갔다. 그리고 그것을 가르치고 전파하는 데에는 언제나 소피스트들이 자리하고 있었다. 페리클레스가 통치하던 아테네 민주주의의 황금기에 그토록 많은, 그런데 그리스 도시국가라는 공적 공간 속에서 소피스트들이 우선적으로 가르쳤던 것은 인간을 설득하고 행위를 지배하는 기술이었다. 그리고 이것들은 일차적으로 도덕성을 배제한 수사적 책략들이었다. 말 잘하고 논쟁에서 이길 수 있는 것이 인간이 도달할 수 있는 최고의 상태 아니겠냐고 소피스트들이 말할 때, 그들의 생각 속에는 단순한 언어학적 문제가 아니라 인간 행위의 전반적인 양식과 구조를 밝히고자 하는 더 큰 목적의식이 있었던 것이다.

9) 이것과 연관해서는 아리스토파네스의 구름을 보라.

의미가 정당하게 평가받고 있지는 못하나, 소피스트들이 이룩한 지적 해방 운동이 인류의 정신성을 발전시킨 위대한 사건 중의 하나라는 것은 부인하기 힘든 사실이다. 그 결과, 인류는 신화의 시대로부터 지성의 시대로 이행하였으며, 모든 철학적 활동 역시 소피스트 계몽주의의 철학적 세례를 받고 있다.[10]

계몽주의 철학의 관점에서 볼 때, 소피스트 운동의 공적은 우주에서의 인간의 본질과 그 위상에 대한 본격적인 탐구이다. 전통적인 종교에 대한 엄격한 비판, 소피스트 이전의 자연철학에 대한 전면적인 거부, 그리고 인간을 세계의 중심으로 새롭게 인식하는 인간중심의 철학 등은 소피스트 철학이 다른 철학과 구별되는 명확한 표식들이다. 특히 인간 정신의 기원과 행위의 근거에 대한 소피스트들의 탐구는 파르메니데스로 대표되는 자연철학의 시대를 종식시키고 사회적 존재로서의 인간존재론에 대한 탐구를 가능하게 하였다. 또한 그들은 인간 지식의 기원과 지각의 의미, 진리의 본성과 사고와 실재의 관계, 진리에 대한 지식사회학적 접근과 역사발전과 진보에 대한 신념, 사회공동체의 성격 규명과 법률과 처벌의 정당성 및 그 기반에 대한 탐구, 그리고 교육의 본성과 목적 등을 탐구하였다. 소피스트들의 이러한 탐구영역은 현대의 철학적 경향들과 비교해보아도 전혀 손색이 없는 문제의식들이다. 이처럼 소피스트들의 철학은 페리클레스로 대표되는 그리스 민주정의 황금시기를 가능하게 한 원

---

10) 서구철학사에서 수사학과 철학 간의 대립은 오랜 역사를 지니고 있으며, 수사학에 대한 철학의 비판에는 철학자 플라톤이 있었다. 엄격히 말해, 플라톤의 철학함은 소피스트들이 이룩한 계몽주의의 한계를 극복해보자는 반성의 철학이라고 할 수 있는데, 그 반성의 한가운데에는 초월적인 그의 이데아 철학이 자리 잡고 있다. 수사학은 진리를 가장한 거짓된 기술이고 수사학에 종사하는 사람들은 청중들을 기만하는 자들이라는 생각은 바로 플라톤이 확립한 생각인 것이다. 그 후, 플라톤의 이러한 비판은 일반인들로 하여금 수사학에 대한 부정적인 인식을 확립시켰다.

동력이었다.

이처럼 소피스트와 고르기아스로 대표되는 소피스트들에 의해서 그리스는 수사학이 지배하는 사회로 정립되어 갔다. 그리스 사람들 역시 연설이나 웅변의 전문가들로 성장해갔다. 특히, 공개토론 내지 공적인 논쟁 뒤에 승자에게 주어지는 다양한 이익과 권력 등은 그리스 사람들을 더욱더 수사학에 열광하게 만든 장치이기도 하였다. 이제 우리는 프로타고라스를 통해서 그 진면목을 살펴보도록 하자.

2) 프로타고라스의 인간론과 정치철학

프로타고라스는 고르기아스와 함께 가장 강력한 소피스트로 주목받는다. 그는 페리클레스의 정치참모로 일하면서 아테네 민주정치의 황금기를 가능하게 한 이론적 기반을 제공하였다. 신과 진리 그리고 국가경영에 관한 다양한 이론들을 제시하는 것과 아울러, 마그나 그라시아의 작은 도시국가 튀리이의 헌법을 기초하기도 하였다. 자연과 우주를 주된 탐구 대상으로 하던 이전의 자연철학자들과 일정한 거리를 유지하면서, 인간과 사회를 연구하였다. 이런 점에서 그는 자연철학자가 아니라 정치철학자인 것이다. 비록 국가경영과 진리 그리고 신에 대한 대부분의 저작들은 지금까지 전해지지 않으나, 현존하는 몇 개의 단편들은 인간과 도시국가에 대한 그의 뛰어난 통찰을 보여주기에 충분하다.[11]

---

11) 역사적으로 전해지는 프로타고라스의 단편들은 "인간은 만물의 척도이다"라는 인간척도명제와 신에 대한 불가지론적 입장을 피력하는 짤막한 '신론' 등이 있다. 플라톤은 『프로타고라스』와 『테아이테토스』를 통하여 프로타고라스에 대한 이야기들을 전해주고 있다. 하지만 그것은 플라톤의 눈을 통해서 본 프로타고라스의 모습이지 역사적 프로타고라스에 대한 온전한 기록은 아니다. 그런데도 플라톤의 언급은 프로타고라스 연구에서 배제시킬 수는 없다. 특히, 『테아이테토스』에서 언급되는 프로타고라스의 인식론은 파르메니데스의 순수철학을 전도시키면서 낙관적 계몽주의자

가장 먼저 주목해야 할 것은 신들에 대해서는 확실성 있는 어떠한 앎도 존재하지 않는다는 그의 제4단편[12]이다. 신에 대한 불가지론적 입장을 연상케 하는 이 언급은 현대적인 종교비판의 성격을 띠고 있다.

> "신들에 관해서 나로서는 그들이 존재하는지 또는 존재하지 않는 지를 또한 그들이 어떠한 모습을 하고 있는지를 알 어떠한 가능성 도 가지고 있지 않다. 왜냐하면 그와 같은 지식에 이르는 데에는 그 존재 자체의 불분명함과 인생의 짧음을 포함하여, 많은 장애물 이 있기 때문이다"(단편4).

프로타고라스에 의하면, 인간은 유한한 존재이다. 영생불사하지 않기 때문이다. 인간의 존재가 유한하기에 인간의 인식 또한 유한할 수밖에 없다. 감각을 사용하든지 아니면 이성을 사용하든지 간에 인 간의 인식은 유한하고 제한적일 수밖에 없다. 그런데 신은 인간의 인식을 초월한 절대적인 존재이다. 어떠한 감각적 접근도 이성의 논 증도 허락하지 않는 절대적인 존재인 것이다. 그러기에 프로타고라 스는 인간의 구체적인 생활세계 속에서는 신이 경험적인 방법으로 도 그리고 이성적인 방법으로도 파악될 수 없는 불가지적 존재란 것 을 말하고 있는 것이다.

그런데 신에 대한 프로타고라스의 이러한 불가지론적 해석은 고 대 아테네 사회에서 종종 무신론자로 오해되어 왔다. 하지만 그것은 잘못된 해석이다. 왜냐하면 프로타고라스에게 내려진 무신론자라는 죄목은 경쟁자를 제거하기 위한 정치적 전략에서 행해진 판단이었

프로타고라스의 전략을 치밀하게 분석한 플라톤의 업적 중의 하나이다.

12) 소피스트와 연관된 단편번호는 DK의 체계를 따른다. 이하 DK는 생략한 채 단편번호만을 명기 한다.

기 때문이다. 종종 불경(asebeia) 죄로 고소된 많은 지식인들의 경우가 그러한데, 우리는 그러한 범주에 속하는 사람들로 프로타고라스, 소크라테스, 페이디아스(Peidias), 아낙사고라스, 에우리피데스, 그리고 테오도로스 등을 확인할 수 있다.

케퍼드에 의하면(1981), 프로타고라스가 쓴 대부분의 저작들은 그가 재판에서 불경죄로 유죄를 선고받고 난 뒤, 아고라에서 불태워지는 인격적인 수모를 겪었다고 전해진다. 그런데 이것은 당시 소피스트 일반에 대한 아테네인들의 적대감이 어느 정도였는지를 보여주는 하나의 역사적인 사례이기도 하다. 왜냐하면 펠로폰네소스 전쟁을 주도한 페리클레스의 몰락 이후, 그를 후원하였던 소피스트들에 대한 아테네 시민들의 분노는 절정에 이르렀고 그 분노의 중심에는 프로타고라스가 자리 잡고 있었기 때문이다. 그러기에 프로타고라스에게 내려진 무신론자라는 죄명은 펠로폰네소스 전쟁을 패배로 이끈 정치지도자에 대한 아테네인들의 정치적인 심판의 성격을 띠고 있는 것이다.

프로타고라스의 철학에서 신은 존재하지 않는다. 신이 존재하지 않기 때문에 그의 철학에는 인간 경험을 초월하는 원칙, 즉 파르메니데스의 존재라든가 플라톤의 이데아 같은 초월적인 법칙은 존재하지 않는 것이다. 그런데 신이나 초월적인 법칙이 존재하지 않는데 우리는 어떻게 판단하고 행동할 수 있는가? 그리고 정의니 법이니 하는 것들을 언급할 수 있는가? 이에 프로타고라스는 그것이 인간에 의해서, 인간의 규약에 의해서 가능하다고 주장한다. 그리하여 도시국가의 시민들이 만든 법이 옳다고 하면 옳은 것이고, 그르다고 하면 그른 것이 되는 것이다. 신이 없는 세상에서는 인간이 신을 대신

하는 것이다.[13] 다음은 인간이 삼라만상의 기준점임을 언급하고 있는 그의 제1단편이다.

> "인간(anthropos)은 만물(panton chrematon)의 척도(metron)이다. 존재하는(-인) 것들에 대해서는 그것들이 존재한다(-이다)는 것(ton men onton, hos esti)의, 존재하지 않는(-이지 않은) 것들에 대해서는 그것들이 존재하지 않다(-이지 않다)는 것(ton de me onton, hos ouk estin)의 척도이다"(단편 1).

이 저술의 제목은 플라톤의 저술(『테아이테토스』 161c)에는 『진리』라고 제시되어 있다. 반면에 섹스투스 엠피리쿠스는(DK 80A1) 그것이 『전복 논변 The Overthrowing Argument』의 앞부분에 나왔다고 말한다. 『전복 논변』은 아마도 『진리』의 다른 이름일 것이다(커퍼드 143). 흔히 철학사에서 '인간척도설'이라고 알려진 이 명제는, 커퍼드의 분석처럼, 기원전 5세기부터 현재에 이르기까지 논란의 대상이 되어왔던 명제 중의 하나이다.

그런데 이 논란의 중심에는 프로타고라스의 '인간' 개념이 자리잡고 있다. 과연 그가 말하는 인간이 경험의 주체로서의 개별적인 인간을 말하는 것인가, 아니면 유적 존재로서의 인간이나 인류 같은 보편적인 인간을 말하는 것인가 하는 것이 논의의 초점이었던 것이다. 우선 전자의 해석에 의하면 프로타고라스의 인간이 진리 인식의 주체이며 그러한 인간 주체는 철저하게 개인적이고 주관적이라는 것이 강조된다. 프로타고라스에 의하면, 폴리스 공동체에는 인간의

---

13) 꼬집어 이야기하자면 신에 관한 프로타고라스의 입장은 '불가지론'에 가깝다. 그러기에 그의 종교관은 근대적인 의미의 무신론과 동일시되어서는 안 된다.

경험을 뛰어넘는 초월적 도그마가 존재하지 않는다. 인간이 좋다고 하면 좋은 것이고 나쁘다고 하면 나쁜 것이다. 시공간을 벗어난 초월적인 도그마가 존재하는 것은 아니다. 지각 가능한 인간의 모든 능력은 경험 속에 있으며, 우리에게 주어지는 법칙이나 법률 모두 인간이 구성해낸 것이다. 선천적으로 주어지는 것은 아무것도 없다. 프로타고라스는 상식을 중시하는 현실의 철학자이다.[14] 플라톤의 『테아이테토스』[15]가 이런 해석을 가능하게 한 논거로 제공되고 있다. 하지만 이런 해석에는 아테네 공동체의 보편적인 정치질서를 수립하고자 하였던 정치철학자로서의 프로타고라스의 본래 의도를 은폐시키는 심각한 문제점이 내재되어 있다. 비록 프로타고라스의 상대주의 철학에 고르기아스류의 회의주의적 철학이나 나아가 자기모순적인 측면이 없는 것은 아니나, 상대주의적 철학을 전개하는 그의 본래적 의도가 인간 경험에 근거하여 폴리스 공동체의 정치적 기반을 마련하고자 하였던 것임을 생각해볼 때, 그에 대한 과도한 비판은 다분히 전략적인 차원에서 전개된 것임을 알 수 있다. 그러기에 경험의 주체로서 프로타고라스의 인간은 폴리스 공동체의 규칙과 법률을 부정하지 않는 인간으로서의 개별자인 것이다.

　그런데 이러한 해석은 자연스럽게 프로타고라스의 인간 개념이

---

14) 인식론과 연관해서, 프로타고라스는 개별적 인식주체로서의 구체적인 인간의 경험을 강조한다. 특히 감각 경험에서 인간의 주관성과 상대성이 중요하게 대두된다.

15) 플라톤 『테아이테토스』에서 프로타고라스의 생각을 "지식은 지각 이외의 다른 것이 아니다 (151d-e)" 또는 "사물들이 나에게는 나에게 보이는 대로이고, 너에게는 너에게 보이는 대로이다 (152a-b)"라고 정리한다. 하지만 프로타고라스의 논리대로라면 사람이 아닌 돼지도 만물의 척도가 될 수 있다(161c). 그런데 이러한 진리의 상대성은 프로타고라스 자신의 진리마저 상대화시키며, 그것이 거짓일 수 있는 가능성까지도 함축한다. 이것은 심각한 자기부정이자 자기모순이다. 풍자임에도 불구하고, 프로타고라스에 대한 플라톤의 심각한 비판이다. 그러기에 플라톤은 『법률』 제4권에서 프로타고라스의 인간척도설에 반대하여 "우리 눈에는 신이 만물의 척도일 것입니다. 사람들이 흔히 말하는 것처럼, 인간이 만물의 척도는 아닙니다(716c)"라고 말하는 것이다.

유적 존재로서의 보편적 인간이라는 후자의 해석과 연결된다. 즉, 프로타고라스가 말하는 인간은 한편으로는 경험의 주체로서의 개별적인 인간을 의미하나, 또 다른 한편으로는 폴리스 공동체의 척도로서 보편적인 인간을 뜻한다. 플라톤 역시 프로타고라스 인간 개념이 지닌 이러한 이중성을 잘 알고 있다. 왜냐하면 그는 『테아이테토스』를 통하여 프로타고라스의 인간 개념이 지닌 자기 모순적인 측면을 적극적으로 드러내고 있으나, 『프로타고라스』를 통하여서는 프로타고라스의 인간 개념이 지닌 보편적인 성격을 적극적으로 드러내고 있기 때문이다. 다음은 도시국가에 필수불가결한 정치적 기술인 '타자에 대한 존경심'(aidōs)과 '정의'(dikē)를 언급하면서 프로타고라스 자신이 강조하고 있는 인간의 보편적인 덕성에 대한 언급이다.

"프로메테우스는 인간에게 생명을 보존할 수 있는 방법을 마련해 주려고 하였으나 난감해 하는 중에, 헤파이스토스와 아테네에게서 불과 함께 실제적인 기술 중에서 지혜를 훔쳐서 인간에게 주었네-만약 불이 없다면, 이런 종류의 지혜는 사실상 무용할 것이기에-그리하여 인간은 이러한 방법으로 일상적인 삶을 영위하는 지혜는 확보할 수 있었으나, 도시국가를 영위하는 데 필요한 지혜는 얻지 못하였네. 왜냐하면 이것은 제우스 신이 가지고 있었기 때문이었네. 프로메테우스는 제우스가 있는 성 안으로는 출입하는 데 자유롭지 못하였으며, 제우스의 호위병들 또한 무시무시한 존재들이었네. 하지만 그는 헤파이스토스와 아테네의 기술을 찾아내기 위해 그들이 같이 사용하고 있는 건물로 몰래 들어가 헤파이스토스와 아테네로부터 불과 지혜를 훔쳐서 그것들을 인간들에게 나누어 주었네. 이렇게 하여 인간은 생존에 필요한 것은 얻게 되었지만, 프로메테우스는 뒤에 에피메테우스의 과실로 인해 절도혐의로 고발되었다고 하네.
이리하여 인간은 신적인 성품을 나누어 가지게 되었네. 우선 인간은 무엇보다도 신과 가까운 존재이어서, 여러 신을 위해 제단을 쌓고 성상을 만들어 그들을 섬긴 유일한 존재가 되었네. 그리고 두 번째로 인간은 자신의 기술에 의해서 음성을 구별하게 되었고 여러 가지 말을 만들어내었으며, 집이나 의복이나 신발이나 침대, 그리고 그 밖에 땅에서 난 곡식을 식량으로 삼게 되었네. 인간은 자기 자신을 위해 이와 같은 것을 갖추었지만, 처음에는 흩어져서 살았기 때문에 어떠한 도시국가도 존재하지 않았네. 그 결과 인간들은 모든 면에서 야생 동물들보다 약했기 때문에 그들의 희생물이 되고 말았네. 그리고 인간들의 제작 기술은 먹고 사는 데는 충분한 도움이 되었으나 야생 동물들과 싸우기에는 미흡하였네. 이처럼 인간들은 싸움의 기술을 비롯하여 '정치적인 기술'(politikē technē)은 갖고 있지 못하였네. 그리하여 인간들은 서로 모여 도시국가를 건설함으로써 자신들의 생명을 보존하고자 하였네. 하지만 함께 모여 살게 되었을 때, 그들은 정치적 기술의 결핍으로 인하여 서로가 서로에게 해를 가하였으며, 그 결과 또다시 흩어져 멸종될 지경에 이르고 말았네. 그래서 제우스 신은 인간이라는 종족이 완전히 멸종되는 것을 염려한 나머지, 헤르메스를 보내어 인간들에게 '타자에 대한 존경심'(aidōs)과 '정의'(dikē)를 나누어주었네. 도시국가에 질서를 가져오고 우정으로 뭉치게 하기 위해서였네. 그다음에 헤르메스는 제우스에게 어떠한 방식으로 인간들에게 이 타자에 대한 존경심과 정의를 나누어 줄 것인지를 물어보았네. '기술들이 분배된 것처럼 이것들도 분배할까요? 의술을 가진 한 사람이 많은 사람들을 치료하듯이, 그리고 다른 기술자들의 경우에서와 마찬가지로, 타자에 대한 존경심과 정의도 이러한 방법으로 나누어주어야 합니까, 아니면 모든 사람에게 골고루 나누어 주어야 합니까?' '모든 사람에게.' 제우스가 말했습니다. '모든 사람으로 하여금 자신들의 몫을 가지게끔 하라. 왜냐하면 다른 기술처럼 일부 소수의 사람들이 이러한 덕들의 몫을 가지게 된다면, 결코 도시국가는 형성될 수 없을 것이기 때문이네. 그리고 이러한 덕들을 획득하지 못하는 사람은 도시국가의 재앙으로 간주하여 사형에 처해야 한다는 것을 내 이름으로 된 법률로 만들도록 하게.'"

이 언급에서 프로타고라스는 도시국가의 정치주체인 개별적 시민들의 보편적 사회성을 가능하게 하는 정치적 기술을 강조한다. 주지하다시피, 제우스의 권위에 의지해, 프로타고라스는 타자에 대한 존경심과 정의라는 정치적 기술이 모든 인간에게 공통적으로 존재하는 것임을 주장한다. 소수의 사람들에게만 부여되었던 대부분의 기술들과 달리, 그는 정치적 기술은 모든 사람에게 보편적으로 구비되어 있음을 언급한다. 그리고 이러한 보편적인 덕성이 개별적 인간들의 사회적 활동을 가능하게 하는 도덕적 근거임을 밝힌다.

그런데 프로타고라스가 언급하는 인간의 보편적 덕성은 특수성과 상대성까지도 포함하는 보편성이다. 왜냐하면 그가 강조하는 인간의 보편적 덕성은 각각의 도시국가가 지닌 특수한 상황들을 배제하는 않는 범위 내에서 형성되기 때문이다. 이런 점에서 프로타고라스적인 보편적 덕성은 플라톤적인 보편성과는 엄격하게 차별화된다. 잘 알다시피, 이데아와 같은 플라톤적인 보편성은 개별 인간 및 개별 도시국가들의 특수성과 상대성을 완전히 초월하는 지점에서 성립하는 데 반해서, 프로타고라스적인 보편적인 덕성은 현실에 존재하는 개별적인 도시국가들의 상황을 고려하기 때문이다. 즉, 그는 도시국가의 관습이나 전통 그리고 개별시민들의 상식이나 통념 등을 거부하지 않는다. 오히려 관습이나 상식에 합리적 근거를 제시하려고 한다. 그런 점에서 그는 민주주의를 옹호하는 건전한 합리주의이다.

무엇보다도 프로타고라스의 개방적인 사유방식은 그의 민주주의적 사상에 기반을 두고 있다. 그는 아테네 민주정치의 전성기를 이룩한 페리클레스의 핵심 정치 참모였다는 것은 이미 잘 알려진 사실이다. 그러기에 그는 민주정체에 대해서 대립각을 세웠던 플라톤과 달리, 민주정체에 대해서 항상 긍정적인 시각을 유지하였으며 그 민주정체에 확고한 이론적 토대를 마련하고자 노력하였던 것이다. 비록 페리클레스 사후 그의 정치적 생명도 그리 오래가지는 못했지만, 그가 상식을 강조하던 유연한 합리론자였다는 것은 부인할 수 없는 사실이다.

상식을 강조하는 프로타고라스의 모습은 파르메니데스의 제자인 제논과의 논쟁에서도 잘 드러난다. 주지하다시피, 제논은 스승 파르메니데스의 존재 개념을 입증하기 위하여 현상세계의 운동과 변화를 부정한 사람이다. 특히, 궤변에 가까운 그의 논리는 오랫동안 철학자들의 머리를 아프게 해온 유명한 이야기로 전해오고 있다. 그런데 파르메니데스와 제논의 현실 부정의 철학은 프로타고라스의 현실긍정의 철학과 충돌할 수밖에 없다. 특히, 민주정체는 폴리스 시민들의 일반적인 상식에 근거해 있는데, 파르메니데스나 제논처럼 시민들의 건전한 상식을 전면적으로 부정하고 만다면, 민주정체는 그 이론적인 토대를 상실하고 말 것이기 때문이다. 그리하여 프로타고라스는 제논과 후일 '좁쌀논쟁'이라고 알려진 아주 재미있는 논쟁을 펼치게 되는데, 그 이야기의 논쟁점은 다음과 같다. 즉, 좁쌀 2말을 떨어뜨렸을 때에는 사람들이 들을 수 있을 정도의 큰 소리가 나는데, 과연 좁쌀 1개를 떨어뜨렸을 때에도 소리가 나느냐 하는 것이다. 이 문제에 대한 두 사람의 답변이 흥미로운데, 그 이유는 상식을 거부하는 논리주의자 제논은 1개/2말만큼의 소리가 난다고 주장하나, 상식을 옹호하는 현실주의자 프로타고라스는 어떠한 소리도 나지 않는다고 주장하기 때문이다. 즉, 프로타고라스에게 있어 1개/2말만큼의 소리는 들리지 않는 거나 마찬가지인 것이다(DK 29A29).

이처럼 프로타고라스는 철저하게 상식을 옹호하는 현실주의적 정치철학자이다. 그의 이러한 시각은 아테네를 포함한 그리스 전반의 민주주의 발전에도 크게 기여한다. 특히, 모든 시민이 도시국가를 유지하고 발전시킬 수 있는 정치적 기술을 보편적으로 소유하고 있다는 그의 언급은 아테네 민주정체에 형이상학적인 기반을 제공한다. 아울러 그는 당대 소피스트들의 관심사항, 즉 민주정치와 소피스트들의 상대주의적 철학을 매개시키고자 노력하였다. 이미 기원전 5세기 그리스 사회는 민주주의하에서 소피스트들의 상대주의적 철학이 그 힘을 발휘하고 있을 때이다. 소피스트인 프로타고라스 자신이 페리클레스의 핵심 정치참모를 맡고 있었다는 사실만 보더라도, 상대주의적 인식론이 아테네 민주정치의 근간이 됨을 알 수 있다. 이처럼 프로타고라스의 철학은 소피스트들의 철학과 아테네 민주정치의 결합을 가능케 한 이론적 원동력인 것이다.16)

3) 프로타고라스의 수사학 교육

타자에 대한 존경심과 정의는 프로타고라스가 강조한 폴리스 구성원들의 대표적인 정치적 품성이다. 그리고 그러한 품성은 인간이라면 누구나 가지고 있는 보편적인 것이다. 즉, 인간은 보편적인 덕성을 지닌 도덕적인 존재인 것이다. 그런데 프로타고라스는 그러한 도덕적인 품성이 선천적으로 주어지는 것이 아니라, 소피스트적 교육을 통하여 후천적으로 교육될 수 있다고 생각한다. 하지만, 소크

---

16) 프로타고라스의 인간척도설과 존재론의 아버지 파르메니데스 철학과는 대립한다. 왜냐하면 파르메니데스는 인간의 경험을 오류의 원천으로 본 데 반해서, 프로타고라스는 인간과 관련된 사태에 있어서 그 사태가 어떠하든지 간에 인간의 경험이 척도임을 주장하고 있기 때문이다. 그리하여 프로타고라스는 순수지성에 의해서만 파악되는 파르메니데스적 진리에 맞서 경험을 기초로 한 판단, 즉 독사(doxa)의 세계를 옹호하고 있는 것이다.

라테스의 생각은 그와 다르다. 그는 소피스트적 교육에 의해서는 인간의 덕성이 가르칠 수는 없다고 생각한다. 프로타고라스가 덕성의 교수 가능성에 대해서 긍정적인 입장을 취하고 있는 것과 달리, 그는 덕성의 교수 가능성에 대해서 부정적인 입장을 취하고 있는 것이다. 그렇지만 프로타고라스는 덕성의 교수 가능성에 대한 자신의 주장을 포기하지 않는다. 다음은 그의 논지가 담긴 두 사람의 대화이다.

"그럼, 다음과 같은 나의 말은 정말이네. 덕과 관계된 일이라면 모든 사람을 조언자로서 받아들일 만한 충분한 이유가 있네. 모든 사람은 덕을 지니고 있다는 자신들의 믿음 때문이네. 또한 사람들은 덕을 선천적이거나 자발적인 것으로 간주하지 않고, 오히려 그것을 획득하고자 하는 사람의 배움과 주의력에 의해서 획득되는 어떤 것으로 간주하지는 않네. 이것에 대해 나는 자네에게 설명해 보고자 할 것이네. 선천적인 것이나 우연에 기인하는 것으로 생각되는 모든 악한 것들의 경우에 대해서 노여워하는 자는 없네. 그리고 사람들은 그러한 잘못을 바로잡아 주겠다는 의도에서 사람들을 훈계하거나 가르치거나 징계하지는 않는다네. 오히려 그러한 사람들에게 연민만을 느끼지. (...) 소크라테스여, 잘못을 저지른 사람을 징계하는 것에 대한 참된 의미는 사람들이 덕이란 것을 훈련을 통해서 획득되는 것으로 간주한다는 사실에 놓여 있네. 왜냐하면 어느 누구도 잘못을 저지른 사람이 잘못했다는 단순한 사실을 고려하여 잘못을 행한 사람을 징계하는 사람은 없을 것이기 때문이네. 물론 야수처럼 무자비한 복수를 하려는 자는 예외이지만 말이네. 하지만 합당하게 징계하려는 사람은 과거의 잘못 때문에 복수하는 것은 아니네. 왜냐하면 지난날의 잘못은 원래대로 되돌릴 수 없기 때문이네. 오히려 그는 미래를 보고 있다네. 그리고 징계를 받는 사람이나 징계 받는 것을 보는 사람 모두, 또다시 그런 잘못을 저지르는 것을 막으려는 데 그 목적이 있네. 억제하는 것으로써 징계에 대한 이러한 태도는 덕이란 것이 배워질 수 있는 것임을 함축하네. 그리고 이것은 공적인 영역에서나 사적인 영역에서 징계하려는 모든 사람의 태도이네. 모든 사람은 잘못을 저질렀다고 생각하는 사람들에게 보복을 가하거나 징계를 하는데, 당신의 동료시민들인 아테네 사람들은 더욱더 그러하네. 그러므로 나의 논증에 의하면, 아테네 사람들 또한 덕이란 것이 획득될 수 있고 가르칠 수 있다고 생각하고 있는 사람들이네"(323d-324c).

여기에서 프로타고라스는 다음 3가지 사항을 이야기한다. 첫째, 덕은 성실한 훈련을 통하여 획득될 수 있다. 둘째, 징계는 잘못된 행위를 한 사람을 벌주는 것인데, 이러한 징계행위의 궁극적인 목적은 폴리스 시민들이 악행을 저지르지 못하게끔 억제하는 데 있다. 그런데 이러한 징계 행위의 근본 전제는 바로 인간의 덕성이란 가르쳐질 수 있다는 생각이다. 셋째, 덕은 교육을 통하여 획득될 수 있다. 이처럼 프로타고라스는 교육에 의한 덕의 교수 가능성을 적극적으로 옹호한다.

"그들은 어렸을 때부터 죽을 때까지 자녀들을 가르치고 훈계하네. 어린애들 중의 하나가 사람들의 말을 알아듣게 되면, 유모나 부모 그리고 선생이나 아버지는 그 애가 뛰어난 사람이 되도록 애를 쓰네. 애들이 말하고 행동하는 하나하나에 대해서, 그들은 어린애들을 가르치네. 이것은 옳고 저것은 그르며, 하나는 고귀하나 다른 하나는 천하고, 하나는 경건하나 다른 하나는 불경하고, 이것은 해야 하나 저것은 하지 말아야 한다고 말이네"(325c-d).

우선 프로타고라스에게 있어 교육은 부단한 훈련의 과정을 동반하는 활동이다. 선천적인 재능이나 요행은 그에게 중요한 요소가 아니다. 뛰어난 기술과 성실한 훈련만이 교육의 목적을 성취할 수 있다. "훈련 없는 기술과 기술 없는 훈련은 아무것도 아니다"(단편10)

라는 그의 단편이 이것을 잘 보여준다. 철학사에 알려진 칸트의 용법에 따라 그의 말을 재정리하자면, '훈련 없는 기술은 공허하고 기술 없는 훈련은 맹목이다'라고 할 수 있을 것이다.

다음으로 프로타고라스에게 있어 교육은 인간 영혼에 대한 탐구와 동일시된다. "교육이 큰 깊이를 가지지 않는 한, 그것은 영혼 안에서 발아될 수 없다"(단편11)라는 그의 이러한 생각을 잘 반영하고 있다. 하지만 그가 생각하는 영혼에 대한 탐구는 현실적이고 실천척인 영역에서의 구체적이고 실제적인 탐구를 의미한다. 결코 추상적이고 초월적인 영역에서의 순수하고 관조적인 탐구를 의미하지 않는다.

사실 플라톤은 죽기 전까지 이데아의 순수성과 초월성을 닮은 인간영혼을 강조하였다. 그리고 영혼이 육체의 구속 속에 있는 한 온전한 의미에서의 인간 영혼의 구제는 불가능하다고 생각하였던 것이다. 소크라테스의 입을 통해 전해지는 죽음에 대한 플라톤의 생각은 그의 대화편에 잘 드러나 있다. "철학에 옳게 종사하여 온 사람들은 모두가 다름 아닌 죽는 것과 죽음을 스스로 추구하고 있다"(『파이돈』 64a). 이처럼 플라톤은 육체로부터 영혼의 온전한 분리를 철학에 종사하는 이들이 지향해야 함을 역설한다.

하지만 그리스적 실용주의의 선구자인 프로타고라스의 생각은 이와는 다르다. 그는 철학이 현실 정치세계와 구체적인 삶의 문제를 다루어야 한다고 생각한다. 인간 영혼에 대한 탐구 역시 초월적이고 추상적인 차원에서 이루어져서는 안 되고 현실적이고 구체적인 차원에서 이루어져야 한다고 생각하는 것이다. 효용성과 유용성이 프로타고라스적 탐구의 판단기준인 것이다. 이러한 판단기준 아래, 그는 인간을 폴리스 공동체에 적합한 사회적 존재로 탈바꿈시키고자 노력한다.[17]

프로타고라스의 교육 방법론의 핵심은 수사학에 집중되어 있다. 소크라테스가 보편 탐구의 귀납적 방법론인 논박법(elenchos)을 연구하고 플라톤이 논박법을 계승 발전시킨 변증법(dialektike)을 탐구한 것과 달리, 그는 말에 의해서 이루어지는 기술 중에서 최고의 기술인 수사학을 발전시켰다. 단적으로 말해서, 그의 탐구는 수사학에서 시작하여 수사학으로 끝난다.

아테네를 포함한 그리스인들의 삶의 방식은 말에 의해서 지배되었다. 공적인 장소에서나 사적인 장소에서 말은 타자를 설득하고 자신의 견해를 개진하기 위한 가장 효과적인 의사소통의 장치이다. 프로타고라스 역시 의사소통의 장치로서 수사학의 유용성에 대해서 잘 알고 있다. 그리하여 그는 시민들이 자신의 정치적 의견을 개진하고 타자의 견해를 조리 있게 논박할 수 있는 최고의 기술로서 수사학의 중요성을 강조한 것이다. 하지만 그에게 있어 수사학은 단순한 의사소통의 장치로만 기능하는 것은 아니다. 그것은 타자를 상대화시키면서 자신의 견해를 절대화하는 타자 지배의 장치이기도 하다. 즉, 타자를 설득하는 가장 효과적인 장치이다.

수사학 교육에 대한 프로타고라스의 생각은 다음 2가지 명제로 요약 가능하다.

(1) 모든 논쟁점에는 각각 서로 대립하는 두 개의 진술이 있다(단편 6a).

---

17) 노동과 일, 교수와 교육, 그리고 지혜는 유창한 말솜씨의 꽃들로 엮어지고 달변을 좋아하는 사람들의 머리 위에 놓인 명성의 화환이다. 그러나 유창함은 어려운 것이며, 아직 그것의 꽃들은 풍부하고 새롭다. 그리고 청중, 박수치는 사람들, 그리고 선생들은 기뻐하고 학자들은 나아가며, 우둔한 사람들은 애타 한다. - 또는 아마도 우둔한 사람들은 초조해하지도 않을 것이다. 왜냐하면 그들은 충분한 통찰력을 가지고 있지 않기 때문이다(단편 12).

(2) 더 약한 논변을 더 강한 것으로 만드는 것은 의미 있다(단편 6b).

단편 6a는 절대적 진리의 불가능성과 이에 따른 모든 상대적 의견의 진리 가능성을 암시한다. 프로타고라스에게 있어 존재 세계는 상대적이고 다원적이다. 절대적이고 일원적인 것은 없다. 우리의 인식 역시 마찬가지이다. 절대적인 진리는 없고 오직 상대적인 진리만이 있을 뿐이다. 이렇게 볼 때, 모든 사태에는 서로 상반되는 두 개의 입장이 있으며 모든 논증에는 서로 대립하는 두 개의 논증이 있다. 절대적으로 의미 있는 입장과 논증이 존재하는 것은 아니다. 단지, 의미 있게 존재하는 것은 약한 논증을 강한 논증으로 그리고 패배할 수밖에 없는 논증을 승리하는 논증으로 만드는 기술, 즉 수사학만이 있을 뿐이다.

단편 6b는 상대적 세계관과 이중논변의 가능성을 암시한다. 그것은 동일한 논제 또는 동일한 인물의 성격에 대해서 한편으로는 칭찬이 또 다른 한편으로는 비난이 동시에 가능하다는 것을 보여준다. 철학사에서 '이중논변'으로 알려진 이러한 논증의 기술은 그리스 최초의 계몽주의를 표방하였던 프로타고라스가 창안한 연구 방법론이다. 그것은 자연을 지배하는 절대원리 탐구에 매진하던 소피스트 이전의 자연철학자들에게서는 결코 찾아볼 수 없는 독특한 현실 인식의 장치이기도 하다. 이러한 독창성에 힘입어, 그는 현실 정치와 철학 양 분야에서 모두 괄목한 만한 업적을 이루고 있는데, 그가 민주파의 리더인 페리클레스를 도와 아테네 정치 질서를 새롭게 하였다는 것과 소크라테스와 대립각을 세우면서 소피스트 운동을 주도하였다는 것이 그의 업적들이다.

아울러 우리는 이 단편에서 진리의 조작 가능성에 대한 프로타고라스의 믿음을 읽어낼 수 있다. 그는 철저하게 '말'의 힘, 즉 설득의 힘을 믿고 있다. 어떠한 말도 다른 말보다 더 참되지는 않다. 절대적인 진리는 존재하지 않는다. 하지만 그럼에도 불구하고 어떤 한 의견이 다른 의견보다 더 나을 수 있는 가능성은 얼마든지 있다. 왜냐하면 수사학이 절대적인 진리는 보여주지 않지만, 상대적인 진리를 절대화하는 것은 충분히 보여줄 수 있기 때문이다.[18] 이처럼 그의 수사학은 현실적이고 권력 지향적이다.

요약컨대, 프로타고라스는 그리스 최초로 계몽주의를 꽃피운 수사학자임과 아울러 정치철학자이다. 초월적·절대적 진리를 배제하면서 개인의 상대적 진리를 옹호하고 그것이 폴리스 공동체에 기여할 수 있는 길을 적극적으로 모색하였다. 비록 그의 사유 속에 도덕적·형이상학적인 진지함은 없으나, 그는 결코 극단적 주관주의이나 회의주의로 나아가지 않는다. 그는 시종일관 아테네 공동체의 건전한 정치 질서를 염원하고 있다.

3. 존재론에 대한 고르기아스의 비판과 수사학의 전지전능함

당대 제일의 수사학자 겸 웅변가인 고르기아스[19]는 『비존재에 관

---

18) 역사 기록에 의하면, 그는 기원전 443년 실제로 아테네의 식민도시 가운데 하나인 남이탈리아의 튀리이에 파견되어, 새로운 식민지 건설에 필요한 제반 법률들을 기초하는 일을 하기도 하였다. 이렇게 볼 때, 프로타고라스는 수사학을 타자 지배의 무기로 이용한 최초의 정치철학자이다.

19) 고르기아스는 기원전 480년 이전경에 시칠리아에서 출생하였다. 다원론자인 엠페도클레스의 제자로 초기에는 당대의 자연철학 및 수사학을 공부하였다. 그의 철학적 허무주의를 가장 잘 드러

하여 또는 자연에 관하여』[20]라는 타이틀이 붙은 단편 3에서 독특한 방법으로 자신의 철학을 전개한다. 철학적 허무주의를 함축한다고 알려진 이 단편에서, 그는 "어떠한 것도 존재하지 않는다. 만약 어떤 것이 존재한다 할지라도, 그것은 알 수 없다. 만약 알 수 있다 할지라도, 그것은 전달되지 않는다"라는 명제를 제시하는데, 이것은 "존재는 존재한다. 존재하는 것은 알려진다. 존재와 인식은 동일하다"라고 알려진 파르메니데스류의 전통적 존재론을 정면으로 거부한다.

하지만 고르기아스의 이 단편이 곧바로 정치적 허무주의 내지는

내고 있는『비존재에 관하여 또는 자연에 관하여』는 철학자로서 고르기아스의 능력이 유감없이 발휘된 작품이다. 이것은 제84회 올림픽 경기가 있던 해인 기원전 444-441년 사이에 작성된 것으로 추정된다. 이때 그의 나이는 약 40세 전후였을 것이다. 이른바 아크메(Akme: 사람이 가장 많이 활동하는 나이인 40대)에 접어든 시기로 그리스인들에 있어서는 인생의 황금기이다. 이때 그는 당대의 철학계를 뒤집어놓은 '철학적 허무주의'를 전개한 것이다. 이후 그의 행보는 자연철학에서 수사학으로 옮겨간다. 기원전 427년엔 시라쿠사와 군사적 긴장관계에 있던 조국 시칠리아를 구하기 위해 아테네에 대사로 파견되어 주목할 만한 성공을 거두기도 하였다. 그의 성공 요인이 탁월한 웅변실력이었다는 것은 잘 알려진 사실이다. 아테네 시민들은 그의 탁월한 웅변실력에 반하였으며, 많은 아테네의 정치지망생들은 그에게서 타자를 성공적으로 제압할 수 있는 '설득'의 기술을 전수받고 싶어 했다. 기원전 423년 시칠리아에서 정변이 일어나자, 그리스 본토로 이주하여 소피스트로서 여러 도시를 순회하며 수사학을 가르쳤다.『헬레네 찬양』은 그의 나이 66세경인 기원전 444년,『팔라메데스 변명』은 그의 나이 69세인 기원전 441년에 제작된 것으로 추정된다. 그리고 펠로폰네소스 전쟁(431-404)이 한창이던 기원전 408년에는 올림피아에서 그리스인의 화평을 주장하는 연설을 하기도 하였다. 그는 최초의 탁월한 '즉흥연설가'이기도 하였다. 그는 그 자신이 박학다식하며 어떠한 청중을 상대로 해서도 자신의 논증을 성공적으로 펼칠 수 있다고 호언장담 하였다. 아테네의 한 극장에 들어서서, "나에게 하나의 주제를 주시오"라고 소리치기도 하였다. 이러한 것은 플라톤『메논』70b에도 보인다.

20) 소크라테스 이전의 자연철학자들에게 있어서 '자연'은 실제로 존재하는 것이다. 그러기에『자연에 관하여』라는 책 제목은 소크라테스 이전 철학자들의 저술에 즐겨 사용되었던 표준적인 명칭이었다. 그런데 고르기아스의『비존재에 대하여 또는 자연에 대하여』라는 저서는 소크라테스 이전 자연철학자들의 관례를 무시하는 파격적인 형태로 이루어져 있다. 그리고 그것은 그 자체로 하나의 형식적 모순을 야기한다. 그런데 고르기아스의 저작 명칭이 이러한 형식적인 모순을 산출하는 데에는 무엇보다도 그의 철학이 파르메니데스의 철학과 강하게 대립하고 있다는 것을 강조하기 위한 후대인들의 발상에서 유래했을 가능성이 높다. 하지만 그것은 고르기아스 특유의 비판의식, 또는 풍자적 형식의 농담을 간직하고 있다. 파르메니데스 사상의 계승자인 멜리소스의 저작인『자연에 관하여 또는 존재하는 것에 관하여』또한 선언적인 형식을 띠고 있는데, 후대의 사람들은 고르기아스의 철학이 이러한 멜리소스의 철학을 전복시켜 파르메니데스적 사유의 순수성을 해체시키기 위한 것으로 이해하고 싶었던 것이다. 만약 선언적인 저작의 명칭이 고르기아스에게 고유한 것이라면, 그는 실제로 존재하는 자연과 비존재를 동일시한 분별없는 사람, 또는 정신 나간 사람으로 이해되었을 것이다.

의사소통 그 자체를 부정하는 극단적 회의주의로 이해되어서는 안 된다. 왜냐하면 그는 자아와 타자와의 의사소통의 통로로서 수사학의 힘을 믿고 있기 때문이다. 그가 부정하고자 하였던 것은 존재와 언어가 일대일로 대응한다는 그 이전 자연철학자들의 실재론이었지, 로고스의 기능 그 자체는 아니었다. 그가 보기에, 우리의 개념은 사유에 의해서 만들어진 추상적 관념물이다. 존재 그 자체는 아니다. 그러기에 우리의 생각은 존재의 일부분만을 표상할 수 있지, 결코 존재 그 자체를 파악할 수는 없는 것이다. 이런 점에서 볼 때, 그는 프로타고라스에 의해서 시작된 그리스 계몽주의를 완성한다.

1) 『비존재에 관하여 또는 자연에 관하여』: 절대 존재의 소멸과 회의주의

고르기아스의 『비존재에 관하여 또는 자연에 관하여』는 존재와 로고스 그리고 의사소통과 연관된 일반적인 이론을 제공하는 텍스트이다. 비록 수사학에 관한 전문적인 저서는 아니나, 고르기아스의 고유한 생각을 잘 보여주는 텍스트이다.

현재 이 텍스트의 원본은 전해지지 않는다. 대신, 두 개의 요약된 판본만이 존재한다. 하나는 회의주의 계열의 철학자 섹스투스 엠피리쿠스가 정리한 것으로 『학자들에 대한 반박(Adversus mathematicos: Against the Professors)』(이하 M이라 약칭함)에 수록된 것이 있다. 다른 하나는 아리스토텔레스 계열의 페리파토스학파의 문집 가운데 속해 있는 것으로 『멜리소스, 크세노파네스 그리고 고르기아스에 대하여』(이하 MXG라 약칭함)라 칭해진다. 하지만 그 두 판본은 서로 불일치하며 각각의 문제점을 안고 있다. M은 MXG보다 보존 상태는 좋으나, 역사적 고르기아스의 사상을 온전히 전달하고 있다고 보기는 힘들다. 고르기아스의 철학이 헬레니즘 시기 회의주의자들의 시각에 의해서 이해되고 있기 때문이다. 역사적 고르기아스의 철학을 좀 더 간직하고 있다고 평가받는 MXG 역시 문제가 없는 것은 아니다. 판본의 불완전한 보존 상태로 인하여 판본 자체에 대한 신뢰성이 의심받고 있기 때문이다. 그러기에 필자는 원문을 인용할 경우 M보다 MXG를 적절히 번역하여 사용할 것이다. 이러한 고르기아스의 철학은 다음 3가지 명제로 요약 가능하다.

제1명제: 아무것도 없다.
제2명제: 어떤 것이 있다 할지라도, 그것은 타자에게 알려지지 않는다.
제3명제: 어떤 것이 있고 알려진다고 할지라도, 그것은 타자에게 전달되지 않는다.

MXG에는 이 명제들이 다음과 같이 정리되어 있다.

"고르기아스가 말하기를, (1) 아무것도 없다(ouk einai), (2) 어떤 것이 있다 할지라도 그것은 알려지지 않는다, (3) 어떤 것이 있고 알려진다고 할지라도, 그것은 다른 사람에게 전달될 수 없다"(MXG, 979a12-13).[21]

주지하다시피, 철학사에서 파르메니데스의 철학적 업적은 존재

---

21) M에는 다음과 같이 기록되어 잇다. (1) 아무것도 존재하지 않는다. 만일 어떤 것이 존재한다면, 그것은 존재이거나 비존재이어야 한다. 혹은 존재와 비존재의 뒤엉킴이어야 한다. a) 그것은 비존재일 수가 없는데, 비존재는 존재하지 않는 까닭이다. 비존재가 존재한다면, 그것은 존재인 동시에 비존재인 것이 될 터인데, 그러한 사태는 불가능하다. b) 그것은 또한 존재일 수도 없는데, 존재는 존재하지 않기 때문이다.

개념의 확립에 있다. 진정한 철학적 사유의 대상은 존재이어야 하며, 그것은 궁극적으로 하나이면서 불변하는 특징을 나타내야 한다는 것이다. 이것은 존재 그 자체에 대한 절대적 정의를 함축하며, '있지 않은 것'을 철학의 영역에서 완전히 배제한다. 파르메니데스 이후의 철학자들 역시 그의 충고를 따라 이러한 생각을 전통으로 고착화한다. 하지만 고르기아스는 『비존재에 관하여 또는 자연에 관하여』에서 파르메니데스의 이러한 존재 개념을 전적으로 거부한다. 그리하여 고르기아스의 철학에서 파르메니데스적 존재의 절대성과 순수성 그리고 동일성은 완전히 해체된다.

고르기아스에 의하면, 존재가 존재하기 위해서는 다음 세 가지 상태 중의 하나로 출발해야 한다. (1) '비존재', (2) '존재', 그리고 (3) '존재와 비존재의 뒤엉킴'상태가 그것이다. (1) 먼저, 그것은 비존재일 수 없다. 왜냐하면 비존재는 존재하지 않기 때문이다. 만약 비존재가 존재한다면, 그것은 모순된 사태일 것이다. 그러기에 고르기아스는 존재가 존재하기 위해서는 비존재에서 출발할 수 없다고 단정한다. (2) 비존재의 자기모순성을 회피하기 위해서, 고르기아스는 존재의 존재성을 고찰한다. 그에 의하면, 존재는 또한 존재 상태로부터 출발할 수도 없다(2-1). 만약 존재가 존재한다면, 그것은 다음 세가지 형태로 존재할 것인데, '영원한 것', '생성된 것', 혹은 '그 두 가지가 뒤섞인 것'이 그 세 가지 상태이다. 먼저, 존재가 영원한 것이라면, 그것은 한계가 없을 것이다. 한계가 없는 것이라면, 그것은 위치를 점유하지 않을 것이다. 위치를 점유하지 않는 것이라면, 그것은 어디에도 존재하지 않을 것이다.[22] 또한, 존재는 생성된 것일 수도 없다. 만약 그것이 생성된 것이라면, 그것은 존재이거나 비존재로부터 생성되어야 하는데, 이 두 경우 모두 불가능하다. 왜냐하면 존재 그 자체로부터 어떤 것이 생성된다면, 존재 그 자체는 더 이상 자기 자신일 수 없을 것이기 때문이다. 그리고 비존재에서는 어떠한 것도 생성될 수 없다. 동일하게, 존재는 영원하면서 생성된 그런 것 일 수도 없다. 왜냐하면 양자는 서로 모순된 것이기 때문이다. 그러 므로 존재는 영원한 것으로도 생성된 것으로도 그리고 그 두 가지가 뒤섞인 것으로도 존재하지 않는 것이다(2-2). 아울러, 존재는 단수로 도 복수로도 존재하지 않을 것이다. 만약 단수인 존재가 존재한다면, 그것은 크기를 가질 것이다. 그리고 그것이 크기를 가진 이상 무한 히 나누어질 것이다. 그런데 무한히 나누어지는 것은 하나의 존재라 고 할 수 없다. 그러기에 존재는 단수로 존재하지 않는다. 그리고 존 재는 복수로도 존재하지 않는다. 복수는 단수가 모여서 된 것인데, 이미 단수가 존재하지 않는 이상 복수 또한 존재할 수 없는 것이다. 요약컨대, 존재는 영원한 것으로도 생성된 것으로도 그리고 그 두 가지가 뒤섞인 것으로도 존재하지 않으며, 단수로도 복수로도 존재 하지 않는다. 이것이 존재의 존재성에 대한 고르기아스의 결론이다. (3) 마지막으로, 존재는 비존재와 존재가 뒤엉킨 것일 수도 없다. 왜 냐하면 존재가 존재하지 않는 이상, 그것이 비존재와 뒤엉킨 것도 존재할 수 없기 때문이다. 이렇게 하여, 고르기아스에겐 어떠한 것 도 존재하지 않는다는 것을 논증한다.

---

22) 이것은 다음과 같이 설명될 수 있다. 먼저 그것은 영원불변할 수 없다. 만약 그러하다면 시작이 없을 것이고, 따라서 경계가 없이 무한할 것이며 그렇게 광대 무궁한 존재라면 위치를 가지지 않을 것이다. 위치를 갖는 것이란 무엇인가에 포함되어 있는 부분이 될 것이므로 더 이상 경계가 없이 무변 광활한 전체가 아니기 때문이다. 포섭하는 자는 포섭되는 자보다 광범위하여 무궁한 전체보다 광범위한 것은 있을 수 없다. 그렇게 되면 포함하는 자와 포함되는 자가 동일하게 되어 존재는 위치와 본체의 두 가지 양상을 띠게 될 것인데 그러한 사태는 부조리하다.

그런데 고르기아스는 파르메니데스가 주장하는 존재든 아니면 파르메니데스가 거부하는 비존재든 아니면 그 두 가지를 뒤섞어 놓은 것이든지 간에 그 어떠한 것도 모순 없이 진술되는 것은 하나도 없다는 것을 논증해 보임으로써, 존재세계에 대한 불가지론적 회의주의적 입장을 강화한다. 특히, 그는 "존재만 있고 생성은 없다"라는 파르메니데스의 전제에서는 그 어떠한 존재의 속성도 연역되지 않는다는 것을 보여줌으로써, 궁극적으로 파르메니데스의 절대적 존재론 그 자체를 무의미하게 만들어버린다.

주지하다시피, 파르메니데스[23])의 존재론은 절대적 존재 개념에 근거해 있다. 그의 존재론은 다음 세 가지 명제로 요약 가능하다. 첫째, 비존재는 존재하지 않고 존재만이 존재한다. 그 결과 감각지각에 근거한 현상세계는 그 존재성을 완전히 상실한다. 둘째, 순의 순수한 속성들, 즉 불생·불멸·부동·불가분의 속성들은 존재 그 자체로부터 연역 가능하다. 셋째, 로고스의 힘에 근거해 절대적 존재 개념은 영원한 진리 개념과 결합한다. 절대적 존재 개념에 근거한 로고스는 자체적으로 필연적인 강제력, 즉 논증의 설득력을 동반한다. 이런 이유로 절대 존재는 설득적 진리와 융합된다. 하지만 삶의 세계에서는 로고스가 완전하고 순수하게 작동되지는 않는다. 파르메니데스를 인도하는 여신 역시 이 사실을 직시하고 있다. 유한한 인간의 설득에는 항상 기만성이 내재되어 있기 때문이다. 비록 여신이

---

23) 단편2 "있다는, 그리고 있지 않을 수 없다는 길로서, 페이토(설득)의 길이며(왜냐하면 진리를 따르기 때문에), 다른 하나는 있지 않다는, 그리고 있지 않을 수밖에 없다는 길로서, 그 길은 전혀 배움이 없는 길이라고 나는 그대에게 지적하는 바이다." 파르메니데스의 단편에 대한 인용은 정암학당 고전학연구실의 김인곤, 강철웅, 김재홍, 김주일, 양호영, 이기백, 이정호, 주은영이 선집하고 번역한 『소크라테스 이전 철학자들의 단편 선집』(대우고전총서 012)을 따르기로 한다. 인용번호는 통상적으로 많이 인용되고 있는 헤르만 딜스-발터 크란츠의 『소크라테스 이전 사람들의 단편들』(이하 DK)의 체계를 따른다.

거짓으로부터 진리를, 비존재로부터 존재를 엄격하게 차별화시키고 있음에도 불구하고, 그녀가 보기에 인간의 로고스는 변화와 운동에 노출되어 있다. **"이제부터는 가사적인 의견들을 배우라, 내 이야기들(epē)의 기만적인(apatēlos) 질서(kosmos)를 들으면서 (…) 이 배열(diakosmos) 전체를 그럴듯한(eoikōs) 것으로서 나는 그대에게 설파한다. 도대체 가사자들의 그 어떤 견해(gnōmē)도 그대를 따라잡지 못하도록"**(DK 28B8). 여기에서 파르메니데스가 말하고자 하는 것은 인간에게는 항상 수사적 논증에 의한 지적 기만이 발생할 수 있다는 사실이다. 그가 보기에, 로고스의 '질서'란 사실상 인간적 사유에 의한 조작을 의미한다. 왜냐하면 인간의 사유엔 존재세계의 객관적 질서보다는 정치세계의 조작적 질서가 더 익숙하기 때문이다. 하지만 화장한 얼굴이 보는 사람의 눈을 기만하듯이, 조작적 질서는 인간의 사유를 기만하다. 마찬가지로 수사학자들의 기교는 우리의 판단을 기만하며, 존재의 본질을 훼손시킨다. 이처럼 여신은 경험적 세계 인식의 한계를 정확히 지적하는데, **"주목하지 못하는 눈과 잡소리 가득한 귀와 혀를 사용하도록 강제하지 못하게 하라. 다만 나로부터 말해진 많은 싸움을 담은 테스트(polydēris elenchos)를 논변으로(logōi) 판가름하라(krinai)"**(DK 28B7)라는 충고는 그것을 잘 뒷받침하고 있다. 그런데 그의 이러한 언급은 실제세계에서는 로고스에 의한 기만이 존재하고 있음을 반증한다. 특히 그것이 인간들을 상대로 한 논변에서는 더욱더 그러하다. 파르메니데스는 이것을 염려하고 있으며, 그의 철학은 이러한 가능성을 봉쇄하는 데 집중되어 있다.

하지만 『비존재에 관하여 또는 자연에 관하여』에서 고르기아스는 바로 파르메니데스가 금지한 바로 그 길을 가고자 한다. 그는 파르메니데스가 지녔던 독점적인 권위를 해체한다. 다음 절에서 다루게 될 『헬레네 찬양』은 수사학이 행할 수 있는 지적 기만술의 극치이다. 이제 문제는 철학의 본래 지형점이 무엇인가 하는 데로 옮겨온다. 단적으로 말해서 파르메니데스는 철학적 사유를 통해서 객관적 존재세계의 영원한 진리를 담보하고자 한 데 반해서, 고르기아스는 정치세계의 구성원들, 즉 청중을 상대로 자신의 논의를 완성하고자 한다. 그가 보기에 청중을 지배하는 자가 세계를 지배하는 자이고 존재를 인식한 자이다. 왜냐하면 그는 파르메니데스가 마련한 순수한 존재세계의 구성원이 되고자 하는 것이 아니라, 프로타고라스가 마련한 정치세계의 구성원이 되기를 희망하기 때문이다. 고르기아스의 제1명제는 이러한 배경하에서 이해되어야 한다.

주지하다시피, 파르메니데스는 절대 존재에 대한 절대 인식의 가능성을 옹호한다. 사유는 존재를 파악하고 인식할 수 있으며, 사유와 존재는 동일한 것이다(DK 28B3). **"곁에 있는 것들을 누스(지성)로 확고하게 바라보라. 왜냐하면 그것은 있는 것을 있는 것에 붙어 있음으로부터 떼어내지 않을 테니까"**(DK 28B4)라는 그의 언급처럼, 참된 사유는 오류를 배제한 완전한 것이다. 나아가 존재의 신비까지도 규명할 수 있는 절대적인 것이다. 이처럼 파르메니데스에게 존재와 사유의 동일성은 확고한 진리이나, 고르기아스에게는 그러한 동일성은 철저하게 거부된다.

고르기아스의 제2명제, 즉 "어떤 것이 있다 할지라도, 그것은 알려지지 않는다"는 파르메니데스적인 절대적 인식론에 대한 비판이자 해체이다. 제2명제를 논증하기 위해서, 고르기아스는 파르메니데스의 존재와 사유의 동일성 명제를 이용한다. 파르메니데스에게 있어 존재와 사유는 순수하다. 순수한 존재는 그 자체로 순수한 사유와 일치하고, 궁극적으로 우리의 지성에 알려진다. 하지만 고르기아스는 존재와 사유에 관한 파르메니데스의 논리를 역이용한다. 만약 존재와 사유가 동일하고 존재가 우리의 지성에 알려진다면, 우리의 생각에 '떠오르는 것'은 모두 존재해야만 하는 것이다. 우리의 생각에 '강아지'가 떠오르면 개가 존재해야 하고, 우리의 생각에 '장미'가 떠오르면 장미가 존재해야 하는 것이다. 이때, 고르기아스의 논리엔 생각의 대상이 순수한 것인지 아니면 불순한 것인지, 또는 그것이 영원한 것인지 아니면 변화하는 것인지 하는 것은 중요하게 취급되지 않는다. 오로지 중요한 것은 생각된 것은 모두 존재해야 한다는 극단적인 파르메니데스의 논리인 것이다. 그리하여 고르기아스는 궁극적으로 파르메니데스적인 논리의 한계, 즉 순수한 지성의 한계를 노출시키고자 하는 것이다.

이러한 목적하에서, 고르기아스가 최초로 수행하는 전략은 '상상적인 존재'에 대한 가정이다. 일반적으로, 감각은 자신의 고유한 대상들을 소유하고 있다. 시각의 고유한 대상은 보이는 것이고, 청각의 고유한 대상들은 들리는 것이다. 시각의 대상들이 들리지 않는다고 제거되거나, 들리는 것들이 보이지 않는다고 제거되지는 않는다. 생각의 대상들 역시 마찬가지이다. 생각의 대상들은 보이지 않는다거나 들리지 않는다고 해서 제거되지는 않는다. 그러기에 생각의 대상이 '하늘을 나는 사람'이나 '물 위를 달리는 전차'라고 할지라도, 우리들은 그것들이 보이지 않는다거나 들리지 않는다는 이유로, 그것들을 거부해서는 안 된다. 그것들은 실재한다. 하지만, 이것은 불합리한 결론이다. 왜냐하면 하늘을 나는 사람이나 물 위를 달리는 전차는 존재하지 않기 때문이다. 그런데 우리가 이러한 불합리한 결론에 도달하게 된 것은 파르메니데스적인 순수지성의 논리에 근거했기 때문이다. 그러므로 존재는 생각의 대상이 될 수도 없고, 사유에 의해 이해될 수도 없는 것이다.

고르기아스는 존재와 비존재의 모순성을 이용해서도 동일한 결론에 도달한다. 존재와 비존재는 대립자이고, 대립자는 대립적인 속성을 소유하고 있다. 그에 의하면, 생각은 존재의 속성이다. 그것은 비존재의 속성이 아니다. 존재하는 것은 생각의 대상이 될 수 있으나, 존재하지 않는 것은 생각의 대상이 될 수 없다. 그런데도 여기에는 하나의 반대사례가 등장할 수 있다. 스퀼라와 카륍디스, 또는 메두사와 키메라와 같은 것들이 그것이다. 그것들은 분명 존재성을 결여한 비존재인데도, 우리 생각의 대상이 될 수 있다. 그렇지만 그것은 분명 존재하지 않는 것들을 생각하는 것이고, 존재하지 않는 것들을 생각하는 한에 있어서 불합리한 것이다.

고르기아스의 논리에 의하면, 우리 인간은 어떠한 것도 알 수 없다. 우리가 알고 있는 것이라곤 존재 그 자체가 철저하게 우리에게 알려지지 않는다는 바로 그 사실 뿐이다. 그러기에 존재에 대한 파르메니데스의 모든 언급은 파괴되고 해체된다. 고르기아스가 보기에 그것은 하나의 신화에 불과하다.

고르기아스의 제3명제, 즉 "어떤 것이 있고 알려진다 할지라도, 그것은 타인에게 전달되지 않는다"는 파르메니데스적 인식의 소통 가능성에 대한 비판을 수행하면서 고르기아스적 회의주의를 완성하는 말이다. 여기에서 고르기아스가 전제하고 있는 것은 로고스와 존재 그 자체와의 매개 불가능성 및 로고스에 의한 경험의 재현 불가능성이다.

먼저, 의사소통 불가능성을 입증하기 위해서 고르기아스는 감각 지각들 사이의 상호배타적 관계성에 주목한다. 앞에서도 언급되었듯이, 시각의 대상들은 시각에 의해서만 감지되고, 청각의 대상들은 청각에 의해서만 감지된다. 시각과 청각을 연결하는 제3의 매개체는 존재하지 않는다. 그런데 인간들 사이에서 의사소통의 도구로 사용되고 있는 것은 말, 즉 로고이다. 인간들 사이의 의사소통의 과정에서 전달되는 것은 로고스이지 구체적인 사물들이 아니기 때문이다. 시각의 대상이 청각의 대상과 다른 것처럼, 인간의 생각 속에 존재하는 관념은 생각 밖에 존재하는 사물들과 동일하지 않다. 그것은 생각의 외부, 즉 존재하는 사물들로부터 받아들인 감각지각의 재현물일 뿐이다. 즉, 로고스와 존재 그 자체는 어떠한 장치에 의해서도 매개되지 않는다. 그리고 로고스에 의한 경험의 재현 가능성은 부정된다. 그러기에 어떠한 것이 존재하고 또한 그것이 알려진다고 할지라도, 그것에 대하여 다른 사람과 이야기하는 것은 불가능한 것이다. 즉, 인간들 사이의 의사소통은 완전히 부정되는 것이다.

고르기아스에 의하면, 로고스와 존재 사이에는 심각한 심연이 존재한다. 로고스에 의한 존재의 재생산에는 반드시 오류가 개입되며, 로고스가 존재를 완전히 재생산할 수 있다고 주장하는 것은 하나의 기만이요, 환상이다. 우리가 존재를 이해할 수 있는 유일한 길은 경험이다. 그리고 존재하는 것은 지속적으로 변화하는 감각지각의 세계, 즉 구체적인 경험의 세계이다. 인간이 획득할 수 있는 앎은 경험적 앎이며, 인간이 전달할 수 있는 것은 수사의 기술이다.[24]

요약컨대, 고르기아스는 절대존재 개념에 근거한 파르메니데스의 존재론과 인식론 그리고 커뮤니케이션의 방법론을 거부하면서, 감각지각에 근거한 현상세계를 옹호한다. 그에게 있어, 존재하는 것은 경험이며 인식되는 것은 감각지각이 제시하는 인상이다. 타자와의 의사소통은 설득에 근거한 수사학에 의해서 이루어진다. 우리는 그러한 고르기아스의 생각을 『헬레네 찬양』에서 읽을 수 있다.

2) 『헬레네 찬양』: 회의주의와 수사학의 전지전능함

고르기아스에 있어 수사학은 가치중립적인 기술이다. 그것은 절대 진리를 찾는 것도 아니고 또한 거짓된 이야기를 만들어내는 것도 아니다. 그때그때의 상황에 따라 경험적 사태를 설명하려는 수사의 기술이다. 그래서 수사학은 경험적 인간들이 감각하고 욕망하는 것을 탐구한다. 즉, 사람들이 감각하고 욕망하는 것을 따라가면서, 그들을 설득하고 기만하는 것이다. A나라에 가면 A나라에 적합한 상황논리로, B나라에 가면 B나라에 적합한 상황논리로 시민들을 설득해야만 한다고 주장하는 것이다. 이처럼 고르기아스에게 있어 세계는 말로 이루어져 있고 인간은 그 말의 기술로 살아가는 것이다.

고르기아스의 수사학은 진리와 무관한 채 말에 의해서 상대방을 설득하려는 전문적인 기술이다. 그리고 경우에 따라서는 진리 아닌 억견을 진리로 만들어내는 데미우르고스적인 역할도 수행한다. 만약 그것이 약자가 아닌 정치적 강자, 즉 집권층의 권력자에게 주어진다면, 폴리스 전체의 정의와 질서는 보장받기 힘들 것이다. 그러기에 소크라테스와 플라톤은 소피스트들의 수사학이 철학의 외연을 확장

---

24) 경쟁을 위해서는 용기와 지혜(간교한 지혜)라고 하는 두 가지 덕목이 요구됩니다. 용기의 속성은 위험을 감내하는 것이고, 지혜의 요체는 상대방의 약점을 공략하는 것입니다(단편 8).

하고, 시민들의 교양을 업그레이드한다는 점에서는 긍정적으로 평가를 하면서도, 전지전능한 수사학이 지닌 탈도덕적 성향, 즉 정의와 선을 지향하지 않는 수사학이 막강한 힘을 가지게 되었을 때의 위험성을 경계하고 있는 것이다.

소크라테스와 플라톤은 소피스트의 수사학을 비판한다. 그리고 소피스트에게 호의적인 반응을 보이고 있는 아리스토텔레스 역시 소피스트가 지식 분야의 장사꾼이라는 데 동의하고 있다. 그러기에 소피스트의 수사학에 대한 역사가들의 평가는 철학자들의 권위에 의존해 부정적으로 자리매김되어 왔다. 하지만 기원전 5세기 소피스트 운동사에 있어서 고르기아스의 위상은 결코 과소평가될 수 없다. 왜냐하면 고르기아스는 『헬레네 찬양』을 통하여 철학자가 아니라 웅변가로서의 자신의 능력을 유감없이 발휘하고 있기 때문이다. 즉, 그는 이 작품을 통하여 과거의 전통적인 철학과 결별하고 웅변가로서의 새로운 길을 간다.

고르기아스의 『헬레네 찬양』은 부도덕한 여인의 대명사로 자리 잡고 있던 헬레네 왕비를 적극적으로 옹호하는 연설문이다.[25] 주지하다시피, 헬레네 왕비는 스파르타 왕 메넬라오스의 아내이다. 그런데 그녀는 트로이 왕자 파리스와 사랑에 빠져, 그와 함께 트로이로 도망을 가고 만다. 이에 화가 난 메넬라오스 왕은 자신의 형인 미케

---

25) 원문은 다음과 같다: "(1)영광이란 도시에게는 용맹한 시민이요, 신체에게는 아름다움이요, 영혼에게는 지혜이며, 물체에게는 탁월함이요, 말에게는 진리이다. 이것들과 반대되는 것은 무질서이다. 남성과 여인과 말과 행위와 도시와 물체가 칭송받을 가치가 있다면 칭송으로써 영광을 주어야 할 것이고, 가치가 없는 것들에게는 비난을 주어야 할 것이다. 칭송받아야 할 것을 비난하고, 비난받아야 할 것을 칭송하는 것은 과오와 같기 때문이다. 지금은 불운을 떠올리게 하는 이름이 되어버린 헬레네에 대한 소문과, 시인들의 말을 귀담아 듣는 자들의 믿음이 한 목소리로 일치하고 있는 이 시점에서, 말해야 할 것을 옳게 말하고 헬레네를 비방하는 자들의 논쟁을 설파하는 것이 누군가 동일한 한 사람이 해야 할 의무이다. 나는 합리적인 근거를 통해 말함으로써 비난을 받고 있는 저 여인이 비난을 그만 받게 하며, 그녀를 비난하는 자들이 기만되고 있음을 증명하고 진실을 그들에게 보여줌으로써 그들을 무지에서 해방시킬 것을 희망한다."

네 왕 아가멤논에게 지원을 요청하고, 이에 아가멤논은 그리스 연합군을 결성하여 트로이를 공격한다. 이것이 바로 트로이 전쟁의 시작이다. 그 후, 헬레네는 부도덕한 여인의 대명사로 인구에 회자되게 된다. 하지만 그럼에도 불구하고 고르기아스는 바로 이러한 헬레네를 변호하고자 한다. 그는 자신의 탁월한 웅변실력으로 그리스 사람들이 그녀에 대해서 가지고 있던 잘못된 선입관을 완전히 불식시키고자 한다. 그의 논증에 의하면, 헬레네에게는 아무런 잘못도 없다. 설령 그녀에게 잘못이 있다손 치더라도, 그것은 어디까지나 그녀로서는 어찌할 수 없는 불가항력적인 것이다. 이때, 헬레네가 트로이로 갈 수밖에 없었던 원인으로 고르기아스가 언급하고 있는 것은 1) 운명이나 신들의 뜻 또는 필연의 신의 결정, 2) 무력이나 폭력, 3) 말에 의한 설득, 아니면 4) 사랑이다. 그런데 이 논의에서 고르기아스의 주된 탐구 대상은 1), 2), 4)가 아니다. 그것은 3)이다. 왜냐하면 고르기아스는 이 논의를 통하여 자신의 주된 탐구 방법론인 수사학이 지닌 탁월함을 시민들에게 선전하고 싶어 하기 때문이다. 따라서 우리의 논의 역시 3)을 중심으로 전개된다.

1) 고르기아스는 신적인 운명론에 입각해 헬레네에 대한 비난을 옹호한다. 신의 뜻은 우리 인간의 의지를 초월해 있다. 그리고 신은 인간보다 힘이나 지혜 그리고 다른 모든 점에 있어서 더 뛰어나다. 헬레네가 트로이로 가게 된 것 역시 신의 섭리 때문이다. 결코 헬레네의 의지 때문은 아니다. 그러므로 헬레네를 비난해서는 안 된다.26) 2) 물리적 강제력의 측면에서 볼 때, 헬레네에 대한 비난은 부

---

26) 원문은 다음과 같다: "(6) 운명의 여신의 뜻에 의해, 신들의 뜻에 의해, 필연의 신의 결정에 의해 그녀는 그녀가 한 바를 행했다. 그게 아니라면, 힘에 의해 납치되었거나 말에 의해 설득되었거나 사랑에 사로잡혀서 그렇게 했다. 만일 첫 번째 이유 때문이라면 그녀를 비난하는 자는 비난받아

당하다. 만약 헬레네가 힘 있는 사람에 의해 강제로 납치를 당했다면, 그 책임은 전적으로 폭력을 행사한 당사자에게 물어야 하지, 결코 폭행을 당한 헬레네에게 물어서는 안 된다. 헬레네는 비난받기보다는 동정을 받아야 할 인물이다. 그러므로 헬레네에 대한 비난은 부당하다.[27] 4) 사랑이라는 개념에 입각해서 볼 때도 사정은 마찬가지이다. 사실, 약한 것은 강한 것에 굴복되기 마련이다. 그런데 사랑의 감정은 인간으로서는 어찌할 수 없는 강력한 힘이다. 즉, 신적인 힘이다. 그래서 만약 헬레네가 파리스와 사랑에 빠져 트로이로 도망을 갔다면, 그것은 약한 헬레네로서는 어찌할 수 없는 일, 즉 불가항력적인 일일 것이다. 그렇기 때문에, 헬레네는 비난의 대상이 되어서는 안 되고 위로의 대상이 되어야 한다.[28] 3) 마지막으로 헬레네가 말의 힘에 의해서 설득된 경우가 있을 수 있다. 이 경우에 있어서도 헬레네에게는 죄가 없다. 왜냐하면 말이란 앞에서 언급한 신적인 힘이나

야 마땅하다. 왜냐하면 신의 의지를 인간의 예지로 막을 수는 없기 때문이다. 더 강한 자가 더 약한 자에 의해 방해를 받는 것은 이치에 어긋나며, 약한 자는 강한 자에 의해서 지배받고 이끌어지고 강한 자는 인도하고 약한 자는 그것을 따르는 것이 섭리이다. 신은 인간보다 힘에 있어서 지혜에 있어서 그리고 다른 모든 점에 있어서 더 뛰어나다. 따라서 운명의 신과 다른 신들에게 비난의 화살이 돌려져야 하며, 헬레네는 비난으로부터 벗어나야 한다."

27) 원문은 다음과 같다: "(7) 만일 그녀가 무력으로 납치되고 그녀에게 부당하게 폭력이 가해졌으며 그녀가 불의하게 강간당했다면, 그녀를 납치한 자가 폭력을 가한 자로 불의를 저지른 것이며, 그녀는 납치를 당해 폭력을 당한 불운을 겪은 사람이라는 점이 명백하다. 그러므로 말에 있어서 법에 있어서 행동에 있어서 저 야만적인 행동을 저지른 야만인이, 말에 있어서는 비난을 법에 있어서는 시민권의 박탈을 행동에 있어서는 비난을 받아야 한다. 그리고 저 폭력을 당한 여인, 조국으로부터 납치당한 여인, 그리고 자신의 친구들과 이별을 당한 여인은 비난을 받기보다는 동정을 받아야 한다는 것이 어떻게 이치에 어긋날 수 있겠는가? 따라서 저 여인에게는 위로의 눈물이, 저 남자에게는 혐오가 주어져야 한다."

28) 원문은 다음과 같다: "(19) 따라서 만일 헬레네의 눈이 알렉산드로스(파리스)의 몸에서 쾌락을 느끼고 그 사랑의 욕망과 충동을 그녀의 영혼에게 전달하여 주었다 한들 무엇이 놀라운가? 만일 사랑의 여신이 신이며 신들에게 고유한 신적인 힘을 가지고 있다면, 약한 자가 어떻게 이것을 물리치고 이것으로부터 자신을 보호할 수 있겠는가? 한편 만일 이것이 인간이 가지고 있는 질병이며 영혼의 무지함 때문이라면, 이것은 죄로 비난받아야 하는 것이 아니라 불운으로 생각되어야 한다. 왜냐하면 그것이 찾아올 때, 그것은 지성의 숙고에 의해서가 아니라 운명의 덫에 의해서, 계획된 준비에 의해서가 아니라 사랑의 필연적 힘에 의해 찾아오기 때문이다."

물리적인 강제력, 그리고 사랑의 힘과 같이 막강한 힘을 가지고 있기 때문이다. 고르기아스는 말이 지닌 힘을 다음과 같이 언급하고 있다.

(8) 만약 그녀를 설득하고 속인 것이 말이라면, 이것에 대해서도 다음과 같이 어렵지 않게 그녀를 옹호하고 비난에서 벗어나게 할 수 있다. **말이란 매우 큰 힘을 가지고 있어서, 매우 보잘것 없고 희미해 보이는 것에 대해서도 매우 놀라운 영향력을 발휘한다. 왜냐하면 그것은 두려움을 멈추게 하고 슬픔을 없애며 기쁨을 만들어내고 연민을 증가시킬 수 있기 때문이다. 말이 이러함을 내가 보여주겠다.**

(9) 그리고 내 말을 듣고 있는 자들의 믿음에도 이것이 명백함을 증명해 보여야 할 것이다. **모든 시는 내 생각에 운율을 가진 말이라 이름 붙여질 수 있다. 이 시를 듣는 사람에게는 두려움으로 가득 찬 전율, 많은 눈물을 흘리게 하는 연민, 솟구쳐 오르는 슬픔이 찾아들고, 또한 바로 이 시 때문에 영혼이 자신의 것이 아닌 행위와 사건에 발생하는 불운과 행운에 대해 자신의 고유한 감정을 느끼게 된다.** 자, 이제 한 논의에서 다른 논의로 넘어가 보겠다.

고르기아스에 의하면, 인간의 말은 마음을 지배하는 가장 강력한 도구이다. 그리고 그것은 인간의 지성과 감성을 직접적으로 지배한다. 특히, 운율이 첨가된 말, 즉 '시'는 일반적인 산문보다 더 강력하게 인간 영혼을 자극한다. 다시 말해, 인간 영혼을 기쁨이나 슬픔으로 몰고 가며, 때에 따라서는 두려움이나 연민의 감정에 휩싸이게 한다. 이는 수사학에 의해서 만들어진 말이 얼마나 전지전능한가를 보여주는 대표적인 사례 중의 하나이다.

하지만 수사학에 의한 설득의 기술은 사이비 기술이다. 그것은 인간 영혼을 기만하기 위해서 존재하는 기술이다. 이런 점에서 수사학에 의한 설득은 주술이나 마법과 동일시된다. 왜냐하면 주술이나 마법은 인간 영혼을 기만하여 그릇된 신념을 갖게 만드는데, 수사학에 의한 설득 역시 인간 영혼을 기만하고 생각을 무기력하게 만들기 때문이다. 마치 무력이나 폭력이 우리의 신체를 무기력하게 만드는 것과 같이 말이다. 하여튼, 설득을 행하는 자는 가해자이고 설득을 당하는 자는 피해자이다. 피해자는 가해자에게 종속되기 마련이다. 헬레네의 경우도 마찬가지이다. 헬레네가 파리스에게 설득을 당하였기에, 파리스가 가해자이고 헬레네는 피해자이다. 그러기에 설득한 파리스에게 죄가 있지 설득당한 헬레네에게는 죄가 없는 것이다.

(10) **신적인 영감을 받아 말로 표현되는 주술들은 쾌락을 불러일으키고 슬픔을 없애준다. 그 주술의 힘은 영혼에 자리한 생각들에 작용하여서 그것을 자신의 기교로 기만하고 설득하고 변화시킨다. 주술과 마법의 두 가지 기교가 발견되었는데, 이것들은 영혼이 잘못을 저지르게 하고 생각이 오도되게 만든다.**

(11) 얼마나 많은 사람들이 얼마나 많은 것들에 대하여 또한 얼마나 많은 사람들을 거짓된 말을 만들어냄으로써 속여 왔고 속이려 하고 있는가. 만일 모든 사람이 모든 일에 대하여 그 지나간 것들에 대한 기억과 진행되고 있는 일들에 대한 지각과 앞으로 다가올 일들에 대한 예지력을 가지고 있다면, 말이란 것이 지금과 같지는 않을 것이다. 하지만 지금의 상황으론, 사람들이 지나간 것을 기억하는 것도 현재의 상황을 주의 깊게 관찰하는 것도 앞으로 다가올 일을 예언하는 것도 쉽지 않다. 따라서 대부분의 일들에 관하여 대부분의 사람들은 믿음(doxa)을 영혼의 조언자로 제공한다. 그러나 믿음이란 위험하고 불안정한 것이어서 그것에 의존하는 사람들을 위험하고 불안정한 성공에 빠지게 만든다.

(12) 그렇다면 어떤 이유로 헬레네도 마치 그녀가 힘에 의해 강제로 납치되었듯이 말의 마법에 빠져들었다고 말하는 것이 부당한가? 왜냐하면 생각은 설득에 의해서 추방되었기 때문이

다. 실로 설득은 외양에 있어서는 폭력과 다른 모습을 가지고 있어도 똑같은 힘을 가지고 있다. 그녀의 영혼을 설득한 것은 바로 말이며, 이것이 그녀의 영혼을 설득하여서 말해지고 있는 것에 순종하고 행해지고 있는 바에 동의하도록 강요했기 때문이다. 따라서 설득한 자가 강요하였으므로 불의를 저지른 셈이며, 그녀는 설득당한 자로 말로써 강요당하였으므로 부당하게 비난을 받고 있다.

(13) 말에 깃들여진 설득의 힘이 영혼의 생각을 자유자재로 만들어낸다는 사실에 관하여, 명심해야 할 것은 첫째, 천문학자들의 말인데, 이것은 한 생각을 제거하고 다른 생각을 생겨나게 함으로써 믿기 힘들고 불명확한 것들이 그 생각의 눈에는 그럴듯하게 보이게 만든다. 둘째, 말을 통한 필연적인 경쟁이 있는데, 여기에서 한 논쟁이 많은 대중들을 즐겁게 하고 설득하는 이유는 그것이 기교적으로 쓰여서이지, 사실대로 말해졌기 때문은 아니라는 점을 명심해야 한다. 셋째, 철학적 논쟁들이 겨루는 것을 주목하여 볼 때, 얼마나 빨리 한 지식이 생각이 가지고 있는 신뢰를 흔들리게 할 수 있는지 그 안에서 드러나게 된다.

여기에 더하여, 말에 의한 설득을 약에 비유하는 고르기아스의 언급은 흥미롭기까지 하다. 약이 우리의 신체에 미치는 영향은 말이 우리의 영혼에 미치는 영향과 동일하게 언급되기 때문이다. 즉 약물 중의 어떤 것이 사람을 살리거나 죽이게 할 수 있듯이, 설득 가운데 어떤 것은 우리 영혼을 슬프게 하거나 기쁘게 할 수 있는 것이다. 이처럼 수사학에 의한 설득의 기술은 인간 영혼을 통제하고 지배할 수 있는 가장 강력한 무기인 것이다.

(14) 말의 힘이 영혼의 상태에 미치는 영향은 약물의 성분이 몸의 상태에 미치는 영향과 동일한 구조를 가지고 있다. 왜냐하면 약물들 중 어떤 특정한 것들은 특정한 담즙(humours)을, 다

**른 것은 다른 담즙을 신체 밖으로 내보내고, 어떤 것들은 질
병을 멈추게 하고 어떤 것들은 생명을 멈추게 하듯이, 말들도
이 중 어떤 것들은 슬픔을 초래하고 어떤 것들은 듣는 이에게
용기를 주며 어떤 것들은 사악한 설득으로 영혼이 약에 취하
게 하거나 마법에 걸리게 한다.**

(15) 그러므로 만일 그녀가 말에 의해 설득되었다 할지라도 그녀는
불의를 저지른 것이 아니라 당한 것이라는 논쟁이 성립된다.

요약컨대, 헬레네가 한 행위의 이유가 사랑에 눈이 멀어서건 아니
면 말에 의해 설득을 당해서건 아니면 힘에 의해 납치를 당해서건
아니면 신적인 힘에 의해 운명적으로 이끌린 것이건 간에, 그녀에게
는 아무런 책임이 없다. 오히려 그녀는 사랑이나 말 혹은 힘이나 운
명에 의해 일방적으로 피해를 본 한 사람의 여자일 뿐이다. 그러기
에 아테네 사람들이 그녀에게 가한 비난은 부당하고 잘못되었다. 이
렇게 하여 고르기아스는 연설로써 실추된 헬레네의 명예를 온전히
회복시켜 주었다.[29]

---

29) 수사학의 전지전능성에 대한 고르기아스의 신념은 단편 11a에도 잘 나타나 있다. 『팔라메데스
옹호』라고 불리는 이 단편에서 그는 오뒤세우스에 의해서 무고하게 죽은 팔라메데스를 옹호한
다. 주지하다시피 팔라메데스(Palamedes)는 오뒤세우스보다 지략이 뛰어난 인물로 간주되는 트
로이 전쟁의 영웅이다. 그는 오뒤세우스가 트로이 전쟁에 참가하지 않으려고 미친 척하고 있을
때, 오뒤세우스의 아들 텔레마코스를 이용하여 그가 연기하고 있음을 간파해낸다. 이 일로 앙심
을 품은 오뒤세우스는 위조된 편지를 이용하여 팔라메데스가 트로이와 내통하였다고 모함을 한
다. 그리고 그를 죽게 만든다. 고르기아스는 이런 팔라메데스를 옹호하는 연설을 한다: "재판은
모든 이에게 들이닥치는 죽음의 문제를 다루고 있는 것이 아니라, 한 인간이 올바르게 죽느냐 또
는 불명예의 멍에 속에서 부당하게 죽느냐 하는 것을 문제 삼고 있습니다. 여러분들에게는 사태
를 판단할 수 있는 권능이 주어져 있습니다. 여러분들이 본인의 죽음을 선포하는 것은 결코 어려
운 일이 아니며, 본인은 여러분들이 내리는 평결의 권위에 대하여 어떠한 영향력도 행사할 수 없
습니다. 만일 원고인 저 오뒤세우스가, 이방인들의 편에 서서 헬라스를 배반하려 했다는 확실한
증거를 가지고 본인을 기소하려 한다면, 그는 반역자에 대한 처벌은 물론이거니와 조국과 헬라
스의 모든 형제자매들의 안위를 도모하고자 하는 위대한 시민으로서 가장 높은 추앙을 받아 마
땅할 것입니다. 하지만 그가 본인에 대한 추악한 악의를 품고 이번 사건을 조작해냈다면, 위에서
와 정반대의 천박하고 비열한 인간으로서 모멸의 대상이 되어야 마땅한 것입니다. 어디서부터
본인의 변론을 시작해야 할까요 증거에 입각하지 않은 소송의 제기는 당혹감을 불러일으키며
진실과 현실적인 필요성이 역사를 인도하지 않는 이상 말문을 막아버리기 마련인 때문이지요.
고발인은 본인이 그러한 범죄를 저질렀다는 사실에 대하여 확신을 가지고 있는 것은 아닌데, 저

4. 맺음말

프로타고라스와 고르기아스를 중심으로 한 소피스트들의 수사학
은 경험의 이미지를 실재화하는 새로운 기술이다. 파르메니데스의

자신 스스로가 범죄를 저지르지 않았다는 사실을 (그 역시) 명확히 알고 있기 때문입니다. 만일
그가 단순한 추측만을 가지고 이 소송을 제기한 것이라면 저는 아래의 두 가지 측면에서 오뒤세
우스의 과실을 증명해 보일 수 있습니다. 첫째, 반역행위란 명백히 공모로부터 출발할 수밖에 없
는 까닭에, 본인은 그러한 대역죄를 저지를 수 없었습니다. 무릇 모의란 회동을 전제하는 것인
데, 어떤 사람도 본인에게 접근할 수 없었고 누구에게도 찾아갈 수 없었을뿐더러 어떠한 서찰도
전달받을 수 없는 상황이었으므로 애당초 회합이란 불가능했던 것입니다. 나아가, 그리스인인 저
자신과 적국 사람인 가상의 이방인 사이에는 직접적인 의사소통 또한 불가능했는데, 서로의 언
어에 대한 이해의 능력이 부재했기 때문입니다. 한편, 통역자가 있었을지도 모른다는 억측은 곧
바로 공범이 존재함을 의미하게 되므로 어불성설이라 아닐 수 없습니다. 하지만 설령 의사의
교류가 이루어졌다고 가정하더라도, 상호 간의 신뢰를 다짐하기 위하여 볼모나 인질과 같은 서
양의 징표들이 교환되었을 것인데, 이런 일들이 실제로 이행되었더라면 법정에 출두한 여러분께
서 모르고 계실 턱이 없지 않겠습니까? 혹시 금품 따위가 오간 것은 아닐까요? 그토록 위험한 계
획을 성사시키기 위하여 보잘것없는 액수가 거래되었을 리는 만무하고, 그렇다고 많은 액수였다
면 거금의 운송을 위하여 여러 공모자들의 조력이 필요했을 것입니다. 금품의 운반은 밤이었을
경우 파수병들의 경비로 인해 어려웠을 것이며, 낮 시간에는 쉽사리 눈에 띌 것이므로 불가능했
을 것입니다. 본인은 한시도 막사를 떠나본 적이 없었고 적국 사람들도 감히 근접할 수 없었습니
다. 설사 어떤 수를 써서든 금품을 수수했다 치더라도 그것을 감출 도리가 없었던 것입니다. 그
런데 이 모든 불가능한 일들이 실현되었다고 한번 가정해봅시다. 의사소통이 이루어지고 서약의
징표들이 교환되었다고 말입니다. 그러면 이제 모반의 실행만이 남아 있게 될 것이고, 이것은 혼
자의 힘이든지 공모자의 조력을 빌려 수행되어야 했을 것입니다. 그렇다면 그들 공범자들은 자
유시민이었을까요? 아니면 노예들이었을까요? 그들이 만약 자유시민이었다면, 여러분 가운데
자초지종을 알고 계시는 분들이 있을 것인데, 그렇다면 여기로 나와서 한번 증언해 주십시오. 또
다른 가능성으로 남은 노예들의 경우, 노예들이란 으레 그러하듯이 믿을 수 없는 족속들입니다.
그들은 스스로 자유를 얻기 위해서든 자백의 강요에 의해서든 피고인 팔라메데스를 비방하려 들
것입니다. 적병들은 피고인 본인의 도움을 받아 살문을 통해서나 담장을 넘어서 침입할 수도 없
었는데, 우리의 파수병들이 삼엄한 경계를 펴고 있었기 때문입니다. 더구나 저 자신의 손으로 담
벽을 허물어내기도 어려웠는데, 병영이라는 장소 내에서 그렇게 비밀스러운 행위가 이루어지기
란 불가능하기 때문입니다. 따라서 이러한 모든 범죄행위는 본인에게 전적으로 불가능한 것이었
습니다. 그렇다면 이 팔라메데스 반역음모를 꾀하게 된 동기는 과연 무엇이었을까요? 여러분이나
혹은 이방인들에 대한 절대적인 권력욕이었을까요? 여러분이 향유한 용기와 부(富), 영육(靈肉)의
강건함, 폴리스에 대한 통치능력들을 감안한다면 전자의 경우는 어려운 일이 될 것입니다. 이방
인들에 대한 지배욕 또한 반역의 동기를 제공할 수는 없는데, 그들을 무력으로 복속시킬 수도 없
고, 언설의 기교로써 설복시킬 수도 없으며, 동시에 (그들이) 자발적으로 통치의 권능을 양도하지
도 않을 것이기 때문입니다. 국왕의 권위 대신 노예의 굴종을 선호하는, 최상의 것을 포기한 채
최악의 상태를 선택하는 사람은 없기 때문입니다. 부귀 역시 범죄의 동기가 될 수는 없습니다. 본
인은 이미 적당한 규모의 자산을 가지고 있으며 더 이상을 필요로 하지 않습니다. 금전의 힘은
쌈쌈이가 큰 소인배들이 추구하는 목표입니다. 그것은 욕망의 노예로 전락하고 돈으로 명예를 구
매하고자 하는 어리석은 무리들의 갈구대상일 뿐, 자연스러운 욕구들을 원숙하게 조율할 수 있는,
지혜로운 시민들의 소망이 될 수 없습니다. 여러분께서는 이 팔라메데스의 지난 삶의 방식이 그
들 저속한 무리들의 그것과는 사뭇 달랐다는 사실을 상기해 주시기 바랍니다"(단편 11a).

지침과 달리, 프로타고라스와 고르기아스에게 있어 인간은 경험적인 존재이고 현상적인 존재이다. 감각하고 지각하고 욕망하고 언어 의존적인 그런 존재인 것이다. 특히, 고르기아스는 인간의 모든 경험이 말로 표현되고 말 없이는 인간 사유가 한 발짝도 진행될 수 없다는 것을 깊이 인식하고 있었다. 왜냐하면 그에게 있어 세계는 말로 이루어져 있고 말이야말로 세계를 지배하는 가장 강력한 도구이기 때문이다.

주지하다시피, 고르기아스는 파르메니데스적인 절대 진리를 거부한 채 오직 상대적인 현상세계만을 강조하였다. 우리는 그것을 이미 그의 대표적인 저작인 『비존재에 관하여 또는 자연에 관하여』에서 살펴보았다. 하지만 그 저작의 결론은 비참하기 그지없었다. 왜냐하면 파르메니데스적인 절대 존재 세계가 사라지고 난 그 자리에는 어떠한 형태의 의사소통도 불가능하였기 때문이다. 아무것도 없고 아무것도 알 수 없고 어떠한 의사소통도 없는 세계, 그것이 『비존재에 관하여 또는 자연에 관하여』에서 고르기아스가 내린 결론이었던 것이다.

『헬레네 찬양』은 『비존재에 관하여 또는 자연에 관하여』의 회의주의를 극복하는 고르기아스의 야심작이다. 그는 항상 유동적인 현상세계에 근거한 상대적인 진리에 입각하여 이루어지는 이미지의 세계를 새롭게 창조하였다. 그리고 그러한 세계에 걸맞은 새로운 의사소통의 장치를 계발하였다. 비록 그 구체적인 내용은 헬레네라는 한 여인에 대한 부당한 비난을 옹호하는 형식으로 구성되어 있지만, 그 저작이 목표로 하는 것은 이미지에 근거한 새로운 실재를 조작해내는 것이다.

사실, 고르기아스의 궁극적인 관심 사항은 현실 상황에 맞추어 세계를 상대적으로 이해하는 논리와 그것을 이용하여 사람들을 지배하는 설득의 기술이었다. 그래서 그에게 있어 능력 있는 사람이란 구체적인 상황에 적합한 논리를 만들어내는 웅변가·연설가였다. A나라에 가면 A나라의 상황에 적합한 논리를 만들어내고 B나라에 가면 B나라의 상황에 적합한 논리를 만들어낼 줄 아는 그런 사람이었다. 『헬레네 찬양』과 연관해서 이야기하자면, 만약 사람들이 그녀를 비난하면 그녀를 옹호하는 연설을 만들어내고, 사람들이 그녀를 옹호하면 비난하는 연설을 만들어내는 것이었다. 이처럼 고르기아스는 수사학이 경험세계를 지배하고 통제할 수 있는 전지전능한 기술임을 확신하였다.

그런데 고르기아스를 포함한 많은 소피스트들의 확신에도 불구하고 그들에 대한 철학자들의 평가는 냉담하였다. 왜냐하면 철학자들이 생각하기에 소피스트들은 수사학을 탈도덕적인 차원에서 다루고 있기 때문이다. 플라톤의 대표적인 저서 『고르기아스』는 위의 문제를 집중적으로 거론하는 대표적인 저작이다. 철학자는 아니지만 고르기아스의 제자로 플라톤과는 지적 라이벌 관계에 있었던 이소크라테스 역시 소피스트의 수사학이 윤리성을 결여하고 있음을 인식하고 있었다. 아리스토텔레스 역시 사정은 마찬가지이다. 하지만 그럼에도 불구하고 그들이 그리스 최초의 계몽주의 시대를 열고 수사학을 세련시켰다는 점은 거부할 수 없는 사실이다.

결론적으로, 소피스트의 수사학은 아테네의 정치현실을 개선시킬 수 있는 실용적·합리적 기술이었다. 의사소통의 세계에서는 타자를 지배하게 해주고 현실의 정치세계에서는 권력을 획득할 수 있게 해주는 기술이었다. 이제 소피스트의 수사학은 현대사회의 갈등과 분쟁을 중재하고 조정하는 새로운 기술로 탈바꿈해야 한다. 그리고 새로운 협상의 기술을 제시해야 한다. 원칙론과 근본주의만으로는 현대사회의 모든 문제를 해결할 수 없다. 실용적이고 합리적인 수사학적 지혜가 필요할 때이다. 설득의 힘으로 모든 갈등과 분쟁이 종식되는 그 날을 기대해 본다.

제2부 | 고대 후기 플라톤주의를
어떻게 이해할 것인가?

제1장

플로티노스의 『엔네아데스』에 나타난 형이상학

1. 머리말

> "고요한 곳으로 '피해 가서 사는'(psygē) 그러한 삶이다."
>
> - *Enneads*, VI. 9.11 -

플로티노스(Plotinos)로 대표되는 '신플라톤주의'(Neo-Platonism)[1] 철학은 플라톤 철학 및 아리스토텔레스 철학과 더불어 서구철학사를 지배하는 핵심적인 철학 사상 중의 하나이다. 플라톤으로부터 직접 가르침을 받았던 '구아카데메이아학파들'(Old Academy)이나 로마제국 초기에 활동했던 '중기플라톤주의'(Middle Platonism)와 구별하기 위해서 사용된 이 개념은 오늘날까지도 서구 철학사와 문화사 전 영역에서 가장 강력하고 영향력 있는 사상으로 잘 매김하고 있다. 철학사에서 신플라톤주의 운동은 보통 세 시기로 나누어지는데,

---

[1] 신플라톤주의라는 용어는 1786년 크리스티안 마이너(Christian Meiner)에 의해 처음 사용된 것으로 전해진다(전광식, 2002).

첫째는 플로티노스의 문하생이었던 포르피리오스(Porphyrios)와 아멜리오스(Amelios)의 시기였고, 두 번째는 이암블리코스(Iamblikos)로부터 유래하는 시리아와 페르가몬학파 시기였으며, 마지막으로는 5-6세기의 아테네학파와 알렉산드리아학파의 시기였다. 알렉산드리아학파는 그리스도교와 이슬람교의 철학에 큰 영향을 끼쳤다. 아테네학파는 반(反)그리스도교적 경향을 띠었는데, 플루타르코스(Plutarchos), 프로클로스(Proklos), 시리아노스(Syrianos), 다마스키오스(Damaskios), 그리고 심플리키오스(Simplikios)가 그 주된 멤버들이었다. 아우구스티누스(Augustinus)와 같은 그리스도교 사상가들은 이 학파로부터 큰 영향을 받았다(Wallis, 1972). 중세기의 알베르투스 마뉴스(Albertus Magnus)와 마이스터 엑카르트(Meister Eckhart) 그리고 요한네스 타울러(Johannes Tauler)와 하인리히 소이세(Heinrich Seuse) 같은 독일의 신비주의 사상가들(정달용, 2007)도 이 학파의 영향권하에 있었다. 이탈리아 르네상스기의 마르실리오 피치노(Marsilio Ficino)와 피코 델라 미란돌라(Pico della Mirandola) 그리고 전성기의 독일관념론 등도 이 학파의 영향권을 벗어날 수는 없었다. 이처럼 서구의 대표적인 형이상학은 신플라톤주의의 영향권 안에 놓여 있는데, 그 지적 파장은 현대에도 계속되고 있다.

하지만 불행하게도 철학계에서는 이러한 서구철학사의 본류 중의 하나인 신플라톤주의 철학에 대한 인식이 부족하거나, 있다 하더라도 플라톤 철학의 부차적인 결과물 내지는 플라톤 철학의 종교화된 형태로 인식되고 있다. 더욱이 플로티노스, 포르피리오스, 이암블리코스, 프로클로스 그리고 위-디오니시오스 아레오파기타(Pseudo-Dionysios Areopagita)에 관한 연구는 신학자 내지는 그리스도교 철학자들에게

서나 가능한 특수한 영역으로 이해되고 있다(전광식, 2002). 이러한 이해는 한국에서의 신플라톤주의 연구를 미진하게 하는 가장 큰 위협요소 중의 하나로 자리잡고 있다. 그런데 문제는 이러한 플로티노스의 철학이나 신플라톤주의 철학을 배제하고서는 온전히 서구철학사를 이해할 수 없다는 데 있다. 사실 서구철학사에 대한 일반적인 연구에서 아리스토텔레스 철학을 언급하고 나서 곧바로 근대의 데카르트로 넘어갈 수 없듯이, 우리는 중세철학과 근・현대철학 전반을 지배하고 있는 신플라톤주의 철학을 제외하고서는 서구철학사 전체를 충분히 이해할 수는 없는 것이다. 만약 그렇게 된다면, 우리는 서구철학사의 한 축을 배제하는 '철학적 오류'(philosophical mistake)를 범하고 말 것이다. 그러기에 서구철학사 연구에서 신플라톤주의 연구, 그중에서도 플로티노스의 형이상학에 대한 연구는 지금 이곳에서 필수적으로 선행되어야 하는 철학적 과제인 것이다.

이러한 문제의식하에서 본 연구는 플라톤의 철학 전통과의 연관성 속에서 신플라톤주의 철학사상의 창시자인 플로티노스의 형이상학을 그의 '일자'(to hen)개념을 중심으로 규명하면서, 그의 사유가 지닌 독창성과 고유성을 적극적으로 드러내고자 한다. 이런 작업을 수행하기 위해서 본 연구는 다음 3가지 문제(Gatti, 1996)를 집중적으로 천착할 것이다.

(1) 플로티노스의 일자 형이상학은 그 이전의 철학 전통, 특히 플라톤 철학 전통과 어떠한 연관성을 가지고 있는가? 그의 철학은 플라톤 철학 전통을 충실하게 주석하고 있는가, 아니면 플라톤 철학 전통 전체를 새로운 관점에서 재해석하고 있는가? 만약 재해석한다면, 그 구체적인 내용은 무엇인가? (2) 한정자(peras)로서의 형상

(Idea)의 존재에도 불구하고, 왜 일자는 요청되고 존재되어야 하는 가? 그동안 플로티노스 형이상학 체계에서 일자로부터의 다자의 파생은 '유출'(emanation)이라는 개념으로 이해되었는데, 그것은 정확한 이해인가? 만약 그렇지 않다면, 그 정확한 개념은 무엇인가? '발출'(proodos)과 '체류'[2]그리고 '회귀'란 무엇인가? 그리고 세 가지 실체(hypostasis)인 일자와 지성 그리고 영혼은 어떠한 관계성하에 놓여 있는가? (3) 일자가 존재와 지성마저도 초월한 절대자라면 인간 영혼은 그러한 일자와 어떻게 합일할 수 있는가? '관상'(theoria: contemplation)은 일자와의 합일을 가능하게 하는가? 그것은 회귀와 어떠한 관계에 놓여 있나?

필자는 플로티노스의 일자 형이상학이 8세기에 걸친 그리스 철학 전통, 특히 플라톤 철학을 창조적으로 재해석하면서 자신만의 고유하면서도 독창적인 일자 형이상학으로 발전시키고 있음을 고찰할 것이다. 그리하여 필자는 플로티노스의 형이상학이 전통적인 플라톤 철학과 차별화되는 새로운 철학, 즉 신비주의적 경향을 가진 '관상의 형이상학'임을 논증할 것이다.

2. 플로티노스 이전 그리스 철학과 플로티노스의 연속성과 불연속의 문제: 암모니오스 삭카스와 필론, 스토아학파와 소요학파 그리고 중기플라톤주의에 대한 비판적 이해

플로티노스의 철학은 그리스 철학의 영향권하에 놓여 있다. 하지

---

2) '발출'은 조규홍(2002)의 번역을 '체류'는 정달용(2007)의 번역을 따르기로 한다.

만 그의 철학은 그 이전의 그리스 철학을 단순히 절충하거나 혼합하는 데에서 그치지 않고, 그것을 새롭게 재해석한다. 서구 고대철학 전반에 대한 새로운 통찰을 제공하면서 8세기에 걸친 그리스 철학 사상을 하나의 거대한 형이상학으로 재창조하고 있는 것이다(Gatti, 1996). 사실 플로티노스의 철학은 많은 선배 철학자들의 영향권하에서 형성되었다. 그의 형이상학에 영향을 준 철학사상은 많이 있지만, 그중에서도 가장 주목할 만한 것으로는 암모니오스 사카스(Ammonios Sakkas)[3]와 알렉산드리아의 필론(Philon), 스토아학파와 소요학파의 전통, 신피타고라스주의와 중기플라톤주의 그리고 플라톤 사상 등이 있다. 우선, 암모니오스 사카스를 살펴보면, 그는 플로티노스의 스승이다. 포르피리오스[4]의 『플로티노스의 생애(*Vita Platoni*)』 3에 의하면, 플로티노스는 알렉산드리아의 암모니오스 사카스로부터 11년 정도 철학을 배웠다. 비록 암모니오스에 대해서는 자세하게 알려진 바가 없으나, 그가 당대 지성계를 압도하는 철학적 통찰력을 소유했던 것만큼은 확실해 보인다. 또한 그는 그리스도교인으로 태어나 자

---

[3] '사카스'라는 별명은 '자루를 걸머진 사람'이란 뜻을 지니고 있다. 아마 오래전부터 홀로 구도의 길을 걷던 인도의 고행자 가운데 한 사람일 것으로 추정된다. 플로티노스의 사상 안에서 인도의 구도적인 태도와 유사한 흔적을 엿볼 수 있기에 그러한 추정이 지금까지 유효하게 고려되어 왔을 수 있다(조규홍, 2006).

[4] 포르피리오스의 『플로티노스의 생애 *Vita Platoni*』[이하 *V. Pl.*로 약함: 인용은 Stephen MacKenna (1992)의 번역을 따른다]에 의하면, 플로티노스(A.D. 204/5-270)는 알렉산드리아에서 태어나 활동했다. 232년경 암모니오스 사카스를 만났는데, 그 자리에서 "저분이 바로 내가 그토록 찾던 분이다!"(*V. Pl.* 3.6-21)라는 언급은 잘 알려져 있다. 이후 11년 동안 그로부터 철학을 배웠다. 243년에는 로마 황제 고르디아누스(Gordianus) III세의 동방원정에 합류하였는데, 페르시아와 인도의 현자들을 만나기 위한 목적에서 그러했을 것으로 추정된다. 하지만 황제가 메소포타미아에서 갑자기 죽는 바람에, 그는 자신의 뜻을 이루지 못하고 돌아왔었다. 244년 알렉산드리아로 돌아가지 않고, 대신 로마로 가 학교를 세웠다. 거기서 십 년 정도 머물면서 253년까지 학생들을 가르쳤다. 263년까지 『엔네아데스』 일부를 집필하였다. 263년에 포르피리오스를 제자로 받아들였으며, 그의 도움으로 『엔네아데스』를 집필하였다. 특히, 그들의 동거 수학 기간인 263년부터 268년까지 『엔네아데스』 VI. 4(22)부터 24권을 저술하였다. 268년에 후원자였던 로마 황제 갈리에누스의 암살로 큰 시련을 겪었으며 건강도 악화되었었다. 270년 캄파니아에서 지병으로 죽었다(조규홍, 2006).

랐지만 후기에 와서는 신앙을 버렸다고 전해진다(Wallis, 1972). 그리스도교 계통의 신학자였던 오리게네스(Origenes)는 그의 제자들 중의 한 사람이었으며, 수사학자 롱기누스(Longinus)도 그에게서 배웠다고 전해진다. 그런데 그가 쓴 저서가 없기 때문에, 그에 대한 더 이상의 언급은 불가능하다. 하지만 분명한 것은 그의 통찰력과 분석력은 플로티노스에게 분명히 계승되었을 것이라는 사실이다.

다음으로는 필론이 있다. 역사적으로 볼 때, 1-3세기 알렉산드리아의 지적 분위기는 그리스 철학과 유대 종교와의 결합을 가능하게 하였는데, 그 중심에는 형이상학과 인간론에 있어 가장 강한 영향력을 행사하였던 필론이 있었다.5) 그는 고대 신비주의와 부정신학의 개척자이기도 했다. 그는 신에 대한 인간의 이성적 인식은 본질적으로 불가능하다고 생각하였다. "이 우주(to pan)의 창조자(poiētēs)와 아버지(patēr)를 찾아내는 것은 힘든 일이거니와, 찾아낸다 하더라도 모두를 상대로 이를 말해준다는 것도 불가능합니다"(박종현·김영균 역, 2000)라는 플라톤 『티마이오스』 28c의 내용을 인용하면서, 그는 신의 불가지성(不可知性)에 대한 자신의 생각을 강화시켰다(배성옥 역, 2001). 사실, 신에 대한 인식은 인간의 이해 능력 자체를 초월한다. 하지만 그럼에도 불구하고, 인간 영혼은 알 수 없는 신을 탐구하고자 열망한다. 이러한 탐구는 크게 다음 세 가지 단계로 이루어진다(배성옥 역, 2001). 첫 번째 단계는 순수종교로의 '개종'이다. 이는 점성술과 연관된 우주에 대한 일반적인 믿음으로부터 우주

---

5) 필론은 플라톤과 아리스토텔레스 그리고 포세이도니오스와 같은 그리스 철학자들을 중심으로 유대의 유일신 사상과의 융합을 시도하였던 것으로 유명하다. 로고스, 신비주의, 그리고 금욕주의 등의 개념은 그가 플로티노스에게 물려준 소중한 철학적 유산이다.

를 창조한 초월적 신에 대한 참된 신앙으로 옮아가는 단계이다. 스토아학파의 내재신관과는 반대이다. 두 번째 단계는 인간 영혼이 스스로를 깨닫는 '자기인식'이다. 자기인식을 통하여 인간 영혼은 육신에 대한 완전한 지배권을 확립하게 된다. 변증법을 강조하는 플라톤의 자기인식과 유사하다. 그런데 필론에게 있어서 인간 영혼은 자립적인 존재일 수 없다. 그것은 창조자인 신에 근거해야만 하는 의존적인 존재이다. 그러기에 영혼의 자기인식은 신에 대한 신비적 이해와는 다르다. 마지막 단계는 신에 대한 '신비적 이해'이다. 하지만 신에 대한 온전한 이해는 전적으로 불가능하다. 그 대신에, 필론이 강조하는 것은 신에 대한 '신비적 관상'이다. 이 때, 신비적 관상의 대상은 『성서』이다. 『성서』는 신의 '로고스'이기 때문에, 『성서』를 관상함으로써 인간 영혼은 신과 관계를 맺어 황홀한 결합을 할 수 있다는 생각인 것이다. 이처럼 필론은 신비적 관상을 통한 신과의 결합을 강조하는데, 이는 '관상'에 의한 일자와의 합일을 강조하였던 플로티노스에게 직접적으로 영향을 주었다.[6]

『플로티노스의 생애』 14에서 포르피리오스는 플로티노스의 형이상학에 공헌한 스토아학파에 대해서 언급하고 있다. 에피쿠로스학파에 비해, 스토아학파는 플로티노스 형이상학에 많은 영향을 끼쳤다. 그러나 플로티노스는 스토아학파가 유물론임을 감안하여, 그들의 사상을 선별적·비판적으로 수용하였다. 신과 영혼, 그리고 자연과 질료에 대한 그들의 설명은 플로티노스의 로고스 사상이나 필연성 개

---

6) 필론은 신과 세계의 중간자로 '로고스'를 강조함으로써, 플로티노스 일자 형이상학 형성에 기여하였음은 물론, 훗날 그리스도교 신학사상 형성에도 크게 기여하였다. 그의 저서로는 『제 문제와 그 해결 Zētēmata kai lyseis』 그리고 『성스러운 율법의 비유 Nomōn Kierōn allēgoriai』 등이 있다.

념 형성에 지대한 영향을 끼쳤다. 또한 감각세계를 하나의 살아 있는 유기체로 보는 그들의 세계관 역시 플로티노스 철학에 많은 영향을 끼쳤다. 거기에서 세계는 세계영혼 속에 내재된 '스페르마티코이 로고이'(spermatikoi logoi: 씨앗-원리들)가 전개되어 이룩한 유기적인 조화의 체계였다.[7] 그렇지만 플로티노스가 보기에, 이러한 스토아학파의 사상은 근본적인 한계를 가지고 있었다. 첫째는 일자가 아닌 세계영혼을 최고신으로 설정하였다는 것이다. 둘째는 영혼조차 물리적 개념으로 이해하였다는 것이다. 신과 영혼을 물질의 한 양태로 설명함으로써, 스토아학파는 존재론적으로 '더 완전한 것'을 '그렇지 못한 것'보다 더 뒤에 오게 하는 중대한 실수를 범하고 있는 것이다 (*Enn.* II. 4.1). 이와 유사하게, 윤리적 영역에서도 그들은 인간의 도덕적 행위를 지성적 세계에 대한 관상보다는 운명과 같은 비지성적인 개념에 종속시키는 오류를 범하고 있다. 그런데도, 플로티노스적 지성세계에 대한 활력론적 개념은 스토아학파에게서 유래하였다는 것은 확실하다. 이런 점에서 스토아학파는 플라톤이나 아리스토텔레스와는 다른 측면에서 플로티노스 철학에 많은 영향을 끼치고 있다 (Wallis, 1972).

스토아학파와 함께, 포르피리오스가 강조하는 또 다른 근원은 아리스토텔레스 계열의 소요학파의 전통이다. 사실, 플로티노스가 플라톤과 피타고라스에게 품었던 존경심과 동일한 정도의 존경심을 아리스토텔레스에게 가지고 있지는 않았다. 하지만 그럼에도 불구하고 그가 아리스토텔레스가 남긴 형이상학적 유산을 소중하게 간직

---

7) 『엔네아데스』 III은 스토아학파의 영향력하에서 이해될 수 있다. 이에 관해서는 Gerson(1990)의 *God and Greek Philosophy: Studies in the early history of natural theology* 제4장을 참조하라.

하고, 또한 그것을 자신의 철학체계 속에 융합시키고 있다는 것은 명백한 사실이다. 포르피리오스는 바로 그러한 사실에 주목하였으며, 그것을 언급하고 있는 것이다. 이 학파에서 활동하였던 대표적인 주석가들[8]로는 아스파시우스(Aspasius), 아드라스투스(Adrastus) 그리고 아프로디시아스의 알렉산드로스(Alexandros) 등이 있다. 이 가운데에서 알렉산드로스가 가장 영향력이 있었다. 그는 아리스토텔레스 영혼론에 입각해서 영혼을 물질주의적 관점에서 이해하는 스토아학파의 영혼론을 비판하였다.[9] 동시에 영혼과 육체를 엄격하게 분리하는 플라톤주의자들에 대해서도 비판적인 입장을 취하였다. 아리스토텔레스에 있어 그 성격이 애매하였던 '능동적 지성'(Active Intelligence)을 새롭게 해석하여, 그것을 자기를 사유하는 신과 동일시하였다. 그에 의하면, 능동적 지성은 영혼 안에 있는 신적인 지성이며, 그러기에 인간은 그것에 근거하여 신과의 동일성 내지는 신적인 불멸성을 획득할 수 있는 것이다(Wallis, 1972). 여러 문제점에도 불구하고, 지성계에 대한 플로티노스의 이해에 상당히 기여하고 있음은 사실이다.

스토아학파 및 소요학파와는 별도로, 플로티노스의 형이상학 형성에 가장 크게 기여하였던 철학 사상으로는 중기플라톤주의가 있다.[10] 중기플라톤주의는 고대의 플라톤 철학이 플로티노스의 신플

---

8) 기원 후 2세기에 활동한 플라톤 주석가들 중 대표적인 사람으로는 세베루스(Severus), 크로니우스(Cronius), 누메니오스(Numenios), 가이우스(Gaius), 그리고 아티코스(Atikos) 등이 있다(Wallis, 1972).

9) 영혼은 육체 안에서 공간적으로 현존한다는 것을 부정하는 알렉산드로스의 비판적 논증(『데 아니마』 13.9 이하)은 후일 플로티노스의 『엔네아데스』 IV. 3.20에서 되풀이된다. 이와 연관된 알비노스의 저작으로는 『영혼에 관하여 De Anima』와 『데 아니마 만티사 De Anima Mantissa』가 있다 (Wallis, 1972).

10) 중기플라톤주의는 신피타고라스주의와 쉽게 구별되지 않는 특징을 지니고 있었다. 그런데 신피

라톤주의 사상으로 이행하는 과정에 등장하였다. 특히, 존재 세계의 비물질성과 초월성을 강조하였다. 중기플라톤주의는 바로 앞 시대에 만연하였던 회의주의[특히 기원전 4세기의 퓌론(Pyrrhon)에게서 유래한 퓌로니즘] 및 절충주의(eclecticism)를 거치면서 플라톤 철학과 아리스토텔레스 철학을 결합시켰으며, 비록 오늘날의 이해지평으로는 성숙된 이론은 아니었음에도 불구하고 일자 개념에 대한 체계적인 이해를 도모하였다(조규홍, 2006). 이 학파의 철학사적 특징으로는 형상(Idea)이라는 플라톤적인 개념과 지성(Nous)이라는 아리스토텔레스적 개념을 매개하는 것이었다. 중기플라톤주의는 앞에서 언급하였던 알렉산드리아의 필론에게도 적지 않은 영향을 끼쳤다. 알비노스(Albinos)와 아티코스(Atikos) 그리고 아파메아(Apamea)의 누메니오스(Numenios) 등이 이 학파의 대표적인 철학자들이었다.[11] 먼저, 알비노스는 소요학파 전통, 즉 아리스토텔레스 철학의 영향하에서 자신의 사유를 전개시켰던 인물이다.[12] 이런 이유로, 그의 사유에서는 전통적인 플라톤주의가 지닌 초자연적인 특징들은 발견되지 않는다. 그 대신 아리스토텔레스의 지성이 최고의 신성과 동일시되는 언급들이 등장한다. 그런데도 신이 지성을 초월하여 존재할 수도 있다는 암시들이 있는데, 이는 플로티노스의 일자 개념을 예견하는

타고라스주의는 당대 유물론적인 철학에 반대하며, 영혼의 불멸성 및 존재의 비물질성을 강조하였다. 신비주의적 색채가 농후하였으며, 인간의 종말을 가시적 세계로부터의 이탈과 신적인 것과의 결합으로 이해하였다. 이 학파의 부활을 주도한 철학자들은 주로 금욕주의자들이나 기적의 수행자들이었는데, 그중에서도 가장 유명한 이는 티아나의 아폴로니오스였다. 금욕적 방랑생활을 하는 한편, 기적을 행했던 인물로 알려져 있다.

11) 이 외에 카이로네이아의 플루타르코스와 티레의 막시무스가 있다.

12) 제자로는 의사인 갈레노스가 있다. 알비노스의 작품들에는 『이사고게 *Isagoge*』라 불리는 플라톤의 대화편 입문서와, 『에피토메 *Epitome*』라 불리는 플라톤 교설에 대한 알비노스의 요약해석서가 있다.

것이기도 하다. 필론과 유사하게, 플라톤의 형상을 신의 사유로 간주하는데, 이는 플로티노스의 지성 개념을 앞질러 이야기하였다. 하지만 그는 플라톤의 '상기'(anamnesis) 개념을 내재적 성격이 강한 스토아학파식 용어들로 설명하고 있는데, 이는 그가 플라톤 인식론의 초월적 성격을 간과하고 있는 데에서 비롯되었다(Wallis, 1972). 이런 이유로, 알비노스의 철학에 대한 플로티노스의 이해(*Enn.* Ⅰ. 2.1)는 비판적일 수밖에 없었다.

그런데 중기플라톤주의 철학자들 중에서 가장 대표적인 반(反)소요학파 계통의 철학자는 아티코스이다. 아리스토텔레스 철학에 대한 그의 공격 중 가장 두드러진 것은 천상계에 국한된 섭리에 관한 아리스토텔레스 주장이다. 달 아래의 세계가 비이성적인 본성에 의해 지배된다고 보았던 아리스토텔레스에 반하여, 그는 세계는 신적인 지성에 의해서 짜였다는 플라톤의 생각(*Laws* Ⅹ. 892a-c)을 지지하였다.[13] 이처럼 아리스토텔레스주의자들에게 비판적인 입장을 견지하였던 아티코스는 자신을 '정통적인 플라톤주의자' 내지는 '플라톤 근본주의자'로 자리매김하고자 하였다. 하지만 그의 이러한 근본주의적인 접근 방법에도 불구하고, 그는 플라톤 철학을 올바르게 이해하는 데 있어 많은 실수를 저지르고 있다. 특히,『티마이오스』이해에 있어서 그는 플라톤의 본래 의도를 살리기보다는 그 문자적인 해석에 치중하는 한계를 보이고 있다. 그래서 아티코스의 철학은 스토아학파의 유물론에 의해서 왜곡된 플라톤주의의 한 단면을 보여준다고 할 수 있다(Wallis, 1972).

---

13) 이에 대해서는 유세비우스의 *Praeparatio Evangelica* 제15권. 5.798c 이하를 참고하라(Wallis, 1972).

마지막으로 언급할 수 있는 인물은 누메니오스이다. 플로티노스에 끼친 그의 가장 두드러진 특징은 그가 세 가지의 신적 원리들에 대한 이론을 전개하였다는 사실이다. 이것은 존재의 위계적인 삼원 구조에 대한 설명이기도 하였는데, 여기에서 그는 첫 번째 신에 대한 언급을 통하여 신비적 합일에 대한 플로티노스의 생각을 앞질러 제시하고 있다. 또한 신적인 실체의 무한한 활동에 대한 그의 강조는 '줄어들지 않고도 공급해준다'라는 플로티노스의 발출 개념을 예견하기도 한다. 하지만 그는 아직 첫 번째 신을 지성을 벗어난 완전히 초월적인 존재로는 설정하지는 않는데, 이는 그의 한계이다. 특히, 그는 중기플라톤주의자들 가운데에서 가장 극단적인 이원론자의 면모를 보여주며, 물질을 절대적인 악으로 간주하였다. 영혼과 관련해서, 그는 인간 영혼이 천상에서 타락하여 지상으로 내려왔다는 플라톤적인 입장을 고수하였는데, 신플라톤주의자 마크로비오스(Macrobios) 역시 이 견해를 따르고 있다. 무의식에 대한 플로티노스의 입장(*Enn.* Ⅳ. 4.3-4)은 이것에 근거하고 있다(Wallis, 1972). 하지만 그의 철학 역시 플라톤 철학의 고유한 독창성은 살리고 있지는 못하다. 이것은 알비노스와 아티코스를 포함한 플로티노스 이전의 모든 플라톤주의자에게 있어 공통된 특징이기도 하였다.

이처럼 플로티노스의 형이상학은 암모니오스 사카스, 필론, 알렉산드로스, 알비노스, 아티코스, 그리고 누메니오스 같은 그 이전의 그리스 철학자들의 영향하에서 자신의 사유를 전개시킴에도 불구하고, 거기에 머무르지 않고 그 자신만의 독특한 통찰과 영감으로 8세기에 걸친 서구철학사를 새롭게 종합해낸다. 우리는 그것을 다음 4장에서 보게 될 것이다.

3. 플라톤 철학 전통과 플로티노스의 형이상학 간의 연속성과 불연속성의 문제

뭐니 뭐니 해도 형이상학과 신비주의 영역에서 플로티노스에게 가장 많은 영향력을 끼쳤던 철학자로는 플라톤이 있다. 주지하다시피, 플로티노스는 플라톤의 주요 대화편에 근거하여 자신의 철학적 사유를 전개시키는데, 그가 쓴 『엔네아데스』에서 가장 많이 언급되는 대화편으로는 『티마이오스』, 『국가』, 『파이돈』, 『파이드로스』, 『잔치』, 『테아이테토스』, 『필레보스』, 『소피스테스』 그리고 『파르메니데스』 등이 있다.

그런데 이암블리코스는 플라톤 철학을 공부하기 위해 필요한 수준별 독서목록 표를 우리들에게 제공해주고 있는데, 그 리스트는 『알키비아데스 I』, 『고르기아스』, 『파이돈』, 『크라튈로스』, 『테아이테토스』, 『소피스테스』, 『정치가』, 『파이드로스』, 『잔치』, 『필레보스』, 『티마이오스』, 그리고 『파르메니데스』 순이다. 그리고 이것은 신플라톤주의학파 내에서 공식적으로 사용된 교과과정 리스트이기도 하다. 이암블리코스에 의하면, 이것은 플라톤의 『티마이오스』와 『파르메니데스』를 공부하기 이전에 필수적으로 권장되었던 대화편들이었는데, 전자는 플라톤의 우주론을 그리고 후자는 플라톤의 신학을 공부하기에 적합한 저작으로 소개되었었다.[14] 『알키비아데스』와 『고르기아스』는 기본적인 윤리학 관련 저작이었기에 지속적으로 주요

---

14) 이암블리코스 이후, 기원 후 5세기의 신플라톤주의자 프로클로스는 『국가』와 『법률』을 공식적인 교과과정 표에서 제외시키고자 하는데, 그 이유는 단순히 그 두 대화편이 양적으로 많은 분량을 차지하고 있기 때문이었다. 『서한집』은 문체상의 문제로 누락되었다. 작품의 중요성과는 무관하였다(Wallis, 1972).

독서목록으로 채택되었다(Wallis, 1972).[15]

대체적으로, 플로티노스는 플라톤의 전체 텍스트를 체계적으로 해석하려는 시도는 하지 않는다. 그 대신, 그는 플라톤의 중·후기 대화편[16] 중 가장 핵심적인 대화편들을 선택하여, 그것을 집중적으로 천착함으로써,[17] 플라톤 철학 속에 감추어져 있는 신비적인 요소를 극대화한다. 당연히 논의가 결론을 맺지 않은 채 아포리아로 끝나는 초기의 대화편들은 그의 주된 탐구영역이 아니었다. 또한 역사적 플라톤이 관심 있게 천착하였던 사회·정치철학적인 논의 역시 그의 주된 관심 밖에 위치하고 있었다.

그런데 플로티노스 연구가들[18] 사이에서는 플로티노스와 역사적 플라톤과의 관계성을 연속성의 관점에서 규명할 것인지, 아니면 불연속성의 관점에서 조망할 것인지에 대한 논의가 있어 왔다(전광식, 2002). 우선, 연속성의 관점에서 플라톤 및 플로티노스 철학을 조망하고자 하는 연구자들은 신플라톤주의 철학자들이 플라톤 철학을 계승하는 것을 자신들의 철학적 사명으로 인식하고 있었다는 단순한 사실에 주목한다. 그리고 신플라톤주의자들 대부분이 직·간접적으로 아카데메이아의 전통하에 놓여 있거나 그 학파의 일원이었다

---

15) 인간을 영혼으로 규정하는 『알키비아데스』(129-130)의 논의는 플로티노스의 『엔네아데스』에 종종 언급되고 지대한 영향을 끼치고 있다. 이와 연관해서는 『엔네아데스』 제4집 1권 이하를 참고하라.

16) 플라톤 대화편을 초기, 중기 그리고 후기로 나누어 문제에 대한 이해는 다음 책을 참고하라. 박규철, 『역사적 소크라테스와 등장인물 소크라테스』, 서울: 동과서, 2003.

17) 이와 관련해서는 다음 텍스트들을 참고하라. 『파이돈』 62b2-5, 67d1; 『크라튈로스』 400c2; 『국가』 514a5, 515c4, 517b4-5, 619d7; 『파이드로스』 246c2, 247d4-5, 249a6; 『티마이오스』 34b8.

18) 플로티노스 연구자와 관련된 기본적인 문헌으로는 Gerson(1996)이 편집한 *The Cambridge companion to Plotinus*가 있다. 아울러 다음의 글들도 참고하라. Beierwaltes(1998)의 *Platonismus im Christentum*과 Beierwaltes(2001)의 *Das wahre Selbst: Studien zu Plotins Begriff des Geistes und des Einen*, Gerson(1994)의 *Plotinus*, O'Brian(1964)의 *The Essential Plotinus*, 0'Meara(1993)의 *Plotinus*, 그리고 Wallis(1972)의 *Neoplatonism*.

는 사실도 그들의 근거를 강화시켜 주었다. 일례로, 5세기 아카데메이아의 수장이었던 프로클로스는 사람들에 의해서 '계승자'(Diadochus)라 불릴 정도로 플라톤 철학의 온전한 복원에 힘을 쏟았다. 실제적으로 플로티노스는 자신의 정신적 지주였던 플라톤을 "신적인 존재"(ho theios Platōn)로 부르면서 숭배하기까지 하였다(*Enn.* III. 5.1).

> "이 가르침들은 새로운 것이 아니며, 지금에 와서 처음으로 이야기된 것도 아니라 오히려, 비록 분명히 또는 명시적으로는 아니었을지라도, 이미 오래전부터 말해진 것들이며, 오늘날 우리의 이론들은 단지 그 오래된 이론들의 해석을 보여주고 있을 뿐이며, 이 이론들이 이미 오래된 것이라는 사실은 플라톤 자신의 글에 나타나는 증거에 의해서도 확실히 보증된다"(*Enn.* V. 1.8: 김성진, 2000에서 재인용).

되리(H. Dörrie, 1965), 크래머(H. J. Krämer, 1964), 암스트롱(A. H. Armstrong, 1974) 그리고 멀란(P. Merlan, 1975) 등[19]을 중심으로 하는 연속론자들은 이러한 전거에 힘입어 자신들의 논지, 즉 플로티노스 철학의 혁신은 플라톤적인 전통과 분리시켜서 생각할 수 없으며, 플라톤적인 전통과 일치하는 조건하에서만 플로티노스의 철학은 의미 있을 것이라는 논지를 피력하였다(Gatti, 1996).

하지만 플로티노스의 형이상학은, 연속론자들이 생각하듯이, 그런 단순한 의미에서의 플라톤 철학에 대한 복원 및 주석 작업과 동일시될 수는 없다. 그는 결코 문헌학자의 입장에서 플라톤 텍스트를 연

---

19) Dörrie(1974)의 "Emanation: Ein unphilosophisches Wort im spätantiken Denken", Krämer(1964) 의 Der Ursprung der Ceistmetaphysik. Untersuchungen zur Geschichte des Platonismus zwischen Platon und Plotin, Armstrong(1974)의 "Tradition, Reason and Experience in the Thought of Plotinus" 그리고 Merlan(1975)의 *From Platonism to Neoplatonism*이 있다.

구하지는 않았다. 오히려 그에게 있어 텍스트는 그 자체로 존립할 수 없었으며, 시종일관 형이상학을 연구하기 위한 도구로 사용되었다. 이런 점에서 우리는 불연속론자들의 입장을 비중 있게 음미해보아야 한다.

역사적으로, 플라톤 철학과 차별화되는 신플라톤주의에 대한 연구는 19세기 초 헤겔과 슐라이어마허 그리고 에르트만(J. E. Erdmann)과 젤러(E. Zeller) 등에 의해서 이루어졌다(전광식, 2002). 그들은 스페우시포스(Speusippos)와 크세노크라테스(Xenocrates)로 대표되는 4세기 구아카데메이아학파 및 비독단적 회의주의자인 아르케실라오스(Archesilaos)로 대표되는 3세기 중기 아카데메이아학파와는 판명하게 구별되는 하나의 사상적 체계인 신플라톤주의에 주목하게 되었다.[20] 이러한 주목 이후 플로티노스로부터 위-디오니시오스 아레오파기타에 이르는 신플라톤주의 철학은 그 연속적인 측면보다는 불연속적인 측면에 초점이 맞추어 연구되어 왔다. 이러한 신플라톤주의의 특징으로는 범신론적 일원론과 철학의 종교화였다. 신플라톤주의는 형상계와 현상계에 초자연적인 존재라는 중간 단계를 설정함으로써, 플라톤적 이원론을 범신론적 일원론으로, 그리고 정치적 성향이 강하였던 플라톤 철학을 신비주의적 색채가 농후한 종교철학으로 변형시켰던 것이다.[21]

---

20) 하지만 후기고대에는 플라톤주의와 신플라톤주의 간의 엄격한 구분은 없었다. 르네상스 시기 역시 플라톤 철학 역시 플라톤과 플로티노스를 엄격하게 구별하지는 않았다. 이러한 분위기는 16-18세기까지 지속되었다. 그 두 패러다임이 엄격하게 구분되기 시작한 때는 20세기에 와서야 가능했다(전광식, 2002).

21) 신플라톤주의는 당대의 그리스도교와의 대립 속에서 오르픽 신학(Theologica Orphica)과 갈데아 신탁(Oracula Chaldica)과 같은 동방 신비주의 및 주술 사상이 플라톤 철학과 혼합되면서 혼합주의적 유사종교의 색채를 띠었다. 실제로, 그리스도교에 동화되었던 위-디오니시오스 아레오파기타를 제외한 그 이전의 신플라톤주의자들은 인간 구원의 방법으로 신비적 주술(theurgia)을 강조

사실상, 플라톤 이후 아카데메이아는 다양하게 변형되어 왔다. 그 첫 번째 단계로는 '수학적 아카데메이아'였다. 플라톤의 제자들이었던 크니도스의 에우독소스(Eudoxos), 헤라클레이데스(Herakleides), 스페우시포스(Speusippos), 크세노크라테스(Xenokrates), 폴레몬(Polemon), 크라테스(Krates), 그리고 크란토르(Krator) 등이 주도하였던 시기였다. 그다음 단계로는 '회의주의적 아카데메이아'였다. 아르케실라오스와 카르네아데스, 그리고 클레이토마코스 등이 대표자들이었다. 그다음 단계로는 '반(反)회의주의적 아카데메이아'였다. 아스칼론의 안티오코스(Antiochos)가 대표자였으며, 회의주의를 비판하면서 초월론적 이데아 사상을 강조하였던 것이 특징이었다(Wallis, 1972, 14-15). 이처럼 플로티노스 이전의 플라톤주의자들은 모두 자신의 문제의식과 상황에 맞추어 플라톤 사상을 다양하게 재창조하였다.[22]

플라톤 철학에 대한 플로티노스 철학의 불연속성을 강조하는 현대적 연구가들은 J. 리스트(Rist, 1996)와 E. R. 돗스(Dodds, 1928) 그리고 J. M. 차루에(Charrue, 1978) 등이다. 이들에 의하면, 플로티노스는 플라톤의 『파르메니데스』, 『티마이오스』, 『파이드로스』, 『파

하는 반(反)그리스도교적 분위기를 연출하였다(전광식, 2002).

22) 플로티노스 이후 전개되는 신플라톤주의 역시 다양한 양상을 보인다. 대표적으로 볼 때, 이암블리코스와 프로클로스는 당대의 그리스도교와 대립각을 세우면서 그리스적 신플라톤주의를 옹호하였는데, 이는 원형적 신플라톤주의인 플로티노스 사상에 대한 제1차적 패러다임 변형이라고 할 수 있다. 두 번째 패러다임 변형은 위-디오니시오스 아레오파기타에 의해서 이루어진다. 그는 이암블리코스아 플로클로스와 달리, 그리스도교에 동화되면서 그리스도교적인 신플라톤주의를 옹호한다. 물론 프로클로스 사상 안에 위-디오니시오스 아레오파기타의 그리스도교적 신플라톤주의의 기초 토대가 없는 것은 아니다. 프로클로스의 철학에 내재된 일자의 '삼위일체적 구조'(Triade: Tris)는 위-디오니시오스 아레오파기타의 신플라톤주의에 강한 영향력을 행사하고 있다. 이것은 신플라톤주의가 그리스도교와 화해하는 데 있어서 하나의 필수적인 매개 장치였다. 그는 당대의 그리스도교와 친화력을 형성하는데, 그는 프로클로스의 '삼위일체적 구조'를 그리스도교적으로 이해하여 그리스도교의 '삼위일체' 개념과 연결시키는 작업을 수행한다. 이렇게 하여, 신플라톤주의는 중세철학 전반에 걸쳐서 그리스도교 철학자들의 이론과 실천을 지배하는 하나의 형이상학적 체계로 자리매김한다(전광식, 2002 참조).

이돈』, 『소피스테스』 그리고 『국가』와 같은 플라톤 텍스트들로부터 많은 영향을 받고 또한 거기에서 많은 것들을 인용하였다. 하지만 그럼에도 불구하고, 그는 그 근본적인 부분들을 자신의 독창적인 사유로 재창조하고 있다. 이렇게 볼 때, 플로티노스가 그 이전의 선배 철학자들, 특히 플라톤을 빈번하게 언급하고 있는 이유는 그 자신의 사유에 철학적 권위를 부여하기 위한 하나의 전략적 장치였다(Gatti, 1996).

플라톤과 플로티노스 철학의 문제의식을 비교해보면, 그들의 차별성은 분명해진다. 우선 플라톤 철학은 정치 지향적이다. 정치적 문제를 해결하기 위해서 다양한 존재론적·윤리학적 논의들을 이끌어낸다. 이에 반해서, 플로티노스의 철학은 시종일관 신비주의적 형이상학만을 지향한다. 정치적인 문제가 거기에 끼어들 틈은 없다. 플라톤이 세계를 존재론적으로 이원화하는 데 반해서, 플로티노스는 이원화된 세계를 하나의 세계로 통합한다. 플라톤이 초월적인 선의 이데아의 개념을 통해서 신비주의적 형이상학으로의 길을 예비만 하고 있는 데 반해서, 플로티노스는 신비주의적 형이상학 안에서 일자와의 합일을 지향한다. 비록 플로티노스의 일자 개념이 신피타고라스학파의 일자, 『파르메니데스』 제2연습 제1가정에서의 절대적 초월성으로서의 일자 그리고 『국가』 제6권의 '선의 이데아'(hē tou agathou idea: *Politeia* 508e) 개념 등과 유기적 연속성상에 있음에도 불구하고, 플라톤 철학에서 신과 같은 권위를 가지고 있던 일자 혹은 선의 이데아 개념은 이제 더 이상 플로티노스 체계에서는 존재와 인식의 제1원리 자리를 고수하지 못한다. 왜냐하면 플로티노스의 체계에서는 플라톤의 일자 혹은 선의 이데아가 형상들을 매개하는 '관계성의 원리'로서만 작용하고 있을 뿐, 형상들을 창조하고 지배하는 '창조성의 원리'로서는 작용하고 있지는 못하기 때문이다. 그래서 플로티노스는 '실존'의 산출자로서 일자를, 그리고 '본질'의 산출자로서 누스를 각각 제시함으로써, 플라톤적인 형상론을 일자 형이상학으로 새롭게 변형시키고 있는 것이다(Gerson, 1990; 장욱, 2002).

논의의 결과, 플로티노스는 한편으로는 전통적인 플라톤의 철학을 계승 발전시키는 전통계승자의 모습을 보이고 있으나, 또 다른 한편으로는 고대세계에서 고유한 일자 형이상학을 독창적으로 전개시킴으로써, 고대세계에서 가장 주목할 만한 형이상학적 업적을 성취하게 된다. 그리하여 일자와 다자, 실존과 본질, 그리고 개별영혼과 절대자가 합일하는 거대한 신비주의적 형이상학적 체계를 구축하는 것이다.

4. 플라톤 철학 전통에 혁신으로서 플로티노스의 일자 형이상학: 자유와 관상의 철학

플로티노스 형이상학은 전통적인 플라톤 철학에 대한 새로운 통찰과 혁신으로서 고대 철학사에 우뚝 등장한다. 그는 그 이전의 모든 철학적 사유를 자신의 형이상학 속에서 집대성한 체계[23]의 철학자였다. 하지만 그는 후기 고대 철학사를 정리하는 단순한 철학자는

---

23) 플로티노스의 체계는 프로클로스의 『신학강요(Institutio theologica: Elements of Theology)』로 대표되는 후기 신플라톤주의 계열의 철학자들과 같은 체계적 구조로는 이루어지지 않았다. 왜냐하면 프로클로스의 『신학강요』는 스피노자의 『에티카』와 유사하게 기하학적 구조에 입각해서 구성되었기 때문이다. 오히려 플로티노스의 체계는 내면적 자기성찰을 요구하는 위계적 존재론으로 이해되어야 한다(배성옥 역, 2001).

아니었다. 오히려 그는 놀라운 통찰과 창조적 발상으로 서구 철학사를 새롭게 써 내려간 철학적 거인이었다. 그는 자신의 일자 형이상학에서 '일자의 자유'와 '관상적 회귀'를 강조하고 있는데, 이는 그를 역사적 플라톤과 차별화시키는 독창적인 개념이었다. 이런 점에 착안해서, 필자는 플로티노스의 철학을 '자유의 철학'이자 '관상의 형이상학'으로 규정한다. 이때, 앞의 개념은 일자의 존재이유에 대한 플로티노스적인 이해이고, 뒤의 개념은 '발출'과 '체류' 그리고 '회귀'라는 세 가지 계기에 의해서 진행되는 일자의 활동성에 대한 플로티노스적인 이해이다.

1) 일자의 자유: 일자로부터의 자유로운 발출과 존재의 위계질서

일자란 무엇인가? 그리고 일자는 왜 존재하는가? 일자의 본질과 일자의 존재 이유에 대한 플로티노스의 물음은 자신의 형이상학적 체계에 대한 탐구임과 동시에, 플라톤과 아리스토텔레스로 대표되는 그리스철학 전통 전체에 대한 반성이다. 사실, 플로티노스의 등장은 그리스 철학 전통에서는 생소한 현상이었다. 그는 이전의 그리스 철학자 중 그 어느 누구도 생각하지 않았던 새로운 문제, 즉 형상을 초월해 존재하는 궁극적 존재, 다시 말해 세상에 존재하는 모든 것들을 근거 짓는 제1원리로서의 존재근거인 절대자 자체에 대한 물음을 직접적으로 제기하였는데, 이는 형상 또는 한정자 중심의 사고에 익숙해 있었던 전통적인 그리스 철학자들에게는 낯선 개념이었기 때문이다.

물론, 플로티노스가 이러한 문제의식을 소유하게 된 데에는 그리스도교와 영지주의(Gnosticism)로 대표되는 당대의 종교적인 분위기와 무관하지는 않다(Gatti, 1996). 그리고 영혼의 구원과 신에 대한 추구라는 당대의 종교적 분위기는 플로티노스의 신비주의적 형이상학을 풍부하게 한 주된 밑거름이기도 하였다. 하지만 플로티노스는 당대의 주된 세계관으로 자리매김하고 있었던 그리스도교에 대해서 비록 적대적인 관계는 아니었을지라도 경쟁적인 관계를 구축하고자 하였으며, 특히 영혼과 육체의 관계를 극단적인 대립 관계로 인식하고 있었던 영지주의[24]에 대해서는 매우 비판적인 자세를 견지하고 있었다(*Enn.* II. 9).

플로티노스에 의하면, 플로티노스의 일자의 존재이유는 '자유'이다. 『엔네아데스』 VI. 8.21에서 보이듯이, 일자는 그 자체적으로 '자유'와 동일하다. 사실, 일자에게 자유 아닌 것은 없다. 일자는 그 스스로 말미암아 존재한다. 일자를 제외한 모든 것은 일자로 말미암아 존재한다. 일자는 그 스스로를 위해 더 이상의 어떤 것도 필요로 하지 않는다. 일자와 합일하고자 하는 영혼은 오직 일자 그 자체에만 집중해야 한다. 그러면 모든 영혼은 "완전한 의미에서의 존재실현이요, 부족함을 더 이상 찾을 수 없는 만족한 상태, 그래서 행복이란 개념을 거기에 적용한다면, 책임은 그렇듯 나를 붙드는 결핍이나 결점을 제거(조규홍, 2006, 62)"한 자유로운 존재 상태를 획득할 수 있을 것이다.[25] 이처럼 모든 존재자는 완전한 의미에서의 자유를 획득하기 위해 일자를 추구한다.[26]

---

24) 플로티노스에게 있어 인간 육체는 절대적으로 부정되어야 할 대상이 아니라, 인간존재를 이해하기 위해 실존적으로 수용되어야 할 대상이었다.

25) "우리의 영혼은 정신을 따라 선을 향하여 방해받지 않고 추구할 만큼 의지적이요, 그런 의지를 통해 스스로 결단을"(*Enn.* VI. 8.7) 내릴 수 있다(조규홍, 2006).

일자는 '선'과 동일시된다. 선 그 자체는 자기 자신을 위한 선택과
의지를 포함하고 있다. 제1원리로서의 선은 자유의지에 의해 자기
자신을 정립하기 때문이다. 이에 반해, 존재자들은 선 그 자체에 참
여함으로써만 자신의 존재의미를 획득할 수 있다(Gatti, 1996). 사실,
세상에 존재하는 모든 것은 선을 지향하고 욕망한다(*Enn.* VI. 8.13).
그럴 경우, 존재자들은 최고의 존재 상태를 획득할 수 있을 것이다.
하지만 만약 존재자들이 그렇게 하지 못할 경우에는, 존재자들은 단
지 비본질적인 이익추구에 머물고 말 것이다.『엔네아데스』VI. 7에
등장하는 다음 구절은 의미심장하다.

> "선을 알게 되는 것, 즉 선과 접촉하는 것은 대단히 중요한 일이
> 다. 이는 -우리가 읽은바-[27] 위대한 가르침이다. 이는 곧바로 선을
> 바라봄이 아니라 먼저 선에 대한 지식을 얻는 가르침임을 깨닫는
> 것이다. 우리는 유추와 추상에 의하여, 그리고 선의 속성 및 선으
> 로부터 흘러나오는 모든 것을 이해하게 됨으로써, 선을 향하여 위
> 로 올라감으로써 이 가르침에 다다르는 것이다. 정화의 마지막 목
> 적은 선이다. 그러므로 모든 미덕은 올바른 질서를 갖추어 지성의
> 세계로 올라가 그곳에 자리 잡고서 신들과 잔치를 열게 된다. 이
> 같은 방법으로 우리는 스스로에게나 다른 모든 이에게 보이는 자
> 인 동시에 보는 자가 된다. 존재 그리고 '지성'(Nous)[28]과 같게 되
> 고 완전한 생명체가 되어 지고한 분이 더 이상 낯설게 보이지 않
> 는다. 우리는 이제 가까이에 있다. 다음이 바로 그것인바, 지성 위

---

26) 플로티노스에게서 인간의 자유에 관한 논의는 다음 논문을 참고하라. Georges Leroux. 1996.
"Human freedom in the thought of Plotinus." In *The Cambridge companion to Plotinus.* ed.
Lloyd P. Gerson. Cambridge: Cambridge University Press.

27) 플라톤의『국가』를 가리킨다.

28) Andrew Louth는 S. Mackenna의 번역본을 따라 플로티노스의 누스(Nous) 개념을 '지적-원
리'(Intellectual-Principle)로 옮기고 있다(배성옥 역, 2001). 하지만 필자는 일관되게 누스를 지성
으로 옮긴다. 이에 대해서는 다음 책을 참고하라. Stephen Mackenna. 1992. *Plotinus, The
Enneades: A new, definite edition comparisons to other translations on hundreds of key passages.* New
York: Larson Publications.

에서 빛을 발하며 손에 닿을 듯 가까이 와 있다.

여기에 이르면 모든 배움을 제쳐두어야 한다. 이러한 절정에 이르도록 훈련되고 아름다움을 갖춘 탐구하는 영혼은 머물러 있는 곳의 지식을 계속 가지고 있다. 그러나 **'별안간' 아래로부터 솟구치는 지성의 파도 꼭대기에 휩쓸려 어떻게 된 것인지도 모르게 위로 들어 올려지면서 눈이 뜨이게 된다.** 눈에는 비전으로 빛이 넘친다. 하지만 어떤 물체를 보이게 하는 빛이 아니라 빛 그 자체가 비전이다. 이젠 더 이상 보이는 것도 보이게 해주는 빛도 없으며 지성도 지력의 대상도 없다. 이 빛나는 광채야말로 후일의 필요를 위하여 지성과 지력을 낳아 탐구하는 자의 정신 속으로 파고들게 되는 것이다. 이리하여 영혼은 이 광채와 스스로 하나가 되고, 이 광채의 활동은 지적 원리를 낳는 것이다"(배성옥 역, 2001, 83-84에서 재인용).

플로티노스는 영혼과 일자와의 합일을 강조한다. 하지만 일자는 우리 인간이 인식하고 의식하는 그러한 방법으로는 결코 인식되지 않는다. 플로티노스는 일자에게는 "딴 곳에서 찾아볼 수 있는 것은 아무것도 없다. 거기엔 존재조차도 없다. 그러므로 지력도 없다"(*Enn.* Ⅵ. 7.41)라고 말하고 있는데, 이는 일자에 대한 일체의 인간적인 사고를 거부하는 그의 직접적인 언급이다. 오히려 일자는 우리 인간의 인식이나 이해와는 별도로 '갑자기' 그리고 '별안간' 우리에게 찾아드는 '임재'(parousia)와 같은 것이다(*Enn.* Ⅵ. 9.4).

일자는 존재자들의 제1원리이기 때문에, 존재하는 모든 것은 일자로부터 파생된다. "모든 것이 거기에 의존하는 그것이며, 모든 것은 그것을 향해 바라보면서 존재하고 살고 생각한다. 왜냐하면 그것은 생명과 사고와 존재의 원인이기 때문이다"(*Enn.* Ⅰ. 6). 일자는 삼라만상의 근원이고 존재와 지성을 초월해 있다. 완전한 단일자로 그 어떤 이중성도 부정한다. 그러기에 인간의 어떠한 언어로도 그것을 규정지을 수는 없다.[29] 어떤 것도 필요로 하지 않기 때문에 궁극적으로 선이라 할 수 있다. 이러한 일자로부터 지성이 흘러나온다. 플라톤적인 형상(Idea)의 세계로 이중성과 다양성이 여전히 남아 있다.[30] 지성으로부터 넘쳐흐르는 것은 영혼이다. 영혼(Psychē)은 생명의 단계이다. 이는 감각-지각의 영역, 그리고 논리적 지식과 추론의 영역을 뜻한다. 이 세 가지 개념들은 플로티노스가 강조하였던 세 가지 근원적인 실체들이다. 나아가 영혼으로부터 육체를 지닌 다양한 생명체들이 등장하고 그것은 자연(Physis)을 구성한다. 하지만 거기에서는 존재의 강도가 너무나 약하기 때문에 발출은 불가능하다. 일자의 발출에서 가장 멀리 떨어져 있는 것이 물질(Hylē)인데, 그런 점에서 물질은 존재와 비존재의 한계점에 서 있는 것이다(배성옥, 2001).

그런데 일자로부터 다자로의 파생에 대한 플로티노스의 언급은 고대 형이상학적 사유가 이룩한 가장 주목할 만한 체계 중의 하나이다. 특히 플로티노스는 존재들을 제1원리로부터 파생시키면서 다양한 비유들을 사용하는데, 빛이 태양에서 흘러나오는 것이라든지 열이 불에서 흘러나오는 것들을 사용하였다. 하지만 그가 즐겨 사용한 방법은 일자를 원의 중심과 동일시하는 비유였다(*Enn.* Ⅳ. 4.16).[31] 이때, 일자는 지성이라는 원의 중심이고 영혼은 일자 주위를 회전하

---

29) "우리는 언어에 대하여 여유를 갖고 글을 읽어야 한다. 설명을 하기 위하여 어쩔 수 없이, 엄밀한 의미에서는 쓸 수 없는 용어들을 지고한 분에 대하여 사용할 수밖에 없는 형편이다. 그러므로 언제나 말하자면(hoion)이라는 한정어를 반드시 덧붙여 해석해야 한다"(*Enn.* Ⅵ. 8.13: 배성옥 역, 2001에서 재인용).

30) 플로티노스가 보기에 플라톤의 형상계는 그 탁월성에도 불구하고 이중성과 다양성을 함축하고 있다. 왜냐하면 플라톤에겐 인식주체와 인식대상인 형상이 통일을 이룬다 할지라도 그 이중성은 잔존하고 있으며, 여러 형상의 존재는 이미 그 자체로 다양성을 함축하고 있기 때문이다.

31) 다음 구절을 참고하라. *Enn.* Ⅲ. 8.10; Ⅳ. 3.17; Ⅴ. 1.6; Ⅵ. 8.18.

는 원이다. 이것을 돗스(1973)[32]는 다음과 같이 언급한다.

> "유출에 대해서 그가 즐겨 쓴 이미지는 퍼져 나가는 원의 모습이
> 다. 원의 모든 반지름은 퍼지지 않고 나누어지지 않는 하나의 점,
> 순수한 단일성에서 출발하여 밖으로 원둘레를 향하여 그 힘찬 단
> 일성의 궤적을 펼쳐 나가며, 원이 넓게 퍼짐에 따라 점차로 희미
> 해지기는 하지만 결코 완전히 사라지지 않는다. 잔잔한 물에 돌을
> 던졌을 때 나타나는 동그라미 물결이 끊임없이 넓게 퍼지면서 그
> 힘이 차차 약해지는 광경을 상상할 수 있겠다. 그러나 여기엔 돌
> 을 던지는 이도 없고 물도 없다. 실제로는 존재하는 물결일 뿐, 다
> 른 아무것도 없다"(배성옥 역, 2001, 72에서 재인용).

하지만 많은 플로티노스 해석가들(배성옥 역, 2001; O'Meara,
1995; Wallis, 1972)은 이러한 이미지들을 문자적으로 이해하여, 일
자의 활동을 '유출'(emanation)이라는 개념으로 규정한다.[33] 하지만
유출이라는 개념은 '발출'이라는 뜻을 지니고 있는 플로티노스의 '프
로호도스'(proodos) 개념을 이해하기에는 부족한 것이며, 경우에 따
라서는 일자 형이상학의 독창성을 왜곡할 수도 있는 개념이다. 왜냐
하면 궁극적인 실체로서 모든 존재의 원천인 플로티노스 일자 개념
은 "변함없이 머무르면서도 자신의 무한한 원천적 능력을 드러냄으
로써 그때마다의 다양함을 선보이며 동시에 그러한 다양함은 의미
없이 사라지지 않고, 다시금 자신에게로 모아들이는 '삼위일체적인
구조'(Triade 혹은 Trias)를 통해 자신의 전체성을 실현"(조규홍, 2002,

---

32) 이에 관해서는 다음을 참조하라. E. R. Dodds. 1973. "Tradition and Personal Achievement in
the Philosophy of Plotinus." In *The Ancient Concept of Progress*. Oxford: Oxford University Press,
126-39.

33) 플로티노스의 유출과 그리스도교의 창조 개념의 차이에 대한 논문으로는 L. P. Gerson의 다음
논문을 참조하라. Lloyd P. Gerson. 1993. "Plotinus's Metaphysics: Emanation or Creation?"
Review of Metaphysics 46, 559-74.

28)하기 때문이다. 즉, 일자 존재는 '발출'(proodos), '체류'(monē) 그리고 '회귀'(epistrophē)라는 세 가지 계기를 통한 실제적인 행위로 자신을 드러내고 실현하는데,[34] 유출이라는 개념은 이러한 일자의 존재구조와 활동을 이해하기에는 부적합하기 때문이다. 당연히 일자 형이상학의 독창성을 드러내기에도 부족함이 있을 수밖에 없다.

아울러 대부분의 학자들(배성옥, 2001; O'Meara, 1995; Wallis, 1972)은 유출이라는 개념을 사용하면서 일자의 활동을 기계적·물리적 필연성에 종속시키고 있는데, 이는 일자의 본성과 자유에 대한 심각한 오해에서 비롯된 것이다(Gatti, 1996). 왜냐하면 일자의 본질은 자유이고 일자의 활동은 전적으로 자유롭기 때문이다. 이런 점에서 『엔네아데스』 VI. 8.13과 VI. 8.21에 등장하는 다음 두 구절은 일자의 절대적 자유에 대한 플로티노스의 명확한 언급이다.

> "만약 우리가 일자 안에서 활동들을 인정하고, 그 활동들을 자유에 근거하도록 만들며, (중략) 또한 이러한 활동들이 바로 (일자의) 본질이라고 한다면, **일자 안에서 자유와 본질은 동일할 것임에 틀림없다.** 일자는 존재하기를 원하는 것에 따라 그 자신이 된다는 것이 받아들여진다. 일자는 원하고 행동하는 것이 그 본질인데, 그 본성이 규정하는 대로 원하고 행동한다고 말하는 것은 옳지 않다. 이런 식으로 **일자는 완전하게 그 자신의 지배자이며, 그의 자유의지에 따라 자신의 존재를 유지한다**"(VI. 8.13).
>
> "'**하나**'는 그 자체로 온통 자유요, 그에게는 조금도 자유 아닌 것이 없다. (중략) 그렇게 '하나'는 그 스스로 말미암아 있으며, (중략) 그 스스로를 통하여 모든 것으로 존재한다. 아니 차라리 무

---

34) 제1원인 일자는 발출과 체류 그리고 회귀의 전 과정에서 무력화되는 일이 없다. 발출된 것은 발출하는 것을 무력화시키지 못하고, 발출하는 것은 결코 발출되는 것을 필요로 하지 않는다. 이와 연관해서는 다음을 참조하라. IV. 4.2.19; V. 5.5.1-7; VI. 9.3.45-9; VI. 9.9.1-7.

(無)와 같으니, 그것은 스스로를 위해 더 이상 그 밖의 모든 것을 필요로 하지 않기 때문이다. 그러므로 만일 네가 저 '하나'에 대해 말하거나 그와 하나가 되겠다고 한다면, 그 밖의 모든 것을 청산하라. (나아가) 네가 이미 모든 것을 청산하고 오로지 저 '하나'에만 매달려 왔다면, 그에 덧붙여 이해할 만한 어떤 것을 (따로) 찾으려 하지 말고, 혹시 네가 그에 대해 미혹(迷惑)한 바를 아직 (다) 청산하지 않았는지 반성하라"(VI. 8.21: 조규홍, 2006).

그러기에 일자의 자유로운 활동[35]을 제한하려는 유출론자들의 시도는 그 자체로 많은 문제점을 안고 있으며, 플로티노스의 일자 형이상학의 독창성을 은폐시키고 있다. 그러기에 플로티노스의 형이상학을 '유출론'으로 규정하는 것은 지양되어야 한다.

2) 일자로의 회귀: 플로티노스의 관상 형이상학

'회귀'와 '관상'개념을 고찰해보더라도, 유출론자들의 한계는 더욱더 명확해진다. 사실, 회귀는 발출과 짝을 이루는 개념이다. 플로티노스에 의하면, 회귀는 영혼이 취할 수 있는 가장 심오한 활동이다. 그리고 세상에 존재하는 모든 것은 존재의 원천인 일자에게로 되돌아가기를 욕망하고 있다(*Enn.* III. 8.1). 이때 회귀는 발출에 의해서 이루어진 존재의 위계질서를 거슬러 올라가는 운동으로, 개별 영혼에서 세계영혼으로, 세계영혼에서 지성으로, 그리고 지성에서 일자로 상승하는 것이다.

---

35) 가티(1996)에 의하면, 플로티노스는 (1) 존재의 활동(the activity *of* being)과 (2) 존재로*부터의* 활동(the activity *from* being)을 구분하고 있다. 전자는 일자에 고유한 활동으로 일자와 동일하며, 자기 창조적인 자유를 그 본질로 하고 있다. 이에 반해, 후자는 존재로부터 유래하나 일자존재와는 구별되며, 자유로부터 유래한 필연성을 그 본질로 하고 있다. 이에 대해서는 『엔네아데스』 V. 4.2를 참조하라.

그런데 플로티노스의 체계에서 이러한 영혼의 상승운동, 즉 일자에로의 회귀는 '테오리아'(theōria) 다시 말해 '관상'(contemplation)과 동일하다. 관상은 일자로의 회귀를 이해하는 핵심 키워드이다. 모든 실체와 존재들은 관상에 의해서 산출되었고 관상을 통하여 신에게로 나아간다. 인간 영혼 역시 관상을 통하여 일자에게로 나아갈 수 있고 관상을 통하여 합일할 수 있다.『엔네아데스』III. 8.7에서 플로티노스는 "참된 존재의 모든 형태는 관상으로부터 생겨나고, 그것들은 관상이다. 관상을 통하여 이러한 참된 존재로부터 생겨나는 모든 것은 관상의 대상이다"라고 언급하고 있는데,[36] 이것으로부터 우리는 "모든 것은 관상이다"라는 플로티노스의 '관상 형이상학'의 일반적인 이론을 이끌어낼 수 있다(Gatti, 1996). 그러기에 플로티노스의 형이상학은 단순한 유출론이 아니라 관상의 형이상학인 것이다.

플로티노스는『에네아데스』III. 8.7에서 일자 형이상학의 위계질서를 관상의 형이상학으로 설명한다. 그에 의하면, 모든 것은 첫 번째 실체인 일자의 자기관상으로부터 시작한다. 하지만 일자의 자기관상으로부터 지성이 직접 등장하지는 않는다. 즉, 일자로부터 발출되는 힘이 직접적으로 누스를 만들어내는 것은 아니다. 오히려 일자가 발출하는 것은 무규정적이고(indeterminate) 무형상적인(shapeless) '가지적 질료'(intelligible matter)인데, 이것이 관상을 통하여 지성으로 탈바꿈하는 것이다. 사실, 궁극적 실체로서 일자는 단지 자기 자신만을 직관한다. 일자의 자기 직관으로부터 일자의 활동이 생기고, 그러한 활동으로부터 가지적 질료가 발출되는 것이다. 그런데 발출

---

36)『엔네아데스』III. 8.7.21-2의 다음 구절도 참고하라. "제1원리들이 '관상' 속에서 존재하는 것처럼, 다른 존재자들 역시 그러한 상태를 열망할 것이라는 것은 틀림없다."

된 가지적 질료가 일자를 회귀하기 위해서는 필수적으로 관상을 해야 하는데, 이러한 과정을 통해서만 가지적 질료는 진정한 형상을 획득하여 지성이 될 수 있는 것이다. 두 번째 실체인 지성의 단계에서도 관상은 지속된다. 그런데 플로티노스는 이러한 지성의 관상을 특히 '살아 있는 관상'(living contemplation; *Enn.* Ⅲ. 8.8.11)이라 규정한다. 그 이유는 지성의 관상이 관상주체와 관상대상 간의 분리를 허용하지 않는 자기 반성적이고 자기 관조적인 성격을 띠고 있기 때문이다. 일자와 마찬가지로, 누스의 관상적 회귀 활동의 결과 세 번째 실체인 영혼이 창조된다. 영혼의 단계에서도 관상은 지속된다. 영혼 안에는 다양한 등급의 다양한 영혼이 존재한다. 영혼 또한 관상적 회귀의 활동을 수행하는데, 여기에서 생겨나는 것들이 육신을 입은 생명의 여러 다양한 모습들이다. 하지만 이것들은 너무 약하기 때문에 관상적 회귀를 수행할 수 없다. 관상적 회귀를 수행하지 못하면서, 일자로부터 가장 멀리 떨어진 것이 물질이다. 이런 점에서 물질은 존재와 비존재의 한계점에 서 있는 것이다(배성옥 역, 2001; Gatti, 1996).

그런데 플로티노스는 일자와의 합일을 지향하는 영혼의 상승 운동을 '본향'으로의 회귀로 설명하고 있다. "옛날에 우리가 떠났던 바로 그곳, 아버지가 계신 그곳"(*Enn.* Ⅰ. 6.8)[37]인 본향으로의 회귀의 길은 우리의 영혼이 단일성을 회복하고 신적인 것과의 동일성을 획득하는 길이다. 그러기 위해서, 영혼은 거짓된 자아를 버리고 참된

---

37) 영혼은 이러한 본향으로 멀어짐으로써 타락하고 불완전하게 된다. 플로티노스는 본향을 망각한 인간영혼을 다음과 같이 묘사하고 있다. "타락한 영혼은 신성을 모두 잃어버리고 같지 않은 곳의 주민이 되어 어둠과 진창 속에서 살고 있다"(*Enn.* Ⅰ. 8.13).

자아를 그 중심에 두어야 한다(IV 8.4). 타락한 영혼 안에는 항상 거짓된 자아가 자리를 잡고 있기 때문에, 우리 영혼은 정화를 통하여 일자를 지향해야 한다. 이때, 순수한 정화는 일자와의 합일을 가능하게 해주나, 순수하지 못한 영혼은 일자와의 합일을 불가능하게 만든다. 하지만 일자와의 궁극적 합일은 우리 인간의 지식이나 힘에 의해서 이루어지는 것은 아니다. 오히려 그것은 모든 지식을 초월하는 일자의 갑작스러운 '임재'(parousia)를 통해서만 가능한 일이다 (*Enn.* VI. 9.4).[38] 플로티노스는 그것을 다음과 같이 말하고 있다.

> "완전한 인간은 이 같은 소통에 의하여 점점 성장하면서 존재를 초월하고 존재의 초월자와 일체가 된다. 우리 자신이 이같이 높이 올려졌을 때에 우리는 지고한 분과 닮게 된다. 그 높은 데서 더욱더 높이 올라간다면 아득한 옛날의 원래 모습으로 우리는 마침내 이 모든 나그넷길의 목적지에 다다른 것이다. 다시 뒤로 물러서게 된다면 우리 자신이 다시 한번 이 모든 질서를 알게 될 때까지 우리는 미덕을 깨쳐 나갈 것이다. 우리는 다시 한번 무거운 짐을 벗고 홀가분하게 되어 미덕의 힘으로 지성을 향하여 나아간다. 이로써 얻는 지혜를 통하여 지고한 분에게로 다다르게 된다. 이는 신들, 그리고 신과 같은 이들의 삶이요, 복된 사람들의 삶이다. **세속에서 우리를 괴롭히는 이질적인 것으로부터의 해방이요, 땅 위 만물을 즐거워하지 않는 삶이요, 홀로 유일자에게로 날아오르는 삶이다**"(*Enn.* VI. 9.11: 배성옥 역, 2001).

세상에 존재하는 모든 것은 관상을 통하여 존재하고 관상을 통해서만 존재의 제1원리인 일자로 나아갈 수 있다. 인간 역시 마찬가지

---

38) '접촉'(synaphe)라는 개념과 함께 '임재'라는 개념은 일자와의 결합을 이해하기 위해서 플로티노스가 제시하는 하나의 개념이다. 하지만 일자와의 결합을 표현하기에는 그리 만족스러운 장치는 아니다(배성옥 역, 2001).

이다. 순수하나 절대적으로 고독한 길인 관상적 회귀의 길을 통해, 인간은 인간다워지고 구원을 얻게 되는 것이다. 다분히, 신비주의적이고 종교철학적인 분위기(강영계, 1993)를 연출하는 플로티노스의 이러한 언급들은 피타고라스, 플라톤 그리고 아리스토텔레스로 이어지는 고대 그리스의 관상철학 전통[39]을 충실히 계승하면서도, 또 다른 한편으로는 그리스도교 및 영지주의에 의해 제기되었던 인간구원의 문제를 비(非)그리스도교적인 그리스 철학의 문맥 내에서 다룸으로써 고대 후기 철학사에 새로운 이정표를 수립하였다. 그로 인해 그리스 철학은 그리스도교와 갈등하면서 조화하는 새로운 철학의 흐름을 형성하였던 것이다. 비록 그 자신은 그리스도교로 귀의하지 않고 끝내 그리스 철학자로 남았지만(조원규, 2000), 그가 끼친 영향력은 아우구스티누스와 위-디오니시오스 아레오파기타 그리고 토마스 아퀴나스를 거쳐 현대에 이르고 있다.

5. 맺음말

플로티노스는 전통적인 플라톤 철학의 고유한 정신성을 전혀 훼손시키지 않으면서도, 그것을 새롭게 변형시켜 자신만의 고유한 신비주의적 형이상학으로 자리매김하고 있다. 8세기에 걸친 그리스 철학 모든 전통은 그의 사유 속으로 흘러들어 갔으며, 아우구스티누스

---

39) 플로티노스가 강조하는 관상적 삶은 고대세계 철학적 사변의 특징이기도 하다. 피타고라스부터 아리스토텔레스에 이르기까지 실천적 삶에 대한 관상적 삶의 우월성은 지속적으로 강조되었다. 특히 플라톤은 참된 철학자를 진리를 관상하기 좋아하는 사람으로 규정하고 있다. 이에 관해서는 『국가』 475e를 참조하라.

와 보에티우스(Boetius), 단테(Alighieri Dante)와 마이스터 에카르트, 그리고 베르그송(H. Bergson)과 엘리엇(T. S. Eliot)에 이르기까지 서구의 모든 창조적인 사상들은 그에게서 철학적 영감을 제공받고 있다(배성옥 역, 2001). 그의 영향력은 오늘날까지도 전해지고 있다.

이러한 플로티노스의 형이상학의 핵심은 '관상의 형이상학' 또는 '자유의 형이상학'으로 규정될 수 있다. 이때, 관상이라는 개념은 일자와 지성 그리고 영혼이라는 세 가지 근본실체들을 이해하는 데 중요하며, 일자로부터의 발출과 체류 그리고 일자로의 회귀를 이해하는 데 있어서도 핵심적인 개념 장치이다. 모든 실체와 존재들은 무한한 관상에 의해서 태어났고, 인간 영혼은 관상을 통하여 절대자인 일자에게로 나아갈 수 있기 때문이다. 합일과 엑스터시(ecstasy)라는 개념도 관상 형이상학과 연관되어 있다. 자유라는 개념은 플로티노스 형이상학의 본질을 드러내기에 가장 적합한 개념이다. 일자의 본질은 자유이며, 일자에게서 자유 아닌 것은 없다. 일자의 모든 활동은 자유로우며, 일자는 어떠한 기계적 필연성이나 물리적 필연성에 의해서도 방해받지 않는다. 일자는 완전하게 그 자신의 지배자이며, 그의 존재는 철저하게 자유에 따라 유지된다. 이 2가지 요소로 인하여 플로티노스의 일자 형이상학은 전통적인 플라톤 철학과 차별화되고 불연속한다.

전통적으로 플로티노스의 철학은 플라톤 철학과 대동소이하고 연속하는 것으로 이해되었다. 프로클로스를 비롯한 대부분의 신플라톤주의자들은 자신들이 플라톤 사상의 충실한 계승자라고 자처해 왔으며, 플로티노스 또한 플라톤을 정신적 지주이자 '신적인 존재'로 숭배했었다. 사태가 이러하다 보니, 플로티노스와 플라톤의 관계성은 그 불연속성보다는 연속성에 초점을 맞추어 온 것이 사실이었다. 하지만 연속론에 근거해 플로티노스 사상을 살펴보게 되면, 일자의 활동은 단순한 유출론으로 이해하기 쉬우며, 존재자들로부터 일자로의 관상적 회귀보다는 일자로부터 다자로의 일방적 파생만을 강조할 우려가 있다. 물론 연속론에 근거한 플로티노스의 이해가 전적으로 잘못된 것은 아니다. 그리고 플로티노스의 유출 개념이 초감각적인 존재세계와 감각적인 존재세계에 중간단계를 설정함으로써 그리스 철학의 일원론과 이원론의 긴장(강성위 역, 1999)을 해소하는 긍정적인 역할을 수행하는 것도 사실이다. 하지만 정치적 관심과 열정으로 당대 사회를 개혁하고자 하였던 정치철학자 플라톤과 정치에 무관심하고 세속적인 삶으로부터 떨어져 생을 영위하고자 하였던 신비주의자 플로티노스 사이에는 근본적인 비동일성이 존재한다. 비록 플라톤이 '선의 이데아' 개념을 통해서 신비적 형이상학으로의 길을 지향하기는 하나, 그는 플로티노스처럼 그것에 근거하여 철학하지는 않는다. 이처럼 플로티노스는 시종일관 신비주의적 형이상학을 지향하고 열망한다. 그런데 플로티노스가 이러한 신비주의자로 자리 잡은 데에는 그리스도교와 영지주의로 대표되던 당대의 종교적 분위기와 무관하지만은 않다. 그는 종교철학적인 문제의식하에서 플라톤과 차별화되는 새로운 형이상학을 구축하였는데, 이는 전통적인 플라톤주의가 그리스도교를 의식하면서 변형된 최초의 사례인 것이다. 그 뒤에는 플라톤 철학이 그리스도교와 대결하면서 종교적·주술적으로 변형되는데, 그것은 프로클로스의 철학이다. 그다음에는 그리스도교에 동화되어 그리스도교적인 신플라톤주의가 등장하는데, 우리는 그것을 위-디오니시오스 아레오파기타의 철학에서 볼 수 있다. 이처럼 플라톤 사상은 시대에 따라 각기 고유한 문제의식하에서 새롭게 변형되고 창조되었다. 하지만 이러한 문제에 대한 본격적인 천착은 본 논문의 범위를 벗어나는 새로운 과제이기에 다음 기회로 미룬다. 결론을 대신하여 우리는 다음과 같은 플로티노스의 말을 음미해야 할 것이다. 일자 형이상학의 정신을 잘 보여주는 말임과 동시에, 일자 대신 부차적인 존재만을 욕망하고 있는 현대인들에게 신선한 충격을 줄 수 있는 말이기 때문이다.

> "신들의 삶과 신적이고 행복한 사람들의 삶을 살아가기 위해서는 모든 것을 버리고 떠나야 한다. 버리고 떠나라, 모든 것을!(aphele panta!)"(*Enn.* V. 3.17: 정달용 역, 2007).

제2장

이암블리코스의 『데 미스테리스』에 나타난 영적 플라톤주의*

> "지상의 인간은 필멸하는 신이요, 천상의 신은 불멸하는 인간이다."
> - *Corpus Hermeticum*, X.25 -

1. 머리말

신플라톤주의자들이 이해하는 플라톤 철학은 '신비적·존재론적 특성'(unio mystica)을 강하게 드러낸다. 그것은 분명 정치·기하·윤리를 강조하는 그 이전의 플라톤 철학과는 상당한 거리를 보여준다.[1] 시리아학파의 태두인 이암블리코스는 신플라톤주의의 이런 특성을 적극적으로 수용한 사람으로 당대에 소실된 플라톤주의의 신인합일의 지혜를 부활시키려 한 대표적인 철학자로, 그는 이러한 고대적 지혜의 원천을 고대 그리스의 전통적 철학에서가 아니라 소아

---

* 이 장은 송현종 선생과 공동으로 작성하였다.

1) R. T. Wallis, *Neoplatonism*, London: Duckworth, 1972. 국역본, 박규철·서영식·조규홍 공역, 『신플라톤주의』, 서울: 누멘, 2011, p.49.

시아와 근동 지역에서 번성한 '신론'(theology)에서 찾는다.[2]

사실 신플라톤주의는 플로티노스가 창시하고, 그의 사상을 중심으로 하는 종교적 색채가 짙은 존재론적 사유체계라고 볼 수 있다. 하지만 그렇다고 해서 신플라톤주의를 하나의 학설, 또는 교의 체계로 보기엔 많은 난점이 있다.[3] 이러한 난점의 배경에는 플라톤을 기점으로 전후로 나뉘는 역사적 배경이 자리하고 있다. 신플라톤주의는 플라톤 이전의 전통, 즉 바빌로니아의 주술적 사유, 이집트 신학, 피타고라스파의 학설을 주된 원천으로 삼고 있으며, 플라톤 이후에는 신피타고라스학파, 중기플라톤주의, 스토아학파, 소요학파의 사상을 부분적으로 계승하고 있다. 이런 관점에서 신플라톤주의는 한편으로는 선대의 전통적 사유를 계승하고, 다른 한편으로는 외부로부터 유입된 사상을 플라톤의 철학으로 통합한다. 따라서 신플라톤주의 연구는 그 성격상 서양의 철학사·종교사적 관점에서 논쟁의 수용과 절충 그리고 종합의 역사적 전개과정에 주목할 필요가 있는데, 본 연구는 바로 이러한 역사적 전개과정에서 큰 역할을 수행한 이암블리코스의 형이상학을 소개하고자 한다.

우선 이 논문은 이암블리코스의 『이집트 신비에 관하여(*De Mysteriis*)』[4]를 주된 텍스트로 삼고,[5] 주된 연구자로는 이암블리코스의 문헌을 연구 번역한 존 딜론(John Dillon)과 플라톤적 파이데이

---

2) Gregory Shaw, *Theurgy and the soul: the neoplatonism of Iamblichus*, University Park, Pa.: Pennsylvania State University Press, 1995. pp.2-3.

3) 신플라톤주의는 테오리아와 테우르기아에 대한 입장을 통해 7개 학파로 나뉜 다양한 경향의 집산으로 볼 수 있다(본문, 4장 참조).

4) 이 문헌의 제목은 드 쁠라세(Edouard Des Places)가 1966년 최초 출간한 제목을 취했다. Edouard des Place, Jamblique: Les mystères d'Ègypte, Paris: Les Belles Lettres 1966.

5) 그 밖의 이암블리코스의 현존 문헌으로는 존 딜론이 연구 번역한 『영혼에 관하여』, 『피타고라스적 삶의 방식에 관하여』, 『플라톤 대화편 주석집』, 『서한 단편집』이 있다.

아(paideia)를 중심으로 존재론적 변형과 구원론의 관점에서 접근한 그레고리 쇼(Gregory Shaw) 그리고 테우르기아의 주술적 원리에 대해 연구한 조지 럭(Georg Luck)의 견해를 중심으로 논의를 전개해 나간다. 철학, 종교학, 사학, 비의학(Western Esotericism)[6]의 범주 내에서 관련 자료를 비교 분석하는 다층적 학제 연구(multidisciplinary research)[7]를 지향하는 본 논문은 '영적인 플라톤주의'(spiritual Platonism)의 역사적 배경을 고찰함과 동시에, 이암블리코스 사상의 형성 기반과 그 원리를 밝히는 것을 주된 목적으로 한다. 이러한 목적하에서 본 논문이 중점적으로 다루고자 하는 것은 신플라톤주의 철학 내에서 이암블리코스 사상만의 고유한 특징이다. 이는 포르피리오스와 이암블리코스의 '서한논쟁'을 통해 극적으로 드러나는데, 두 사상의 핵심적 차이는 거시적으로는 '신인합일'의 주요한 수단인 플로티노스의 '테오리아'(theoria) 개념과 이암블리코스의 '테우르기아'(theurgia) 개념 사이의 대립에 놓여 있으며, 미시적으로는 물질관, 우주론, 영혼론에 대한 입장 차이에서 놓여 있다. 이러한 이암블리코스 철학의 사상적 특징은 테우르기아적 합일이 갖는 두 유형, 즉 '물질'적 측면과 '인간영혼'의 측면에서 좀 더 세밀하게 탐구될 것이며, 다음과 같은 구체적인 질문을 통해 심화될 것이다. 1) 이암블리코스의 '영적인 플라톤주의'란 무엇인가? 2) 이암블리코스는 플로티

---

6) 주술(Magic)의 연구는 고대사학자 프리츠 그라프(Fritz Graf), 서양비의학의 이론적 정초에 기여한 우터 하네그라프(Wouter. J. Hanegraaff), 『헤르메스대전』을 연구 번역한 과학사학자 브라이언 코펜하버(Brian P. Copenhaver)의 텍스트들이 기본적인 연구 자료로 사용되었다.

7) 위 연구자들을 간단히 소개하자면, 존 딜론은 이암블리코스의 저서에 대한 연구·번역을 기반으로 중기플라톤주의와 신플라톤주의에 관한 연구서들을 집필하였으며, 그레고리 쇼는 이암블리코스의 테우르기아를 플라톤적 파이데이아를 중심으로 초기 기독교의 주제들과 연관시켜 심층적으로 연구하였으며, 조지 럭은 고대주술제의(Ancient Magical Cults) 연구가로서 테우르기아의 제의적 측면을 중점으로 연구하였다.

노스 및 포르피리오스와의 논쟁을 통해 어떻게 자신의 형이상학적 입장을 정당화하는가? 3) 이암블리코스의 '테우르기아적 합일'이 갖는 존재론적 의미는 무엇인가?

이처럼 본 연구는 신플라톤주의 철학의 큰 흐름 속에서 이암블리코스 철학이 갖는 새로운 측면, 즉 영적인 플라톤주의와 이집트 신학을 결합시키고 나아가 철학적 지성과 종교적 경험을 통일시키는 테우르기아 개념을 중심으로 적극적으로 천착하는 데 초점을 맞출 것이다.

2. 태고신학(Prisca Theologia)의 전통과 영적인 플라톤주의

오늘날 우리가 다루는 플라톤주의는 플라톤의 대화편에 대한 문헌학적이고 사변적인 연구로 제한되는 경향[8]이 강하나, 서구 역사 속에서 플라톤주의가 이런 식으로 이해된 것은 그리 오래된 전통을 가지지도 않았으며 또한 주된 방법론도 아니었다. 사실 그러한 분위기를 주도한 인물은 르네상스 시기 영적인 플라톤주의를 주도하고 『플라톤 전집(Platonis Opera Omnia)』 번역을 주도한 M. 피치노(Marsilio Ficino)였다. 그의 불굴의 노력 덕분으로 플라톤주의에 대한 문헌적 접근이 대세를 이루게 된 것이다. 이러한 접근과 연관해서 가장 이

---

[8] 이러한 경향은 랠프 커드워스(Ralph Cudworth)와 헨리 모어(Henry More)로 대표되는 캠브리지 플라톤학파(the Cambridge Platonists) 이래로, 야콥 브루커(Jacob Brucker, 1742-1744)와 빌헬름 고틀립 텐네만(Wilhelm Gottlieb Tennemann, 1792-1795)에 의해 새롭게 탄생한다. 브루커는 신플라톤주의자들을 '미쳐 날뛰는 사기꾼들'로 매도하며, 플라톤 연구 체계를 '대화편' 연구에 한정하며, 텔레만은 칸트의 비판철학의 영향으로 인해 플라톤 연구를 '대화편'으로 한정하며, 슐라이어마허 또한 그러한 입장을 강화하였다. Hanegraaff, Wouter J.(ed.), *Dictionary of gnosis and Western Esotericism: Neoplatonism III: Since the Renaissance*, Leiden: Brill, 2005. p.845. = Dictionary.

른 시기에 등장한 학자로는 중기플라톤주의(Middle Platonism)의 플루타르코스9)이다. 그는 이집트인 역사가 마네토(Manetho)를 인용하면서 그리스 현인들의 계보와 유래를 추적하고 이집트 신론(theology)과의 연관성을 제시하였다.10) 이처럼 기독교 이전의 신론의 기원과 계보를 추적하고 계승하는 현자의 전통을 일컬어 '태고신학'(Prisca Theologia) 또는 '영원의 철학'(philosophia perennis)이라고 하는데,11) 역사적으로 '영원의 철학'을 다룬 학자들은 주로 세 기간에 걸쳐 분포되어 있다. 고대엔 플루타르코스, 이암블리코스,12) 디오게네스 라에르티오스, 아우구스티누스, 락탄티우스(Lactantius), 프로클루스 등이 있고, 이후 비잔틴 시대에는 미카엘 프셀로스(Michael Psellos, 1018-1078)-조로아스터와 헤르메스로부터 시작하여 플라톤에 이르는 계보를 기록하였음- 르네상스 시기에 이르러서는 게미스토스 플레톤(Georgios Gemistos Plethon, 1355-1452)13)에 의해 피치노에게 전해지게 된다.

그런데 이 '태고신학'의 계보엔 창시자 격에 해당하는 두 명의 시조가 항상 언급되는데, 그 둘은 페르시아어 '마게이아'(mageia)와 항상 결부되는 조로아스터(Zoroaster)와 이집트 신론의 창시자인 토트

---

9) 마네토는 이집트 왕조의 역사를 기술한 이집트 역사가이다. Plutarch, "On Isis and Osiris" in *Moralia V*, Engl. Frank Cole Babbitt, Loeb classical library, Cambridge, Mass.; London, England: Harvard University Press, 1962.

10) Plutarch, 앞의 책, p.25(10): 『이집트 신비에 관하여(*De Mysteriis*)』=DM, Clarke, xlii.

11) Dictionary, 2005, p.1126.

12) "칼데아의 현자들의 전통에 기초하여 …… 또한 이집트의 예언자들의 가르침으로부터 …… 헤르메스의 고대 석비(stelae)의 가르침을 통해 피타고라스와 플라톤에게까지 이른" DM, I.1-2.

13) Hanegraaff, 'The Pagan Who Came from the East: George Gemistos Plethon and Platonic Orientalism', in *Hermes in the Academy: Ten Years' Study of Western Esotericism at the University of Amsterdam*, ed. Joyce Pijnenburg, Amsterdam, NLD: Amsterdam University Press, 2009, p.33ff.

(Thoth), 즉 헤르메스 트리스메지스투스(Hermes Trismegistus)이다. 이어 이 계보는 오르페우스(Orpheus), 아클라오페무스(Aglaophemus), 피타고라스(Pythagoras)를 거쳐 플라톤에 이른다.[14] 이와 같은 계보를 명문화한 피치노[15]는 '세계와의 합일'과 결합원리로서의 '에로스'의 역할을 수행할 영혼의 기능을 태고신학 구현자들의 공통된 사상으로 제시한다. 이러한 논지는 피치노의 사상적 계승자인 아고스티노 스뚜에꼬(Agostino Stueco)에 의해 더욱 구체화되는데, 그는 철학(logos)과 종교(pistis)의 결합을 전제하며 '태고 신학'의 여러 특징을 언급한다. 그에 의하면, 지혜의 근원은 하나이며 철학은 새로운 혁신이나 발전이 아닌 태곳적 지혜의 전수와 습득으로 획득된다. 이러한 철학의 원류인 태고 신학은 후대에 여러 형태로 분화되어 세대를 거쳐 전수되었으며, 그것의 기원이 그리스가 아니라는 것을 분명히 전하고 있다.[16]

---

14) Schmitt, 'Perennial Philosophy From Agostino Stueco to Leibniz', in *Studies in Renaissance Philosophy and Science*, Variorum reprints, London, 1981. 이집트 신성문자(Hieroglypics)의 창안자인 토트 신은 그리스인들에게 헤르메스 트리스메지스투스라 불렸으며, 로마인들에게 메르쿠리우스(Mercurius)라 불렸다. 이 이름이 뜻하는 바는 주로 '세 번 위대한 헤르메스', '사제, 철학자, 왕으로 위대한 헤르메스', '삼학(연금술, 점성술, 테우르기아)의 위대한 헤르메스' 등으로 풀이되지만 해석은 분분하다. 하지만 르네상스 시기까지 지속되던 이러한 믿음은 17세기 카사우본(Isaac Casaubon, 1614)에 의해 깨지고 만다. 그는 헤르메스문헌(Hermetica)에 대한 문헌학적 연구를 통해 이 문헌이 어원적으로 기원후 알렉산드리아의 2, 3세기의 용어들을 차용하고 있음을 밝힘으로써 헤르메스 대전의 이집트적 기원에 비판을 가한다. 이후 헤르메스주의는 학자들로부터 흥미를 잃었으나, 문헌의 연대가 전승 지식의 연대를 확정하기는 곤란하다는 학자들의 반론도 제기되었다. 포든(Garth Fowden)은 헤르메스사상이 기원후 2세기 알렉산드리아 문화권 내에서 형성된 것임을 논증하였으나, 휘스펠(Gilles Quispel)과 마에(Jean-Pierre Mahé) 등은 이러한 연대측정에 반발하고 있다. 반발의 논거는 구전 전승자료는 쓰인 시기가 중요한 것이 아니며, 또한 문헌에서 헬레니즘 시대로 국한할 수 없는 내용이 다소 발견되기 때문이다. 참조: 참고문헌의 Copenhaver, Clement, Scott, Fowden의 저서, 이종흡, 『마술·과학·인문학: 유럽 지적 담론의 지형』, 서울: 지영사, 1999.

15) 피치노에 의한 『헤르메스대전』의 라틴 번역서 『피만데르: 신의 권능과 지혜의 책에 관하여 (Pimander: on the Book of the Power and Wisdom of God)』의 서문에 기술됨. Copenhaver, B. P, *Hermetica: The Greek Corpus Hermeticum and the Latin Asclepius*, Cambridge: Cambridge University Press 1992, p.xlviii.

16) 스뚜에꼬의 언급은 돌출적인 '발언'이라기보다는 헬레니즘 시기에선 당연시된 견해로서, 르네상

태고신학은 신플라톤주의가 '혁신'이냐 '계승'[17]이냐를 놓고 벌어진 논쟁에 많은 배경지식을 제공한다. 내용적으로도 그것은 정신(nous)의 유출(emanation)과 '일자'와의 합일을 형이상학적으로 추구하는 신플라톤주의의 기본학설과도 맞닿아 있다. 태고신학을 배경으로 하는 플라톤주의의 또 다른 이름이 '영적인 플라톤주의(the spiritual Platonism)[18]'인데, 이것은 신플라톤주의가 형성된 배경을 제공함과 동시에, 이암블리코스가 칼데아의 신비사상과 이집트 신학을 도입한 이론적 배경에 대한 설명도 제공하고 있다.[19] 특히 이암블리코스의 사상 형성에 있어서 헤르메스주의가 끼친 영향은 지대하다고 할 수 있다. 이암블리코스가 알렉산드리아에 거주한 시기에 헤르메스 문헌을 접하였거나, 헤르메스를 신봉하는 집단에 속하였을 가능성은 크다. 이것을 놓고 볼 때, 인간과 신의 합일을 궁극적 목적으로 하는 신성한 지혜의 구두 전승을 표방하는 헤르메스 사상과 『이집트 신비에 관하여』에 나타나는 이암블리코스의 사유 사이에는 상당한 유사성이 존재함을 알 수 있다.[20] 이러한 사상적 영향하에서

스 시기에 피치노와 피코(Giovanni Pico della Mirandola)에 의해 이론적으로 정립된 성과들을 집약한 것이다(Schmitt, 앞의 글). 또한 서양 문명의 기원인 그리스의 정통성을 문제 삼는 주장은 발터 부르케르트(Walter Burkert), 피터 킹슬리(Peter Kingsley), 마틴 버널(Martin Bernal) 등에 의해 일찍이 제기되어 온 바이다. 다소 의문의 여지는 있지만, 신플라톤주의학파의 주요 구성원의 출신을 살펴보자면, 플로티노스(이집트), 포르피리오스(페니키아-티레), 이암블리코스(시리아-칼키스, 아파메아), 프로클로스(리키아), 다마스키오스(시리아) 중 그 누구도 그리스 출신이 아니다(Wallis, 41). 동시에 그 중심지는 아테네가 아니라, 알렉산드리아이며 더 나아가 신플라톤주의가 초기기독교와 고대 말 이후 서양철학 전반에 대한 지대한 영향을 끼쳤다는 것은 서양문화의 역사적 기원을 의심케 한다.

17) 트루이아(Jean Trouillard)는 단호히 '계승'임을 주장한다(Dictionary, 2005, p.834 재인용).

18) Dictionary, 2005, Neoplatonism I: Antiquity, p.834.

19) 클라크와 딜론은 『칼데아의 신탁집』과 『헤르메스대전』이 『이집트 신비제의에 관하여』를 이해하는 데 결정적임을 밝히고 있다(DM, xlix).

20) 이암블리코스의 알렉산드리아 거주 여부에 관해선, 라슨(Larsen)과 딜론(Dillon)이 서로 논쟁하고 있다. Athanassiadi, P., 'The Oecumenism of Iamblichus: Latent Knowledge and Its Awakening' in *The Journal of Roman Studies*, Vol. 85, Society for the Promotion of Roman Studies, 1995,

이암블리코스는 기존의 플라톤학파가 가진 합리주의적 경향을 비판하면서[21] 인간과 신의 합일을 목표로 하는 영적인 플라톤주의를 정립하는 것이다.

3. 플로티노스·포르피리오스 vs. 이암블리코스

포르피리오스는 이집트 사제 아네보(Anebo)에게 보낸 서한[22]에서 여러 가지 예를 들며 '주술'에 대한 의혹을 제기한다. 구체적으로 그는 예언, 점복(divination), 신성한 영감(divine inspiration), 탈혼 또는 접신(ecstasy), 다이몬(daimon)의 존재 등에 대해 인간영혼과의 필연적 상응관계가 있는지를 묻고는 이러한 요소들이 철학적 이성으로 탐구될 수 있는지에 회의적인 태도를 표명한다. 이 서한에 대해 이암블리코스는 아바몬(Abammon)[23]이란 가명으로 이를 반증하는 편지를 썼는데, 이것이 바로 『이집트 신비에 관하여』이다[24]. 포르피리

---

p.246.

21) (Shaw, 1995, p.4).

22) Porphyry, *Lettera ad Anebo*, Sodano, Porfirio: Naples, 1958. Engl. Thomas Taylor, *Iamblichus On the Mysteries*, 2nd edition: London (Bertram Dobell) 1895. 새프리(Saffrey)에 의하면 '아네보'는 아파메아(Apamea)에 있는 이암블리코스 학교에 속한 사람이라고 볼 수 있다고 주장한다 (DM, xxxiii).

23) '아바몬'(abammon)이란 가명을 쓴 이유에 대해서는 '기독교파'에게 학파 내 갈등을 숨기기 위해 (Hopfner), 또는 신플라톤주의학파 내에서의 '신·구' 노선 갈등 때문(Shaw)이란 견해도 있다 (DM, xxvii-xxviii). 하지만, 클라크와 딜론(Clarke, Dillon)은 이 가명을 통해 이암블리코스는 '헤르메스'(Hermes)라는 이집트 신인과의 연결을 의도적으로 드러내려 했다고 주장한다. 왜냐하면, 'aba'는 시리아, 칼데아, 히브리어로 '아버지'란 의미이고, 'Ammon'은 헤로도토스에 따르면, 알렉산드로스 대왕이 제우스를 받기도 하였던 고대 이집트의 신탁소가 있었던 '암몬'(Ammon)이란 지역 이름을 차용한 것이기 때문이다(앞의 책, xxxiv-xxxv). 하지만, 이 견해 또한 근거가 부족한데 그 이유는 저서에서 '암몬'을 특별하게 강조하지 않았고, '암몬'은 제우스와 같은 신의 이름이기도 한데, '신의 아버지'라는 표현은 이암블리코스의 주장과 상충하기 때문이며, 마지막으로 이집트식 어미표현과도 맞지 않는 부분이 있기 때문이다. 하지만, '아바몬'이란 이름이 이암블리코스의 가명임은 이제 학계에서 일반적으로 승인되었다(위의 책 참조).

오스와 이암블리코스는 스승과 제자의 관계이나, 그들의 논쟁은 신플라톤주의학파 내부에서의 노선 갈등의 한 단면을 여지없이 보여주고 있다.25)

주지하다시피, 포르피리오스는 스승 플로티노스의 관상 형이상학을 정리하고 체계화하는 데 힘썼는 데 반해, 이암블리코스는 이집트와 바빌로니아의 주술의례적 전통을 수용하여 철학과 종교를 결합시킨 새로운 형태의 플라톤주의를 완성하였다.26) 플로티노스가 관상(theoria)을 통해 '일자'와의 합일을 목표로 한 데 반해, 이암블리코스는 '테우르기아'(theurgia)를 통한 신인합일을 목표로 하였던 것이다. 이런 점에서 두 사람의 입장은 일자와의 합일 수단을 '능동적 관상'(active theoria)으로 보느냐, 아니면 '주술적 제의'(theurgic rites)로 보느냐에 따라서 나누어진다고 볼 수 있다.27) 다시 말해, 전통적인

---

24) 이암블리코스의 『이집트 신비에 관하여』는 학자들로부터 다음과 같은 평을 받았다. 우선 고대 그리스 종교 연구의 대가 마틴 닐손(M. Nilsson)은 '고대 말(late antiquity) 종교의 기본적인 텍스트'라고 칭하였으며, 도즈는 '비이성주의의 선언서'로, 『칼데아 신탁집』의 연구번역으로 유명한 드 플라세(Des Places)는 '쇠퇴해가는 이교주의(paganism)의 성무일과서'라고 칭했다. 이 세 학자들의 표현은 이 저서가 갖는 특성을 잘 드러낸 표현이라고 할 수 있을 것이다(DM. xxvi).

25) G. Fowden, *The Egyptian Hermes: A Historical Approach to the Late Pagan Mind*, Princeton: Princeton University Press, 1986. pp.130-133, 두 학자의 서한에서 드러난 이미지는 다음과 같다. "포르피리오스는 자신감과 상상력이 부족하고, 분석적인 자세와 지식에 대한 단순한 열망을 가진 반면에, 이암블리코스는…… 침착하고, 인내심이 깊고, 신뢰를 주며, 사려 깊은 스승의 모습이다(Athanassiadi, 1995, p.245)."

26) 플로티노스와 포르피리오스는 지성적 사유를 중심으로 그리스의 이성적인 철학을 신비적 합일의 길이라고 간주한 반면에, 이암블리코스는 후천적인 학습 이전에 내재된 직관이야말로 참된 길이라고 보았다. 하지만 포르피리오스는 자신의 학문적 성취에 만족하지 못한 채, 보편 철학을 완성하지 못하였으며, 따라서 그에 합당한 권위도 얻지 못하였다. 이에 반해 이암블리코스는 주술적인 종교전통을 수용하여 보편적인 철학체계를 완성했다고 볼 수 있다. 신플라톤주의학파 내에서의 갈등에 대해 포든은 구체적인 근거를 보여주고 있다(Fowden, 1986, pp.131-133).

27) 포르피리오스는 『영혼의 회귀에 관하여(*De regressu animae*)』(2.4)에서 테우르기아가 지성적 영혼(intellectual soul)에 아무런 영향도 끼치지 못함을 주장한다. 아울러 그는 비록 테우르기아가 영혼의 근원적 회귀에 부분적으로 관여할 수는 있으나 전체 합일의 과정에 있어서는 부적절하고, 특히 철학적 관상에 비해 효능도 크지 않기에 행하지 않아도 별 상관이 없다고 주장한다(Fowden, 1986, p.131, 재인용).

플라톤의 이원론을 보편적인 일원론으로 변모시키며 영혼의 숨겨진 본성을 일깨우는 주술제의를 통해 인간과 우주신(the cosmic gods)과의 완전한 합일을 주장하였던 이암블리코스는, 신인합일의 궁극적 수단을 테오리아로 보는 플로티노스·포르피리오스와 달리, 테우르기아에서 그 가능성을 보았던 것이다.[28) 그들의 대립적인 논변은 다음과 같은 점에서 극명하게 드러나고 있다. (1) 물질(hyle)과 세계(cosmos)에 대한 입장, (2) 영혼의 하강과 육화(embodiment)에 대한 입장, (3) 지성적 사유(철학)와 신성한 행위(테우르기아) 간의 실천 방식이다.

먼저, G. 쇼에 의하면, 플로티노스는 영지주의학파(the Gnostics)와 같은 전통적인 플라톤적 이원론을 기본적으로 차용하고 있다.[29) 기본적으로 플라톤적 이원론은 물질은 악이고 데미우르고스(Demiurgos)에 의해 창조된 우주(cosmos) 역시 악하며, 영혼은 천상에 순수한 지성(pure Nous)으로 존재한다는 입장을 취한다. 먼저 영지주의자들은 영혼은 물질과 결합하기에 악에 오염되었으며, 이러한 오염으로부터 정화되는 것이 중요하다고 가르쳤다. 이와 유사하게 플로티노스도 영혼은 감각적 우주에서 순수한 지성으로서의 지위를 유지하지 못

---

28) P. T. Struck, *Birth of the symbol: ancient readers at the limits of their texts*, Princeton, N. J.; Oxford: Princeton University Press, 2004. p.209; Shaw, 1995; Luck, 1998 참조.

29) 플로티노스는 『영지주의에 반대하며(*Against the Gnostics*)』란 글을 썼지만, 쇼는 이 비판이 존재론적 층위의 혼동에서 비롯되었으며, 근본적으로 영지주의와 유사한 구도를 가정하고 있다고 본다. "After Aporia: Theurgy in Later Platonism", in *Gnosticism and later platonism: themes, figures, and texts* eds. John D. Turner and Ruth Majercik, Atlanta: Society of Biblical Literature, 2000. p.66. 좀 더 구체적으로 보자면, 플로티노스는 인간 영혼은 가시적 우주의 질서를 회피할 것이 아니라, 오히려 조응해야 할 것을 주장한다. 하지만 그의 일원론적 접근은 '인간 영혼'이 완전히 하강하는 것이 아니라는 주장에 의해 모호해지고 만다. 그는 영지주의파를 비판하는 많은 글을 썼으나, '가시적 물질계'에 대한 입장의 모호함과 '육화된 영혼'(embodied soul)의 지위를 부분적으로만 승인함으로써, 그가 비판한 영지주의와 근본적으로 유사함을 보이게 된다(Dictionary. Neoplatonism, 2005, 834-835). 따라서 플로티노스가 영지주의자들을 비판한 것과 같은 논리로 이암블리코스는 플로티노스를 비판하고 있다.

한다고 보고서, 그 전제로서 물질과 우주는 악이라는 사상을 도입하였다.[30] 플로티노스와 영지주의자들의 생각은 비록 정도의 차이는 있으나, 둘 모두 기본적으로 '우주적 염세주의'(cosmic pessimism)에 따른 유토피아적 입장에 근거하고 있다.[31] 즉, 천상의 영적 질서만이 참되며, 지상으로 가까워질수록 타락한다는 이원론적 구도를 공유하고 있는 것이다.[32] 물론 이러한 입장은 플로티노스보다는 영지주의학파에서 더 극단적으로 드러나는 것은 사실이다.[33] 하지만 이암블리코스가 보기에 양자의 차이는 근본적인 것이 아니었다. 이암블리코스는 일원론적 입장에서 물질이 악은 아니며-오히려 순수하고 신성하여 신들과의 교섭에 유의미하다- 인간과 신들과의 합일에 적합한 것으로 보고 있다.[34] 결국 그에게 있어 물질이란 '신성의 수용체'(the receptacle of the divine)인 것이며-이러한 논리는 인간의

---

30) *Enn.* Ⅰ. 8.3-4.

31) 우주적 염세주의는 감각적 세계에 대한 부정적 관념을 표방하고, 유토피아적 지향은 지성적 세계에 대한 염원을 내포하고 있다. 쇼는 종교학자 스미스(J. Z. Smith)의 논리를 도입하여, 플로티노스의 유토피아적 태도가 신성과 결합한 우주를 부정하고 있으며, 감각적 세계의 조화로운 리듬도 부정한다고 본다(Shaw, 1995, p.11).

32) 포르피리오스는 영혼의 구원은 우주로부터 영원히 도피하는 것이라고 보았다(Shaw, 2000, p.76).

33) 영지주의의 기본입장은 그리스도의 가현설(docetism)을 지지하는 '철저한 이원론'에 근거한다. 즉, 영(spirit)만이 참되며, 영원하며, 물질은 곧 타락, 부패를 의미한다. 참조 Rudolph, K., *Gnosis: the Nature and History of Gnosticism*, Engl. Robert McLachlan Wilson, San Francisco: Harper SanFrancisco, 1987., Mahé, J. P., *Tertullien, La chair du Christ*, (Sources Chretiennes 216), Paris, 1975, 국역본, 이형우 역, 『떼르뚤리아누스: 그리스도의 육신론』, 분도, 1994. '서문.' 하지만, 우리는 영지주의교파의 학설이 단일하지 않음에 주목해야 한다. 최근 연구에 따르면, 세시안 영지주의파(Sethian Gnostics)에 속하는 다양한 그룹들은 '소피아 하강'(the myth of Sophia's descent) 신화의 여러 변형에 근거하여, 물질세계의 구원, 세계영혼과의 합일을 주장하기도 한다. 따라서 영지주의는 헤르메스주의(Hermetism)와 카발라(유대신비주의 Kabbhala) 등과 유사한 일원론적 경향을 나타내기도 하므로, 영지주의를 단순히 '극단적 이원론'으로 매도하는 것은 오늘날 학계에서 당연시되지 않는다(Dictionary. Neoplatonism, 2005, p.834). 참조 Layton, B., *The Rediscovery of Gnosticism: Proceedings of the International Conference on Gnosticism at Yale*, NewHaven, Connecticut, March 28-31, 1978., vol 2, "Sethian Gnosticism." Leiden: E. J. Brill, 1981.

34) *DM* 5.22-23.

육신에도 그대로 적용된다. 신들과의 닮음 속에서 물질과 우주(cosmos)의 성화(consecration)를 가능케 하는 주된 논거가 된다. 이런 점에서 『이집트 신비에 관하여』에 나타난 이암블리코스의 다음 언급은 의미심장하다. "우리는 모든 물질을 거부하지 말아야 한다. 물질은 단지 신들로부터 '소외'되어 있을 뿐이다. 신들 세계의 완성이 조상들(statues)의 성화와 조화를 이루기 위해, 신들과 닮은 것들이 선택되어야 한다."[35]

이암블리코스가 합일의 근거로 제시하는 매개체는 영혼(psyche)이다. 영혼은 신령들과 교섭하여 천상과 지상, 신과 인간을 매개하는 전달자인 것이다. 신령(daimons)은 신들과 인간의 중개자로서 천상계의 순수지성과 하계의 물질원리를 매개하는 기능을 수행한다. 이암블리코스는 『티마이오스』로부터 인간 영혼은 필연적인 우주 법칙에 따라 데미우르고스에 의해 지상으로 보내진다는 논지를 수용하여, 모든 영혼은 하강해야 한다고 주장한다. 동시에 『파이드로스』로부터 개별 영혼은 자신의 고유한 '감성'(pathos)과 그에 따른 존재 방식에 따라 존재하며, 이후 에로스에 의해 참된 신과 합일한다는 맥락을 수용한다. 이 두 논지에 근거하여 이암블리코스는 하강된 영혼이 각자의 고유한 방식에 따라 신령(daimons)을 수용한다는 결론에 이른다.[36]

---

35) *DM* 5.23.

36) J. F. Finamore, *Iamblichus and the Theory of the Vehicle of the Soul*, Chico, Calif.: Scholars Press, 1985. p.114. 피너모어는 딜롱의 번역주해서, 『이암블리코스의 플라톤 대화편 단편 주석집(*In Platonis Dialogos Commentariorum Fragmenta*)』을 거론하면서, '모든 영혼은 하강한다'는 『티마이오스』의 내용과 '신들을 따르고, 참된 것을 관상하는 영혼은 하강하지 않는다'는 『파에드로스』의 내용이 서로 모순됨에도 불구하고, 이암블리코스는 『칼데아 신탁집』에 의거해 양자를 결합시키고 있다는 것을 상기시킨다.

그런데 플로티노스는 '하강하지 않는 영혼'(the undescended soul)이라는 개념 속에서 하강하지도 않고 육신화(embodiment)되지도 않는 정신(Nous)을 주장한다.[37] 그에 의하면, 영혼은 감각적 세계의 상들(images)만을 조명(illumination, ellampsis)할 뿐,[38] 육화(incarnate)되는 것과는 거리가 멀다. 특히 '영혼의 머리'인 정신은 하강하지 않은 채 고고하게 천상에 머무른다. 그런데 플로티노스의 이러한 영혼관은 이암블리코스에 의해서 강하게 비판받는다.

> "『티마이오스』[39]에서 매개적 존재인 영혼은 존재와 생명을 결합하고, 만물을 생성시키는 '조화'와 동일시된다. 반면에 플로티노스, 포르피리오스, 아멜리우스는 영혼이 본질적으로 선재하는 이성원리들 속에 거주하는 조화라고 가르쳐왔다. 하지만, 피타고라스학파와 플라톤학파의 대다수는 영혼을 천상과 분리될 수 없는, 우주와 엮여진 조화로 보고 있다."[40]

또한 『영혼에 관하여(*De Anima*)』에서도 이암블리코스는 플로티노스의 '하강하지 않는 영혼'을 강하게 비판한다. 이암블리코스는 영혼을 하강하지도 변화하지도 않는 '정신'(Nous)으로 보는 주장에 반대하며, 영혼의 완전한 하강을 주장한다. 더 나아가 그는 하강된 영혼은 물질 속에 존재하고 신성의 가장 낮은 단계에서 물질적 육신과 동일시된다고 주장한다.[41] 이러한 이암블리코스의 영혼관은 불멸을

---

37) *Enn.* 5.3.3; *Enn.* 4.3.12.

38) *Enn.* 2.9.10.

39) "그런데 혼의 전체 구성이 그것을 구성한 이의 뜻대로 이루어졌을 때, 그는 다음으로 물체의 성질을 갖는 모든 것을 혼 안에서 짜 맞추기 시작하여, 이것의 중심이 혼의 중심과 만나게 해서 서로 어울리게 했습니다"(*Tim* 36d-e, 박종현 역).

40) *De Anima*, Finamore, J. P. and Dillon, J. M. *Iamblichus' de Anima: Text, Translation, and Commentary*, Leiden, Boston, Köln: E. J. Brill, 2002. = DA, 5; Stob, 1.364-1.365.

필멸로 그리고 필멸을 불멸로 서로 채워 '완전한 인간'과 '완전한 신'의 지위를 획득하는 것을 목표로 하기에[42] 인간은 "악을 회피함으로써가 아니라 테우르기아에서 의례적으로 변형됨에 따라 구원"[43]될 수 있다고 주장한다.

그런데 이와 같은 신플라톤주의자 이암블리코스의 독특한 영혼관은 사실 아리스토텔레스의 영혼관에 의존하고 있다.[44] 아리스토텔레스는 존재의 본성(ousia)이 활력(energeia)에 의해 알려진다는 원칙에 따라 '물리적인 육신'의 '현실화'(entelecheia)를 주장하였는데, 이 개념이 이암블리코스에게 온전히 반영되어 '육화된 영혼'(the embodied soul)이라는 관념을 형성하기에 이른 것이다. 이렇게 하여 이암블리코스는 초월적인 영혼의 특성을 내재적인 관념과 절묘하게 결합시키고 있는 것이다.[45]

이암블리코스의 '육화된 영혼' 관념은 매개적 존재(a mediating entity)[46]인 영혼이 고정적이고 정태적이며 불멸하는 '신성'과 변화

---

41) A. Smith, *Porphyry's Place in the Neoplatonic Tradition: a Study in Post-Plotinian Neoplatonism*, The Hague: M. Nijhoff, 1974. pp.7-10; Finamore, 1985, pp.11-27; G. Shaw, 'The Geometry of Grace: A Pythagorean Approach to Theurgy', in *the Divine Iamblichus: philosopher and man of gods* ed. H. J. Blumenthal & E. G. Clark, Hoxton Square: Bristol Classical Press, 1993, p.117.

42) Shaw, 2000, p.70.

43) Dictionary-Neoplatonism, 2005, p.836.

44) Shaw, 1993 참조.

45) 하지만 이러한 요소는 현대학자들에게 모순적으로 들리며, 이암블리코스가 『티마이오스』를 아리스토텔레스의 견해에 비추어 곡해하여 이해한 것으로 비춰지기도 한다(Shaw, 1993, p.117ff). 하지만, 플라톤과 아리스토텔레스의 영혼관의 결합은 르네상스기에 피치노에 의해 '질료형상론'(hylemorphism)으로 다시 부활한다. B. P. Copenhaver, 'Renaissance Magic and Neoplatonic Philosophy: *Ennead* 4.3-5 in *Ficino's De vita coelitus comparanda*' in *Marsilio Ficino e il ritorno di Platone: Studi e documenti*, ed. G. Garfagnini, Florence: Olschki, 1986, pp.351-369.

46) "영혼은 구분될 수 없는 것과 구분될 수 있는 것, 유형적인 것과 무형적인 종류 사이의 수단 (meson)이며, 모든 수적 비율(numerical ratios)의 총체이며, 이데아를 따르는 창조행위의 시종 (servant)이다"(DA, 7).

하고 운동하고 필멸하는 '세계'의 대극(extreme polarity)을 결합시키고 있음을 함축한다. 그런데 그의 이러한 영혼 관념은 필연적으로 역설적·모순적인 현상을 야기시키는데, 우리는 여기에서 이암블리코스 영혼관의 2가지 특징을 읽어낼 수 있다. 먼저 영혼을 현실화의 관점에서 정의함으로써 초월적 본질이 물질에 내재할 수 있다는 생각을 끌어들이고, 둘째로는 영혼에 매개적 지위를 부여함으로써 모순적 양자의 절묘한 통합을 성취시키고 있다는 것이다. 다음 장에서 살펴보겠지만, 영혼의 모순적 특성은 테우르기아적 합일에 중요한 역할을 한다. G. 럭은 테오리아와 테우르기아를 다음과 같이 구분하고 있다.

> 테오리아(theoria): 이론, 담론, 관상
> 테우르기아(theurgia): 행위, 작용, 신들을 다루는 기술[47]

주지하다시피, 플로티노스는 지성적 세계의 선재성에 기초한 초월적 관상을 합일의 주된 수단으로 보았다. 따라서 플로티노스적 합일은 누구나 할 수 있는 것이 아니라, 고도로 훈련된 소수의 철학자들만이 할 수 있는 것으로 한정되었다. 이러한 그의 추상적인 지성을 우위로 하는 생각에는 세계와 인간에 대한 부정적인 시각이 기본적으로 깔려 있다. 하지만 이암블리코스적 합일에는 철학자가 아니어도 각기 다른 수준에 따라 모두가 참여할 수 있으며, 그런 점에서 세계와 인간에 대한 그의 긍정적인 시각이 전제되어 있다.[48] 특히

---

47) G. Luck, "Theurgy and Forms of Worpship in Neoplatonism", in *Religion, Science and Magic: In Concert and in Conflict*, eds. Jacob Neusner, Ernest S.Frerichs, NY: Oxford University Press, 1989. p.186.

종교적 경험을 앞세운 이암블리코스적 합일은 테우르기아가 갖는 '접신 또는 탈혼'(ecstasy, enthousiasmos)의 경험이 신적 합일의 핵심이라고 보는 견해에서 비롯되었는데, 이는 '신과의 동화'(a homoiōsis theō)로 표명되는 탈혼의 목표 곧 인간의 신적 지위로의 변형을 의미한다. 이처럼 이암블리코스의 철학은 지적 사유나 논리적 담화로는 도저히 불가능한 제의, 즉 '형언할 수 없는'(ineffable) 신비를 강조하는 그런 제의(rites)를 통해서만 이루어질 수 있다고 보는 점에서 신플라톤주의 사상의 계보도에서 독특한 위치를 점하고 있다.[49]

4. 테우르기아의 형성 배경과 합일 원리

단적으로 말해, 이암블리코스는 철학과 종교의 통합을 지향한 '최초의 종교철학자'[50]이자 플라톤주의의 궁극적 목적인 신과의 합일(a homoiōsis theō)을 위해 철학에 신앙(pistis)의 영역을 도입한 사제(priest)이기도 하다. 철학자이자 사제인 이암블리코스의 이러한 독특한 철학은 테우르기아에 관한 그의 논의에서 가장 확연하게 드러난다.

역사적으로 신플라톤주의 운동은 플로티노스 개인이 이끈 단일한 철학 운동은 아니었다. 4세기 동안 7개의 학파가 이끈 일종의 연합

---

48) 플로티노스의 완강한 반대에 비해 포르피리오스는 어느 정도 테우르기아를 수용하려는 태도를 갖고 '테우르기아'를 철학의 예비단계로 재평가하고 있다(Shaw, 1995, p.14).

49) "플로티노스에게 있어서 철학자는 완성의 추구를 향한 자율적인 대리인이었다. 하지만, 이암블리코스는 철학자를 초인간적 힘(superhuman forces)의 도움을 받는 기능적 의존자로 바꾸어놓았다"(Fowden, 1986, p.132). 결과적으로 '철학자'는 자립적인 지성을 통해 자기완성에 이룰 수 있는 존재에서, '신인의 힘'의 도움을 받아야 하는 존재로 변한 셈이다.

50) 참조, "Iamblichus, the First Philosopher of Religion?", *Habis*, 2000, pp.345-354.

운동이었다. 그런데 이러한 다양한 학파의 등장에는 테우르기아에 대한 입장 차이가 주된 변수로 놓여 있다.[51] 따라서 각 학파들은 그리스의 철학적 논변 전통과 고대로부터 전승된 주술적(magical) 전통 사이에서 다양한 입장들을 대변하고 있다. 그 가운데에서도 이암블리코스의 테우르기아를 통치 이념으로 적극 수용한 페르가몬학파의 율리아누스 황제(C.E.[52] 361-363)는 '주술'(magic)을 권장하였다.[53] 주술의 이러한 번성은 헬레니즘 시대 이후 이집트나 소아시아에 기반을 둔 고대적 주술사상이 유입된 결과였으며, 이후 테오도시우스 황제가 '이교'(pagan) 신전을 파괴할 때(C.E. 385)까지 이 전통은 어느 정도 지속되었다. 하지만 기독교를 중심으로 하는 당대의 종교적 분위기는 이러한 흐름에 상당한 제재를 가하였다. 바야흐로 철학과 문화의 위기 시대가 도래한 것이다.[54] 기원후 4세기의 위기는 고대적 전통을 배제한 채 독자적인 신념체계를 구축해 나가는 초기 기독교 세력과 동·서양을 아우르는 고대적 전통사상을 계승하려는 이교 세력 간의 대립 속에서 생겨났다. 하지만, 이러한 대립의 배경에는 더욱 복잡한 대립이 숨겨져 있었는데, 그것은 당대 플라톤주의 내부에 잠재된 '이성적 플라톤주의'와 '영적인 플라톤주의' 간의 대립이었다. 특히 플라톤주의를 신인합일을 목표로 하는 우주론적 학설로 이해하는 영적인 플라톤주의자들은 신들에 의해 영감을

---

51) Luck, 1989, p.187. 이 맥락에서 '테우르기아'는 '주술'(magic)을 함축한다.

52) 기독교적 역사관에 의거한 표기법 B.C.(Before Christ)/A.D.(Anno Domini)에 대해 B.C.E.(Before Common Era)/C.E.(Common Era)는 주로 이교도나 그리스도교와 상관없는 시대구분을 나타낼 때 사용된다.

53) Luck, 1989, 185-6.

54) 고대 말(late antiquity) 알렉산드리아를 중심으로 하는 역사적·문화적 환경(milieu)에 관한 내용은 Fowden, 1986, 참조.

얻는 고대적 전통55)을 이어 나가려고 노력하였으며, 지성을 강조함으로써 세계(cosmos)의 성화(sacralization)를 부정하고자 하는 이성적 플라톤주의자들에 맞서, 그들의 합리주의적 오만(rationalistic hybris)56)을 비판하였다. 왜냐하면 영적인 플라톤주의의 입장에서 인간의 본성은 가지적 우주(sensible cosmos)와 신성질서의 결합을 통해 이해될 수밖에 없는 데 반해, 이성적 플라톤주의는 그것을 부정하고 오로지 지성과 수학적 질서만으로 인간을 규명하기 때문이다. 이러한 관점에 기초하여, 영적인 플라톤주의자들은 테우르기아 제의를 재현하여 플라톤 철학의 본래적 목적(philosophic paideia)인 '신인합일'(a homoiōsis theō)의 이상을 성취하고자 하였다.57)

그럼 영적인 플라톤주의에서 강조되는 테우르기아는 어떻게 역사 속에 등장하게 되었는가? 사실 테우르기아에 대한 정확한 유래를 명확하게 알 수는 없으나,58) 근동이나 소아시아와 같은 지중해 주변 지역에서 전승되어 오던 '신의 초혼'(evocation of a god)과 연관된 제의59)이거나 『칼데아 신탁집』이나 헤르메스주의(Hermetism), 디오니소스, 엘레우시스 제의(the Eleusinian mysteries)에서 나타나는 바

---

55) Shaw, 1995, p.3.

56) Shaw, 같은책, p.4.

57) 이암블리코스는 테우르기아를 통해 제의의 철학적 근거를 제시함으로서, 제의 행위와 철학적 파이데이아 양자를 하나의 원리로 설명하고자 한다. 그 원리는 '신들의 형언할 수 없는 힘'(the ineffable power of the gods)이다(Shaw, 같은 책, p.5).

58) 도즈나 럭은 테우르고스(theurgos)라는 표현이 최초로 등장하는 곳은 마르쿠스 아우렐리우스의 영적 조언자인 테우르고스 율리아누스(Julian the Theurgist, 율리아누스 황제와 동명이인이며, 황제 또한 테우르고스 율리아누스를 극찬하였다.)이다. 그는 칼데아인 율리아누스(Julian the Chaldaean)의 아들로서 이미 『칼데아 신탁집』에 나타나는 사상적 계보를 형성하는 듯하다. 또한 기록에 따르면 테우르고스 율리아누스는 황제에게 조언하여 적군의 인형에 마법을 걸어 실제 침략할 때 갑작스러운 번개로 적군을 물리친 일화를 전한다. Dodds, E. R., *The Greeks and the Irrational*, Berkeley: University of California Press, 1951, 283ff; Luck, 1989, p.186.

59) Luck, 1989, p.87.

빌로니아, 이집트, 그리고 그리스의 고대 신비 제의(Ancient Magical Cults) 전체를 포괄하는 표현으로 볼 수 있다.[60] 이암블리코스 역시 이러한 맥락에서 테우르기아를 '영원한 행위의 실행', '영원한 불의 작용', '인간과 신의 합일'로 이해하였다.[61] 더 나아가 그는 '테우르기아적 합일'에 대해 다음과 같이 묘사하고 있다.

> "테우르기아적 합일은 적합한 방식으로 행해진 '형언할 수 없는' 행위의 효능으로만 얻어질 수 있으며, 이 행위는 모든 이해를 초월하며, 신들에 의해서만 알려지는 '언표될 수 없는' 상징(sumbolon)의 힘에 의해서 얻어진다……. 우리에게 부과된 지성적 노력 없이, '징표'(sunthemata)는 그들 자신의 힘으로 참된 작업을 성취한 다."[62]

위에서 말한 대로 테우르기아적 합일은 상징이나 징표로 삼은 물질이 내재적으로 가지고 있는 신적인 힘을 근거로 성취된다. 다른 한편, 합일은 '에로스'(eros)의 힘에 의해 일깨워진 인간 내면의 의지에 의해서 성취된다.[63]

---

60) Shaw, 1995, p.5. 테우르기아의 역사적 유래와 배경은 논의상 다음 논문에서 더 자세히 다루도록 하겠다.

61) DM, 3.19. 제의를 통한 신과의 합일은 인간의 필멸성을 불멸성으로 변환시킨다는 의미를 함축하고 있다. 소아시아의 제의에는 주로 '불'이 상징으로 등장하는데 '불'은 영원, 불멸을 상징한다. 마찬가지로 '불'은 『칼데아신탁집』에서 가장 핵심적인 상징으로 등장한다. "성스러운 제의 행위에 의해 나타나는 정화와 거룩함은 영생을 얻기 위한 필수적인 조건이다. 이러한 신비제의는 입문의례에 불멸의 은총을 보증하고 구원의 확실한 수단을 드러낸다. 일반적인 상징에 따르면 인간에 활력을 불어넣는 영(spirit)은 불꽃(a spark)이다. 이 불꽃은 에테르[ether, 우주의 기(氣)]에서 빛나는 불로부터 온 것이다. 그것은 신성과 함께하며 '시험'을 경험하기 위해 지상으로 하강한다. 이를 문자 그대로 표현하자면 다음과 같다. - 인간은 천상을 기억하는 하강한 신이다." F. Cumont, *Oriental religions in Roman paganism*, tans. Grant Showerman, Kila, MT: Kessinger, Pub., 1998, p.209.

62) DM. 2.11; Dodds, 1951, p.284, *de myst*, 96.13, Parthey edition 재인용.

63) DA. 272.2-12.

"이암블리코스는 전통적인 제의 형태인, 희생제의나 점복술 (divination) 그리고 신들의 초혼(invocations) 의식을 차용한 테우르기아 제의에서 '에로스적 힘'(the erotic power)을 발견한다.……. 이암블리코스에게 테우르기아적 제의는 신성한 것을 향한 내적 갈망을 일깨우는 기능을 한다."[64]

이암블리코스의 사상적 경향을 충실히 수용한 아테네학파의 프로클로스(Proclos) 역시 테우르기아를 "인간의 지혜보다 더 고귀한 힘", 즉 "신성한 탈혼(ecstasy)을 위한 행위"로 보며 인간영혼이 일자와 합일하도록 이끄는 "신성한 기예"(the hieratic art)라고 하였다. 더 나아가 그는 테우르기아는 '영혼의 신격화(the deification of the soul) 과정'이며, '관상(contemplation)의 정수'를 차지한다고 하였다.[65] 더 나아가 테우르기아(theurgia)에 대한 이암블리코스의 정의는 테오리아 (theoria)와의 대비를 통해 더욱 분명하게 나타낼 수 있다.[66]

구분	구분 기준	어원적 의미	구체적 의미	수행원리
테오리아 (theoria)	말 (logos)	신-말씀 (god-talk)	신들에 '대한' 담화	철학적 사유 (관상)
테우르기아 (theurgia)	신적 행위 (theion ergon)	신-행위 (god-work)	인간을 신적 지위로 변형시키는 행위	주술제의 (영적 행위)

위에서 제시된 바와 같이, 개별 영혼에 적합한 주술제의를 행함으

64) Shaw, 2000, p.76. "그리고 인간 영혼이 신들과 분리되어 이 세상에 흩뿌려져 있기에, 내밀한 신성 지혜(innate gnōsis)는 영혼의 '소외'(alienation)의 강도와 복잡성과 상응하는 제의의 복합성을 통해서만 일깨워질 수 있다." 이암블리코스는 영혼이 신들과 분리됨에 따라, 영혼은 '소외'되어 있으며, 이 '소외'가 개별영혼에 따라 모두 다르기에, 그에 상응하여 제의 형태가 결정된다고 보고 있다.

65) Luck, 1989, p.211; Proclus, *The Elements of Theology*, a revised text, trans. Eric. R. Dodds, Oxford: The Clarendon Press, 1963, p.xxii.

66) Shaw, 1995, p.5.

로써 '신과의 동화'(a homoiōsis theō)를 지향하는 이암블리코스의 테우르기아는 관상을 통해 '신비적 합일'(unio mystica)을 시도하는 플로티노스의 테오리아와는 분명한 차별성을 보이는 것이다.

그럼 이러한 테우르기아의 궁극적 목적은 무엇인가? 게오르그 럭은 『칼데아 신탁집』(fr.97)에 근거하여 그것을 다음 세 가지로 요약하고 있다. 첫째, 테우르기아는 '분유되지 않은 일자'(the unparticipated One)와의 합일을 목적으로 한다. 둘째, 그것은 일자와의 신비적 합일을 통하여 인간을 운명(Heimarmenē)으로부터 해방시키고, 인간을 신들과 동일하게 만든다. 셋째, 그것은 인간 영혼을 일자로 회귀하게 하고, 궁극에는 인간과 세계를 구원한다.[67] 에릭 도즈 역시 비슷한 언급을 하는데, 그에 의하면 테우르기아는 '지성적인 불을 향한 영혼의 여행'으로 간주되고, 인간은 이러한 여행을 통하여 운명(Heimarmenē)[68]으로부터 해방되고 영혼의 불멸을 보장받는다고 한다.[69] 이처럼 테우르기아는 인간의 운명을 벗어나 신과의 합일을 가능케 하는 하나의 신비적 주술제의인 것이다.

이암블리코스에 의하면, 테우르기아는 크게 두 가지 유형으로 나

---

67) Luck, 1989, p.188.

68) '운명'(Heimarmenē)은 달 아래(sublunar) 영역을 관장하는 데미우르고스와 그의 전령인 신령(daimon)들의 힘의 권능을 의미한다. 디오니시우스 아레오파기테(Dionysus Areopagite) 이전 신령은 선/악의 구분을 필연적으로 따르지 않았다(Dictionary, 2005, pp.616-619). 헤르메스 문헌에 따르면 신령은 별들에 종속되어, 선하기도 하고 악하기도 한 힘을 행사하고, 몸을 통해 인간에게 들어와 지상의 일을 관장(Heimarmenē)한다(C. H. XVI. 10-16). 따라서 고대 말 '운명'은 인간이 벗어나야 할 신령의 강제력을 뜻하였으며, 당대 주술사상이나 이교사상은 주로 이 운명을 벗어나 참된 신(the true god)과의 합일을 목표로 하였다. 주로 영지주의나 기독교와 연관된 분파들은 또 다른 참된 신을 추상적으로 가정하는 쪽이며, 이교도들은 태양신과의 합일을 통해 지상과 천상의 원리를 통일적으로 조망하려는 입장을 설하여 왔다. 참조 W. Scott, *Hermetica: the ancient Greek and Latin writings which contain religious or philosophic teachings ascribed to Hermes Trismegistus,* edited with English translation and notes by Walter Scott, Boston: Shambala Publications, Inc. 1985. 'Introduction.'

69) Dodds, 1951, p.291.

넌다. 그것은 혼이 없는 물질(hypodoche) 안에 신이 나타나도록 하는 '텔레스티케'(telestike)[70]와 인간의 몸(docheus)속에 신이 일시적으로 들어오게 하는 '에이스크리네인'(eiskrinein)이다.[71] 먼저 텔레스티케는 '숨볼라'(sumbola, 상징)와 '순테마타'(sunthemata, 징표)[72]를 사용하여 신들의 조상(the statues of the gods)에 생명을 불어넣어 '성화'(consecrate)시키는 주술제의 방식이다.[73] 그는 이러한 제의에 신성한 힘을 담고 있는 물질로 채택되는 순테마타의 예로써 '돌', '약초', '동물', '유향' 등을 사용하도록 권장한다.[74] 왜냐하면 위의 물건들은 일종의 신성을 수용하는 용기(vessel)로서 신들을 이끌어내고 그들과 접촉하기 위한 적합한 수단이 되기 때문이다. 또한 숨볼라나 순테마타는 의례에서 테우르고스(theurgos, 테우르기아 집전자)가 적합한지를 판별하는 기능으로 사용되거나, 아니면 테우르고스가 접신된 신이 신령(daimon)인지 영웅신령인지 아니면 참된 신인지를 판별하는 수단으로 사용되기도 한다.[75] 하지만, 기본적으로 순테마타는 신과 인간 사이를 연결하는 매개체로서 신탁을 전하기도 하며, 제의 참가자의 요구에 신묘한 징표를 드러내기도 한다. 또한 이 징표들은 개인적인 원한이나 소망을 이루기 위해 좀 더 개인적으로 사용되기도 하는데, 이러한 개인적 의미의 '텔레스티케 제의'는 테우르

---

70) '텔레스티케'는 물질에 신의 현전을 도입하는 것을 말하며(Dodds, 1951, p.295), 서양 비의학계에서 통상적으로 '조상 주술'(the statue magic)로 불린다. 이는 대부분의 주술체계에서 나타나며, 저급한 주술로 종종 취급받아 왔다.

71) Dodds, 1951, p.295. '신이 잠시 동안 인간 속에서 육화하는 것.'

72) DM. 5.23, 텍스트 전반에 걸쳐 숨볼라와 순테마타는 거의 같은 의미로 사용되고 있다. 이 논문에선 쇼의 논점을 수용하여 주로 '순테마타'로 표기하고자 한다.

73) Luck, 1989, p.192.

74) DM. 233. 11-16.

75) Luck, 1989, p.192ff.

기아나 주술(magic)의 정당성을 인정하지 않으려는 철학자들에게는 강력한 비난거리가 되어 '저급한 행위' 또는 '사기'로 치부되기도 하였다.[76] 하지만 텔레스티케(telestike) 제의는 작은 신 조상(statuette)을 통해, 누군가를 형태적으로 또는 상징적으로 모방한 인형이 그 모상(원형)이 되는 것과 자연적으로 관계를 맺는다는 '공감'(sumpatheia) 원리에 기반을 두고 있다. 따라서 테우르고스가 '모방된' 인형에 위해를 가하면, 원형인 사람이 다치거나 죽을 수도 있다는 것을 의미한다.[77] 이와 같이 '조상 주술'(the statue magic)은 테우르고스로 하여금 혼을 추출하기도 하고 또는 결합시키기도 하는 기예(techne)를 갖도록 요구하며, 이러한 기예는 물질에 영혼(자립적인 운동을 가능하게 하는 생명)을 결합시키려는 기술로 발전하여, 르네상스 이래로 '자동기계장치'(machina automata)를 만들려는 연금술사들의 기예나 작업(ars, opera) 또는 18세기 '인조인간'(homunculus)을 탄생시키려는 파우스트 박사의 작업 속에 반복적으로 등장한다. 종합해보면 텔레스티케(telestike) 제의는 가시적인 물질에 비가시적인 힘, 지성이 침투할 수 있고, 또한 빠져나갈 수 있다는 우주론적 관점에 기초하고 있다. 이러한 사실로부터, 우리는 이암블리코스가 주장하는 물질을 통한 테우르기아적 합일이 신과 인간, 영혼과 육신의 합일이라는

---

76) 이 주제는 서양의 문화사 전체를 관통하는 논의 주제이다. 포르피리오스는 이러한 주술형태를 위험스럽고 사기와 같은 저급주술(goetes)로 보았지만, 테우르기아 전체를 부정하지는 않는다. 후에 르네상스시대에 피치노(Marsilio Ficino)와 피코(Giovanni Pico della Mirandola), 아그리파(Henry Cornelius Agrippa)에 의해 이 논쟁은 다시 불붙었으며, 과학 혁명기에는 연금술사들(Alchemists), 파라켈수스 추종자들(the Paracelsians)과 초기 자연과학자들 사이의 논쟁에까지 이어진다. 이 논쟁은 고대 말엔 이암블리코스에 의해, 르네상스시대에는 피치노에 의해서 '고급마법'(higher, white, natural magic)과 '저급마법'(lower, black, demonic magic)의 구분에 의해 촉발된다. 참조, 이종흡, 위의 책; R. Kieckhefer, *Magic in the Middle Ages*, Cambridge; New York: Cambridge University Press, 1989.

77) 다시 말해, 한 사람과 그 사람을 본뜬 인형 사이에 힘이 작용한다는 원리는 인간과 행성의 신들 사이에 힘이 작용한다는 '공감'원리에서 도출된 것이다.

고대 형이상학의 고유한 학설을 완성하기 위한 수단이라는 사실에 주목해야 할 것이다. 단적으로 말해, 이암블리코스의 철학은 신성질서와 물질적인 우주질서 사이의 공감원리에 따라 물질은 초월적 신들과 내재적으로 결합할 수 있다는 원리를 주된 논지로 하고 있는 것이다.

다음으로 에이스크리네인(eiskrinein)[78] 제의는 텔레스티케 제의와 달리 인간의 몸에 신들이 들어오는 '육화(肉化) 제의'를 말한다. 이암블리코스는 『이집트 신비에 관하여』에서 이 제의를 그리스의 엘레우시스 제의, 디오니소스 제의 등에서 나타나는 영적인 변형, 즉 샤먼적 여행(shamanic journey)의 과정과 유사하게 묘사하고 있다.[79] 이 과정을 구체적으로 나열해보자면, 먼저 입문의례자[80]는 제의 전 오랜 기간 묵언(黙言)의 과정을 거친다. 이 과정에서 금식, 금욕, 수면금지 등이 함께 이루어질 수도 있다. 이후 '신성의 계시'(a vision of the deity)를 통하여 모든 신학을 통찰하는 지적 통찰력을 얻게 된다.[81] 이러한 통찰력은 상위 신령과 하위 신령을 구분해내거나 영혼

---

78) 위의 '텔레스티케 제의'에서 신들의 수용체가 물질인 반면에, '에이스크리네인 제의'에서는 그 수용체가 인간의 육신(영매, a medium)이 된다. 이와 같은 관념은 현대 학자들에 의해 고대 그리스의 오르페우스주의(Orphism)나 '샤먼'적 제의와의 연관 속에서 연구되고 있다. 참조 J. N. Bremmer, 'Travelling souls? Greek shamanism Reconsidered' in *The Rise and Fall of the Afterlife*,; *The 1995 Read-Tuckwell Lectures at the University of Bristol*, London: NY, Routledge, 2002. pp.27-40.

79) DM, 3.11, 이러한 제의과정은 신화나 전승기록에서 보이는 전형적인 입문의례 형식을 따르고 있다. 참조, Eliade, M., *Rites and Symbols of Initiation: the Mysteries of Birth and Rebirth*, trans. Willard R. Trask, Dallas: Spring Publications, 1994.

80) 게오르그 럭은 『칼데아 신탁집』의 단편 132, 139, 208번을 통해 이러한 단계를 서술하고 있다 (Luck, 1989, p.192ff).

81) '신인의 계시'는 주로 '불, 빛, 아이'로 상징된다(『칼데아 신탁집 fr.147』) 불이나 빛(조명)에 의한 통찰력의 획득은 바빌로니아, 아시리아 지역의 특유한 종교적 특징을 반영하고 있다. 이암블리코스 또한 그 영향으로 테우르기아를 설명하면서 '불은 일종의 '섬광'과도 같은 통찰력을 얻는 주된 상징으로 채택하고 있다. F. Cumont, 같은 책, 'Persia', p.104ff.

의 고양의 정도를 파악하는 능력과도 결부된다. 이 과정의 가장 중요한 단계는 순테마타, 숨볼라, 조상 등을 이용하여 물질에 신령을 불어넣거나 약물 등 정신을 변모시키는 물질(mind-altering substances)을 이용하여 탈혼 상태에 돌입하는 것이다.[82] 이때 음악, 춤, 리듬 등이 효과를 극대화시킨다.[83] 그런데 탈혼(ecstasy)은 플라톤이 『파이드로스』에서 "신적 광기(theia mania, 249d)"라고 부른 상태와 유사한 것으로써, 인간영혼이 신을 지향할 때 나타나며 인간존재가 신적인 지위를 획득하거나 신적인 존재로 변형되는 것을 의미한다.

이러한 이암블리코스의 '테우르기아적 신적 합일'이 갖는 철학적 함의는 무엇인가? 먼저 그레고리 쇼는 이러한 신적 합일은 '플라톤적 교육'(the Platonic paideia) 이념을 성취하는 일종의 '구원론'(soteriology)이라고 본다.[84] 플라톤은 『파이드로스』(247b-e)와 『향연』(202e-203a, 216d-217a)에서 에로스(eros)는 인간의 능력보다 더 뛰어나고 영혼의 신격화(deification)를 이루며, 궁극적으로 인간과 신들을 결합시키는 매개자로 다루어지고 있다. 따라서 에로스는 인간의 삶 속에서 일깨워져야 할 강력한 힘이 되며,[85] 교육은 "영혼을 우주적 질서에 맞게 재배치하는 것"[86]으로서 에로스를 발현시키고 신들에게로 상승하는 영혼의 행로를 인도하는 기술이다. 이처럼 인간은 이암블리코스의 테우르기아를 매개로, 탈혼 속에서 성취한 영혼의 '정

---

82) DM 1.15; 3.11, 5.26.

83) 이러한 제의 과정은 이집트, 그리스, 바빌로니아의 샤먼들의 접신, 입문의례 과정과 정확히 일치한다. 참조, M. Eliade, *Shamanism: Archaic Techniques of Ecstasy*, trans. Willard R. Trask, London,: Arkana, 1989.

84) Shaw, 2000, p.60.

85) 위의 책, 같은 곳.

86) Shaw, 2000, p.9.

화'(purification)를 통해 궁극적으로 신과의 동화, 즉 신성을 회복하게 되는 것이다.

물론 플로티노스도 '선험적 에로스'(a priori eros)를 가지고 이러한 합일을 설명한다. 하지만 그의 구도는 이암블리코스와는 대조적이다. 플로티노스에게 있어, 영혼은 지상적인 것들로부터 벗어나 자신의 본모습인 천상의 정신(Nous)으로 회귀하는 데에만 집중한다. 즉, 영혼 자체는 지상·육신·물질적인 것이 아니며 하강하지도 않는다. 그러기에 플로티노스의 경우 영혼과 일자와의 합일은 지상과 육신으로부터 자신을 해방시켜 지성적 존재로서의 자신을 재인식하는 것과 동일하다. 결국 철학적 지성이 주된 방편이 되어 선험적 지성의 지위를 회복하는 것이 플로티노스의 합일인 것이다. 이에 반해, 이암블리코스는 '영혼의 하강'을 통해 형성된 '육화된 영혼'을 강조한다. 그런데 이 '육화된 영혼'은 이질적인 존재와의 결합으로 인해 '자기-소외'(self-alienation)를 발생시킨다. '자기-소외' 개념은 최종목적을 성취하고자 하는 최초의 인식에 해당하며, 인간이 신과의 합일을 추구하도록 방향을 잡아 주는 가장 중요한 형이상학적 함축을 갖는다. 왜냐하면 자기-소외 개념은 기본적으로 영혼이 육신과 결합함으로써 발생된 혼동(anatrope)에서 비롯된 것으로써 회피할 수 없는 인간의 실존적 사실임과 동시에 그런 존재론적 모순을 극복하기 위한 근본조건이기 때문이다.[87] 이처럼 플라톤적 파이데이아에 근거한 이암블리코스의 합일 개념, 즉 탈혼이라는 종교적 행위를 통한

---

87) 여기서 우리는 영혼이 하강하지 않으면, 필연적으로 영혼의 자기소외도 일어나지 않으며, 따라서 에로스도 영혼의 구원도 필요치 않는 구도를 보게 된다. 영혼의 합일이 갖는 존재론적 함의를 연구한 스틸(Carlos Steel)의 저서를 참조, Steel, C., *The Changing Self: A Study on the Soul in Later Neoplatonism: Iamblichus, Damascius, and Priscianus*, Paleisder Academien, Brussels, 1978.

우주신과의 결합[88] 및 우주적 구원을 강조하는 그의 합일 개념은 인간의 자기소외를 에로스에 의해 극복하게 해주는 주된 근거가 된다.

5. 맺음말

이암블리코스의 철학은 헬레니즘 시대에서 고대 말에 이르는 역사·철학적 상황을 가장 잘 드러내고 있다. 특히 그의 철학적 담론에는 마다우로스의 아폴레이우스(Apuleius of Madaura), 알렉산드리아의 클레멘스, 락탄티우스(Lactantius) 등의 저술에서 볼 수 있는 헤르메스적 철학 전통이 충실히 구현되어 있다.

철학사적으로 신플라톤주의가 가장 중요하게 다룬 것은 '일자와의 합일'이라는 플라톤적 '신인합일'의 이상이었다. 그런데 플로티노스는 이 합일을 그리스의 사변철학적 전통을 강조하며 '테오리아'로 성취할 것을 제시한 반면에, 이암블리코스는 칼데아와 이집트의 신비경험적 전통에 기반을 두어 '테우르기아'로 이룰 것을 주장하였다. 두 현인은 궁극적으로는 같은 목적을 가지고 있었지만, 철학적 측면과 종교적 측면 양자에 대한 강조점이 서로 달랐다고도 볼 수 있다. 하지만, 둘의 대립은 단순한 입장 차이가 아니라 형이상학적 기반에서부터 역사적 전통과 실천적 수행에까지 이르는 보다 심도 깊은 차이에 뿌리를 내리고 있었다. 이후 이암블리코스의 주장은 강력한 세력을 형성하여 신플라톤주의 운동에 새로운 방향을 제시하기에 이른다.

---

88) 헬레니즘 시대 '우주'(cosmos)는 거대한 하나의 살아 숨 쉬는 존재로 취급되었으며, 영혼을 가진 존재였다. Graf, 2002, 100-101.

이암블리코스는 신플라톤주의학파 내에서 '테우르기아'의 수용과 영적 플라톤주의의 부활을 통해서 신플라톤주의학파의 내적 혁신을 시도하였으며, 그의 영향력은 아테네학파의 프로클로스와 다마스키 오스에게 전파되었다. 하지만, 이암블리코스의 철학은 결코 자신의 개인적인 독창성에 의해 구축된 하나의 학적 체계가 아니었다. 오히려 그것은 태고로부터 전승된 신학의 지성적 부활이라고 볼 수 있을 것이다. 내용적인 측면에서 보자면, 그의 철학은 초월적인 신성질서가 우주, 인간, 물질에 내재되어 있다는 관념에 기초하고 있는데, 이러한 논리는 플라톤 철학을 아리스토텔레스주의로 여과한 작업의 결과이며, 동시에 헤르메스 사상과 칼데아의 신비 철학을 융합한 결과이기도 하다. 결론적으로, 지성과 경험 양자를 아우르는 이암블리코스의 통합적 사유는 플라톤적 파이데이아의 최종목표인 '신인합일'이 -에로스의 힘에 의해 추동되는- 테우르기아에 의해 성취될 수 있음을 보여주고 있다.

이후, 이암블리코스의 철학은 알베르투스 마그누스(Albertus Magnus) 와 로저 베이컨(Roger Bacon)의 중세 연금술적 사상을 거쳐 르네상스의 M. 피치노에 이르러 꽃을 피운다. 피치노가 『플라톤 전집』과 『엔네아데스』 그리고 이암블리코스의 필사본과 『헤르메스대전』 모두를 번역한 덕분에 이암블리코스를 위시로 한 신플라톤주의 철학은 피코 델라 미란돌라(Giovanni Pico della Mirandola)와 아그리파(Henry Cornelius Agrippa)에게 계승되고, 이후, 17세기 연금술(Alchemy)사상과 16-17세기 기독교신지학(Christian Theosophy)을 거쳐 18세기 독일낭만주의와 19세기 신지학운동(Theosophical Society)[89]을 관통하여 20세기에 이르러 엘리아데, 루돌프 오토, 칼 융, 조셉 캠벨 등으로 대표되는 '에라노스학파'(the Eranos group)에 의한 영적인 조망 아래 새롭게 연구된다. 특히 이암블리코스의 영적인 플라톤주의는 서구 형이상학의 가장 난해한 문제로 알려진 '정신과 물질', '영혼과 육신', '천상과 지상' 간의 대극의 문제를 통일적으로 사유하려는 모든 이에게 놀라운 철학적 통찰을 제공해주고 있다.

---

89) '신지학'(Theosophy)란 용어는 '테우르기아'(Theurgia, Theurgy)에서 직접 차용되었다.

참고문헌

제1부 그리스 계몽주의를 어떻게 이해할 것인가?

제1장 아리스토파네스의 풍자 희극 『구름』에 나타난 '웃음'의 미학과 소통의 변증법

마틴 호제, 김남우 역, 『희랍문학사』, 서울: 작은이야기, 2005.

멀윈 머천트, 석경징 역, 『희극』, 서울: 서울대학교출판부, 1981.

박규철, 『역사적 소크라테스와 등장인물 소크라테스』, 서울: 동과서, 2003.

볼테르, 『캉디드』, 서울: 한울, 1991.

아리스토파네스 외, 나영균 외 역, 『희랍희극』, 서울: 현암사, 1969.

아리스토파네스, 천병희 역, 『아리스토파네스 희극』, 서울: 단국대학교출판부, 2000.

양승태, 『앎과 잘남-희랍 지성사와 교육과 정치의 변증법』, 서울: 책세상, 2006.

유종영, 『웃음의 미학』, 서울: 유로, 2006.

위딩, 게르트, 박성철 역, 『고전 수사학』, 서울: 동문선, 2003.

이정린, 『아리스토파네스와 고대그리스 희극공연』, 서울: 한국학술정보(주), 2006.

정혜신, 『그리스 문화 산책』, 서울: 민음사, 2003.

조지 커퍼드, 김남두 역, 『소피스트 운동』, 아카넷, 2003.

플라톤, 박종현 역, 『에우티프론, 소크라테스의 변론, 크리톤, 파이돈』, 서울: 서광사, 2003.

Aristophanes, *Acharnians, Knights*. Cambridge: Harvard Loeb Library.(이하의 일차문헌은 모두 하버드판에 근거함)

_____, *Clouds, Wasps, Peace*.

_____, *Birds, Lysistrata, Women at the Thesmophoria*.

_____, *Frogs, Assemblywomen, Wealth*.

Croix, G. E. M. De Ste., "The Political Outlook of Aristophanes." In *Oxford Readings in Aristophanes*. Ed. Erich Segal. Oxford: Oxford University

Press, 1996.

David, E., *Aristophanes and Athenian society of the early fourth century B.C. (Mnemosyne, bibliotheca classica Batava).* Leiden: E. J. Brill, 1984.

Guthrie, W. K. C., *A History of Greek Philosophy,* vol. 3, Cambridge : Cambridge University Press, 1969.

_____, *A History of Greek Philosophy,* vol. 4, Cambridge : Cambridge University Press, 1975.

Halliwell, Stephen, "Aristophanes's Apprenticeship." In *Oxford Readings in Aristophanes.* Ed. Erich Segal. Oxford: Oxford University Press, 1996.

Henderson, Jeffrey, "The Demos and the Comic Competition." In *Oxford Readings in Aristophanes.* Ed. Erich Segal. Oxford: Oxford University Press, 1996.

Newiger, Hans-Joachim, "War and Peace in the Comedy of Aristophanes." In *Oxford Readings in Aristophanes.* Ed. Erich Segal. Oxford: Oxford University Press, 1996.

Vaner Waerdt, P. A., ed., *The Socratic Movement.* Ithaca and London : Cornell University Press, 1994.

Romilly, Jacqeline de., *The Great Sophists in Periclean Athens.* Trans. Janet Lloyd. Oxford: Oxford University Press, 1992.

Segal, E., "Aristophanes's Cloud-Chorus." In *Oxford Readings in Aristophanes.* Ed. Erich Segal. Oxford: Oxford University Press, 1996.

제2장 이소크라테스의 교육수사학과 범그리스주의의 이념

김봉철, 「이소크라테스의 교육과 '필로소피아'」, 『인문논총』 8(아주대 인문과학연구소), 1997, pp.21-55.

김봉철, 『이소크라테스, 전환기의 지식인』, 도서출판 신서원, 2004.

Adams, W. L. & Borza, E. N., Philip II, *Alexander dte great and the Makedonian Hertage*, Washington D.C., 1982.

Alexiou, E., *Ruhm und Ehre: Studien zu Begriffen*, Werten und Motivierungen bei Isokrates, Heidelberg, 1955.

Bringmann, K., *Studien zu den politischen Ideen des Isokrates*, Goettingen, 1965.

Dobesch, G., *Der panhellenische Gedanke im 4Jh. v. Chr. und der "philippos"*, des Isokrates, Wien, 1968.

Ekratina, V. H. & Benson, T. W., *Logos and Power in Isocrates and Aristotle*, Univ. of South Carolina Press, 2004.

Erbse, H., "Platons Urteil uebr Isokrates", *Hermes 99*(1971), pp.183-197.

Euken, C., *Isokrates, Seine Positionen in der Auseinandersetzung mit den zeitgenoessischen Philosophen*, Berlin, 1983.

Guthrie, W. K. C., *The Sophists*, Cambridge Univ. Press, 1971.

Isokrates, Isocrates, in three Volumes, with an english translation by George Norlin, Harvard Univ. Press, 1966.

Mikkola, E., *Isokrates. Seine Anschauungen im Lichte seine Schriften*, Helsinki, 1954.

Poimtner, F., *Die Verfassungstheorie des Isokrtes*, Muenchen, 1965.

Preuss, S., *Index Isocrateus*, Hildesheim, 1963.

Roth, P., *Der Panathenaikos des Isokrates: Uebersetzung und Kommentar*, Muenchen.

Schmitz-Kahlmann, G., *Das Beispiel der Geschichte im politischen Denken des Isokretes*, Leipzig, 1939.

Seck, F., *Isokrates*, Darmstadt, 1976.

Wilms, H., *Techne und Paideia bei Xenophon und Isokrates*, Stuttgart, 1955.

Zajons, S., Isokrates' Enkomion auf Helena: ein Kommentar, Goettingen, 2002.

제3장 소피스트 계몽주의와 '정치적 로고스'(politikos logos)로서의 수사학

게르트 위딩, 박성철 역, 『고전 수사학』, 동문선, 2003.

빅터 에렌버그, 김진경 역, 『그리스 국가』, 민음사, 1991.

승계호, 『직관과 구성』, 나남출판, 1999.

아리스토텔레스, 김재홍 역, 『소피스트적 논박』, 한길사, 1999.

양승태, 『앎과 잘남-희랍 지성사와 교육과 정치의 변증법』, 책세상, 2006.

앤토니 앤드류스, 김경현 역, 『고대 그리스사』, 이론과 실천, 1991.
이준웅, 「설득의 윤리적 문제: 고르기아스와 소크라테스」, 『한국언론학보』 제
   45-2호, 2001, pp.349-386.
정혜신, 『그리스 문화 산책』, 민음사, 2003.
조지 커퍼드, 김남두 역, 『소피스트 운동』, 아카넷, 2003.

Adkins, A. W. H., *Merit and Responsibility*, Oxford: Clarendon Press, 1960.
Guthrie, W. K. C., *A History of Greek Philosophy*, vol. 3, Cambridge :
   Cambridge University Press, 1969.
_____, *A History of Greek Philosophy*, vol. 4, Cambridge : Cambridge
   University Press, 1975.
Schiappa, Edward, *Protagoras and Logos*, South Carolina, 1991.
Vaner Waerdt, P. A., ed., *The Socratic Movement*. Ithaca and London :
   Cornell University Press, 1994.
Wardy, R., *The Birth of Rhetoric*, London and New York: Routledge, 1996.
H. Diels, W. Kranz, *Die Fragemente der Vorsokratiker*, Bd. II, Berlin,
   1952(6판).
M. Untersteiner, *Sofisti, Testimonianze e frammenti I-IV*, Florenz 1949.
De Romilly, J., (Tr. Lloyd, J.), *The Great Sophists in Periclean Athens*,
   Oxford ‐ New York, 1992.
Friedländer, P., *Platon II, Die platonischen Schriften, Erste Periode*, Berlin,
   1964(4판).
Gomperz, H., *Sophistik und Rhetorik*, Stuttgart, 1912.
Havelock, E. A., *The Greek Concept of Justice*, Cambridge, 1978.
Heinimann, F., *Nomos und Physis, Herkunft und Bedeutung einer Antithese
   im griechischen Denken des 5. Jahrhunderts*, Basel, 1945.
Jaeger, W., *Paideia; Die Formung des griechischen Menschen*, Berlin, 1973.
Kerferd, G. B., *The Sophistic Movement*, Cambridge, 1981.

제2부 고대 후기 플라톤주의를 어떻게 이해할 것인가?

제1장 플로티노스 「엔네아데스」에 나타난 형이상학

강영계, 『기독교 신비주의 철학』, 서울: 철학과 현실사, 1993.
박규철, 『역사적 소크라테스와 등장인물 소크라테스』, 서울: 동과서, 2003.
장 욱, 『중세철학의 정신』, 서울: 동과서, 2002.
전광식, 『신플라톤주의의 역사-Proklos의 철학을 중심으로 한 신플라톤주의
　　　사상과 서구사상사에서의 그 영향사』, 서울: 서광사, 2002.
정달용, 『중세독일신비사상』, 왜관: 분도출판사, 2007.
조규홍, 『시간과 영원 사이의 인간존재: 플로티노스의 삼위일체적인 존재론
　　　을 통한 이해 시도』, 서울: 성바오로, 2002.

_____, 『플로티노스: 그리스 철학을 기독교에 전달한 사상가』, 서울: 살림,
　　　2006.
Armstrong, A. H., *The Cambridge History of Later Greek and Early
　　　Medieval Philosophy*, London: Cambridge University Press, 1970.
_____, "Tradition, Reason and Experience in the Thought of
　　　Plotinus", In *Plotino e il Neoplatonismo in Oriente e in Occidente*,
　　　Atti del Convegno internazionale dell' Accademia Nazionale dei
　　　Lincei(Roma: 5-9.10.1970), Rome: Accademia Nazionale dei Lincei,
　　　1974, 171-94.
Barnes, J., *Porphyry Introduction*, Oxford: Oxford University Press, 2006.
Blumenthal, H. J., "On soul and intellect", In *The Cambridge companion to
　　　Plotinus*, Ed. Lloyd P. Gerson, Cambridge: Cambridge University
　　　Press, 1996.
Beierwaltes, W., *Selbsterkenntnis und Erfahrung der Einheit: Plotins
　　　Enneade V 3: Text, Übersetzung, Interpretation, Erläuterungen*,
　　　Frankfurt am Main: Klostermann, 1991.
_____, *Platonismus im Christentum*, Frankfurt am Main:
　　　Klostermann, 1998.
_____, *Das wahre Selbst: Studien zu Plotins Begriff des Geistes
　　　und des Einen*, Frankfurt am Main: Klostermann, 2001.
Bussanich, J., "Plotinus's metaphysics of the One", In *The Cambridge*

companion to Plotinus, Ed. Lloyd P. Gerson, Cambridge: Cambridge University Press, 1996.

Charrue, J. M., *Plotin lecteur de platon*, Paris: Les Belles Lettres, 1978.

Clark, Stephen R. L., "Plotinus: Body and soul", In *The Cambridge companion to Plotinus*, Ed. Lloyd P. Gerson, Cambridge: Cambridge University Press, 1996.

Costa, C. D., "Plotinus and later Platonic philosophers on the causality of the First Principle", In *The Cambridge companion to Plotinus*, Ed. Lloyd P. Gerson, Cambridge: Cambridge University Press, 1996.

Dillon, J. M., "An ethic for the late antique sage", In *The Cambridge companion to Plotinus*, Ed. Lloyd P. Gerson, Cambridge: Cambridge University Press, 1996.

Dodds, E. R., "The Parmenides of Plato and the Origin of the Neoplatonic One", *Classical Quarterly* 22, 1928, 129-42.

_____, "Tradition and Personal Achievement in the Philosophy of Plotinus", In *The Ancient Concept of Progress*, Oxford: Oxford University Press, 1973, 126-39.

Dörrie, H., "Emanation: Ein unphilosophisches Wort im spätantiken Denken", In *Parusia: Studien zür Philosophie Platons und zur Problemgeschichte des Platonismus: Festgabe für Johannes Hirschberger*, Ed. K. Flasch, Frankfurt am Main: Minerva, 1965, 119-41, reprinted in(1976) *Platonica Minora, Studia et testimonia antiqua*, 70-88.

Gatti, M. L., "Plotinus: The Platonic tradition and the foundation of Neoplatonism", In *The Cambridge companion to Plotinus*, Ed. Lloyd P. Gerson, Cambridge: Cambridge University Press, 1996.

Gersh, S., *Middle Platonism and Neoplatonism: The Latin Tradition*, 2 vols, Norte Dame: University of Norte Dame Press, 1986.

Gerson, L. P., *God and Greek Philosophy: Studies in the early history of natural theology*, London and New York: Routledge, 1990.

_____, "Plotinus's Metaphysics: Emanation or Creation?", *Review of Metaphysics* 46, 1993, 559-74.

_____, *Plotinus*, London and New York: Routledge, 1994.

_____ ed., *The Cambridge companion to Plotinus*, Cambridge: Cambridge University Press, 1996.

Guthrie, W. K. C., *A History of Greek Philosophy III*, Cambridge: Cambridge University Press, 1969.

_____, *A History of Greek Philosophy IV*, Cambridge: Cambridge University Press, 1975.

Hadot, P., *Plotin ou la simplicité du regard, Institut des Etudes Augustiniennes*, Translated by Michael Chase, 1993, *Plotinus or The Simplicity of Vision*, Chicago: The University of Chicago Press, 1989.

_____, *Plotin, Porphyre: Études Néoplatoniciennes*, Paris: Les Belles Lettres, 1999.

Hendrix, J. S., *Aesthetics & The Philosophy Of Spirit: From Plotinus To Schelling And Hegel*, Frankfurt: Peter Lang Publishing, 2005.

Hirschberger, J., *Geschichte der Philosophie, Band 1: Altertum und Mittelalter, Band 2: Neuzeit und Gegenwart*, Freiburg · Basel · Wien: Herder, 1965., 강성위 역, 『서양철학사: 상권-고대와 중세』, 대구: 이문출판사, 1999.

Krämer, H. J., *Der Ursprung der Ceistmetaphysik, Untersuchungen zur Geschichte des Platonismus zwischen Platon und Plotin*, Amsterdam: Verlag P. Schippers, 1964.

Leroux, G., "Human freedom in the thought of Plotinus", In *The Cambridge companion to Plotinus*, Ed. Lloyd P. Gerson, Cambridge: Cambridge University Press, 1996.

Louth, A., *The Origins of the Christian Mystical Tradition: From Plato to Denys*, Oxford: Oxford University Press, 1981., 배성옥 역, 『서양 신비사상의 기원: 플라톤에서 디오니소스까지』, 왜관: 분도출판사, 2001.

Merlan, P., *From Platonism to Neoplatonism*, The Hague: Martinus Nijhoff, 1968.

O'Brien, D., "Plotinus on matter and evil", In *The Cambridge companion to Plotinus*, Ed. Lloyd P. Gerson, Cambridge: Cambridge University Press, 1996.

O'Brien, Elmer, S. J., *The Essential Plotinus*, Indianapolis: Hackett Publishing Company, 1975.

O'Meara, D. J., *Plotinus: An Introduction to the Enneads*, Oxford: Oxford University Press, 1995.

_____, "The hierarchical ordering of reality in Plotinus", In *The Cambridge companion to Plotinus*, Ed. Lloyd P. Gerson, Cambridge: Cambridge University Press, 1996.

Plotinus, Enneads, In *Plotinus*, 7 vols, Translated by A. H. Armstrong, The Loeb classical library, Harvard University Press, 1966-88.

_____, *Plotinus: The Enneads*, Translated by Stephen MacKenna, New York: Larson Publications, 1992.

Platon, *Politeia*., 박종현 역, 『국가』, 서울: 서광사, 1997.

_____, *Timaios*., 박종현·김영균 공역, 『티마이오스』, 서울: 서광사, 2000.

Rappe, S., "Self-knowledge and subjectivity in the Enneads", In *The Cambridge companion to Plotinus*, Ed. Lloyd P. Gerson, Cambridge: Cambridge University Press, 1996.

_____, *Reading Neoplatonism: Non-discursive Thinking in the Texts of Plotinus, Proclus, and Damascius*, Cambridge: Cambridge University Press, 2000.

Ricken, F., *Philosophie der Antike*, Verlag W. Kohlhammer, 1988., 김성진 역, 『고대 그리스 철학』, 서울: 서광사, 2000.

Rist, J., "Plotinus and Christian philosophy", In *The Cambridge companion to Plotinus*, Ed. Lloyd P. Gerson, Cambridge: Cambridge University Press, 1996.

Schroeder, F. M., "Plotinus and language", In *The Cambridge companion to Plotinus*, Ed. Lloyd P. Gerson, Cambridge: Cambridge University Press, 1996.

Tigerstedt, E. N., *The Decline and Fall of Neoplatonic Interpretation of Plato: An Outline and some Observations*, Indianapolis: Hackett Publishing Company, 1975.

Wallis, R. T., *Neoplatonism*, London: Duckworth, 1972.

Wehr, Gerhard, *Europäische Mystik*, Junius Verlag GmbH, 1995., 조원규 역, 『유럽의 신비주의』, 서울: 자작, 2001.

제2장 이암블리코스의 『데 미스테리스』에 나타난 영적 플라톤주의

이종흡, 『마술·과학·인문학: 유럽 지적 담론의 지형』, 서울: 지영사, 1999.

Athanassiadi, P., 'The Oecumenism of Iamblichus: Latent Knowledge and Its Awakening', review of *The Divine Iamblichus: Philosopher and Man of Gods* by H. J. Blumenthal; E. G. Clark, in *The Journal of Roman Studies*, Vol. 85, Society for the Promotion of Roman Studies, 1995, pp.244-250.

Blumenthal, H. J., *The Divine Iamblichus: Philosopher and Man of Gods*, Hoxton Square: Bristol, Classical Press, 1993.

Bremmer, J. N., *The Rise and Fall of the Afterlife; The 1995 Read-Tuckwell Lectures at the University of Bristol*, London: NY, Routledge, 2002.

Copenhaver, B. P., 'Renaissance Magic and Neoplatonic Philosophy: *Ennead* 4.3-5 in *Ficino's De vita coelitus comparanda*' in *Marsilio Ficino e il ritorno di Platone: Studi e documenti*, ed. G. Garfagnini, Florence: Olschki, 1986, pp.351-369.

_____, *Hermetica: The Greek Corpus Hermeticum and the Latin Asclepius* in a New English Translation, with Notes and Introduction, Cambridge: Cambridge University Press 1992. = CH.

Cumont, F., *Oriental religions in Roman paganism*, tans. Grant Showerman, Kila, MT: Kessinger Pub., 1998.

Dillon, J. M., *The Golden Chain: Studies in the Development of Platonism and Christianity,* Aldershot, Hampshire, Great Britain; Variorum; Brookfield, Vt., USA: Gower, 1990.

Dodds, E. R., *The Greeks and the Irrational*, Berkeley: University of California Press, 1951. 국역본, 주은영 · 양호영 공역, 『그리스인들과 비이성적인 것』, 서울: 까치, 2002.

Eliade, M., *Rites and Symbols of Initiation: the Mysteries of Birth and Rebirth,* trans. Willard R. Trask, Dallas: Spring Publications, 1994.

_____, *Shamanism: Archaic Techniques of Ecstasy*, trans. Willard R. Trask, London, England: Arkana, 1989. 국역본, 이윤기 역, 『샤머니즘: 고대적 접신술』, 서울: 까치, 1993.

Finamore, J. F., *Iamblichus and the Theory of the Vehicle of the Soul*, Chico, Calif.: Scholars Press, 1985.

Fowden, G., *The Egyptian Hermes: A Historical Approach to the Late Pagan Mind*, Princeton: Princeton University Press, 1986.

Graf, F., 'Theories of Magic in Antiquity', in *Magic and Ritual in the*

Ancient World, ed. Paul Mirecki and Marvin Meyer, Leiden: Boston, Brill, 2002.

_____, 'Magic II: Antiquity', *Dictionary of gnosis and Western Esotericism*, Leiden: Brill, 2005. p.719-724.

Hanegraaff, Wouter J. (ed.), in collaboration with Antoine Faivre, Roelof van den Broek, and Jean-Pierre Brach, *Dictionary of gnosis and Western Esotericism*, Leiden: Brill, 2005. = Dictionary: 'Intermediary Beings I:Antiquity (R. van den Broek)', 'Magic (F. Graf)', 'Neoplatonism I: Antiquity (G. Shaw).'

_____, 'The Pagan Who Came from the East: George Gemistos Plethon and Platonic Orientalism', in *Hermes in the Academy: Ten Years' Study of Western Esotericism at the University of Amsterdam*, ed. Joyce Pijnenburg, Amsterdam, NLD: Amsterdam University Press, 2009.

Iamblichus, *De mysteriis,* Èdouard des Place, *Jamblique: Les mystères d'Ègypte*, Paris: Les Belles Lettres 1966. Engl.: *Iamblichus: De mysteriis*, E. C. Clarke, J. M. Dillon and J. P. Hershbell, eds and transl, Leiden, Boston: Brill 2004. = DM.

_____, *De Anima*, Finamore, J. P. and Dillon, J. M. *Iamblichus' de Anima: Text, Translation, and Commentary*, Leiden, Boston, Köln: E. J. Brill, 2002. = DA.

_____, *De Vita Pythagorica,*; Text, Translation, and Notes by John Dillon, Jackson Hershbell, Atlanta, Ga.: Scholars Press, 1991.

Inge, W. R., *The Philosophy of Plotinus: the Gifford lectures at St. Andrews, 1917-1918*, Greenwood Press, 1968. 국역본, 조규홍 역, 『플로티노스의 신비철학』, 서울: 누멘, 2011.

Julianus, (the Theurgist), *The Chaldaean Oracles: Text, Translation, and Commentary*, trans. Ruth Majercik, Leiden: EJ Brill, 1989.

Kieckhefer, R., *Magic in the Middle Ages,* Cambridge; New York: Cambridge University Press, 1989, 국역본, 김헌태 역, 『마법의 역사』, 서울: 파스칼북스, 2003.

Layton, B., *The Rediscovery of Gnosticism: Proceedings of the International Conference on Gnosticism at Yale*, NewHaven, Connecticut, March 28-31, 1978., vol 2, "Sethian Gnosticism." Leiden: E. J. Brill, 1981.

Luck, G., 'Theurgy and Forms of Worpship in Neoplatonism', in *Religion, Science and Magic: In Concert and in Conflict*, eds. Jacob Neusner, Ernest S. Frerichs, NY: Oxford University Press, 1989.

Mahé, J. P., *Tertullien, La chair du Christ*, (Sources Chretiennes 216), Paris, 1975. 국역본, 이형우 역, 『떼르뚤리아누스: 그리스도의 육신론』, 분도, 1994.

Plato, *Platonis opera*, 'Paedrus', 'Symposium', 'Timaeus' Tom. ll, lll, ed. John Burnet, Clarendoniano; New York: Oxford University Press, 1910. 국역본, 박종현·김영균 공역, 『티마이오스』, 서울: 서광사, 2000. 조대호 역해, 『파이드로스』, 서울: 문예, 2008.

Plotinus, *Enneads*, In *Plotinus*, 7 vols, Translated by A. H. Armstrong, The Loeb classical library, Harvard University Press, 1966-88. 부분국역본, 조규홍 역, 『엔네아데스』, 서울: 지만지, 2009.

_____, *Plotinus: The Enneads*, Translated by Stephen MacKenna, New York: Larson Publications, 1992.

Plutarch, *Moralia V*, Engl. Frank Cole Babbitt, Loeb classical library, Cambridge, Mass.; London, England: Harvard University Press, 1962.

Porphyry, *Lettera ad Anebo*, Sodano, Porfirio: Naples, 1958. Engl. Thomas Taylor, *Iamblichus On the Mysteries,* 2nd edition: London (Bertram Dobell) 1895.

Proclus, *The Elements of Theology*; a revised text, trans. Eric. R. Dodds, Oxford: The Clarendon Press, 1963.

Rudolph, K., *Gnosis: the Nature and History of Gnosticism*, Engl. Robert McLachlan Wilson, San Francisco: Harper SanFrancisco, 1987.

Saffrey, H. D., 'Abamon, Pseudonyme de Jamblique', in *Philomathes: Studies and Essays in the Humanities in memory of Philip Merlan,* eds. Robert B. Palmer and Robert Hamerton-Kelly. The Hague: Nijhoff, 1971.

Salaman, C., and J. P. Mahé, *The Way of Hermes: New Translations of the Corpus Hermeticum and the Definitions of Hermes Trismegistus to Asclepius*, Rochester, VT: Inne Traditions, 2000.

Schmitt, C., 'Perennial Philosophy From Agostino Stueco to Leibniz', in *Studies in Renaissance Philosophy and Science*, Variorum reprints, London, 1981.

Scott, W., *Hermetica: the ancient Greek and Latin writings which contain religious or philosophic teachings ascribed to Hermes Trismegistus,* edited with English translation and notes by Walter Scott, Boston: Shambala Publications, Inc. 1985.

Shaw, G., *Theurgy and the soul: the neoplatonism of Iamblichus*, University Park, Pa.: Pennsylvania State University Press, 1995.

_____, 'After Aporia: Theurgy in Later Platonism', in *Gnosticism and later platonism: themes, figures, and texts* eds. John D. Turner and Ruth Majercik, Atlanta: Society of Biblical Literature, 2000.

_____, 'Neoplatonism I: Antiquity', in *Dictionary of gnosis and Western Esotericism*, ed. Wouter J. Hanegraaff, Leiden: Brill, 2005.

_____, 'The Geometry of Grace: A Pythagorean Approach to Theurgy', in *the Divine Iamblichus: philosopher and man of gods* ed. H. J. Blumenthal & E. G. Clark, Hoxton Square: Bristol Classical Press, 1993.

Smith, A., *Porphyry's Place in the Neoplatonic Tradition: a Study in Post-Plotinian Neoplatonism*, The Hague: M. Nijhoff, 1974.

_____, 'Iamblichus, the First Philosopher of Religion?', *Habis*, 2000, pp.345-354.

Smith, J. Z., *To take place: toward theory in ritual*, Chicago: University of Chicago Press, 1987. 국역본, 방원일 역, 『자리 잡기: 의례 내의 이론을 찾아서』, 서울: 이학사, 2009.

Steel, C., *The Changing Self: A Study on the Soul in Later Neoplatonism: Iamblichus, Damascius, and Priscianus*, Paleisder Academien, Brussels, 1978.

Struck, P. T., *Birth of the symbol: ancient readers at the limits of their texts*, Princeton, N. J.; Oxford: Princeton University Press, 2004.

Wallis, R. T., *Neoplatonism*, London: Duckworth, 1972. 국역본, 박규철·서영식·조규홍 공역, 『신플라톤주의』, 서울: 누멘, 2011.

박규철 ———————————————————————

1966년 경남 밀양 출생으로 연세대학교 철학과를 졸업하고 동 대학원에서 플라
톤『고르기아스』편 연구로 박사학위를 받았다. 현재는 국민대학교 부교수로 재
직 중이며, 한국동서철학회 이사 및 한국중세철학회 편집위원이기도 하다. 연세
대학교 인문학연구원 전문연구원, 월간『에머지』및『넥스트』편집장, 아세아연
합신학대학교 교수를 지내기도 했다.

저서로는『플라톤의 국가 읽기』(2013),『수사학과 도덕성』(2013) 등이 있고, 역
서로는『플라톤과 소크라테스적 대화』(2015)와『포스트모던 시대의 철학과 신학』
(2016, 공역) 등이 있으며, 그 외 다수의 논문이 있다. 주된 연구 분야는 소크
라테스와 플라톤 철학이며, 그 연장선상에서 플라톤주의와 고대 회의주의를 연
구하고 있다. 글쓰기 교육에도 관심이 많아 국민대학교 글쓰기 교재 2권을 공동
집필하기도 하였다. 향후 휴머니즘과 회의주의에 근거한 품격 있는 교양교육 연
구에 매진할 생각이다.

그리스 계몽주의와
신플라톤주의

초판인쇄 2017년 5월 2일
초판발행 2017년 5월 2일

지은이 박규철
펴낸이 채종준
펴낸곳 한국학술정보㈜
주소 경기도 파주시 회동길 230(문발동)
전화 031) 908-3181(대표)
팩스 031) 908-3189
홈페이지 http://ebook.kstudy.com
전자우편 출판사업부 publish@kstudy.com
등록 제일산-115호(2000. 6. 19)

ISBN 978-89-268-7902-3 93160